현장에서 바로 활용할 수 있는
IT 컨설팅 가이드

현장에서 바로 활용할 수 있는

ChatGPT가 알려주는 IT 컨설팅 101

IT 컨설팅 가이드

이정훈 지음

**IT 컨설팅 현장에서 일하는 모든 이들에게
실질적인 도움과 가이드를 제시합니다.**

렛츠북

IT 컨설팅 분야에 대한 입문자부터 경험 있는 전문가까지 다양한 독자층에게 유용한 정보를 제공할 수 있는 책이 발간되었습니다.《현장에서 바로 활용할 수 있는 IT 컨설팅 가이드》를 소개합니다.

이정훈 저자의 풍부한 경험과 깊이 있는 지식이 집약된 이 책은 IT 컨설팅의 복잡한 세계를 명확하고 실용적으로 탐색할 수 있는 길을 제시합니다. 기본 개념에서부터 프로젝트 관리, 팀워크, 리더십, 커뮤니케이션 전략에 이르기까지, IT 컨설팅을 성공으로 이끄는 핵심역량들을 상세히 다룹니다.

이 책은 IT 컨설팅 프로젝트의 일반적인 문제들을 전략적으로 해결하는 방법을 제시하며, 실제 사례를 통해 프로젝트의 범위와 목표를 명확히 정의하는 방법, 이해관계자와의 효과적인 커뮤니케이션 기술, 팀 내 협업을 촉진하는 리더십 전략을 포함하여 독자들이 자신의 컨설팅 역량을 강화할 수 있도록 안내합니다.

특히, 최신 AI 기술인 ChatGPT의 활용을 통해 IT 컨설팅 프로젝트의 효율성을 극대화하는 방법에 대한 저자의 가이드는 독자들에게 최신 기술 트렌드를 이해하고 이를 통해 IT 컨설팅 프로젝트의 효율성과 효과성을 극대화하는 방법을 제시합니다.

또한, 이 책은 기관·기업 IT 시스템의 실제 노하우와 클라우드 기반 인프라 아키텍처 구성, 데이터 관리 및 활용 등 현대 IT 환경에서 중요한 주제들을 깊이 있게 다루며, IT 컨설팅 분야의 전문가들이 직면할 수 있는 도전과제들을 해결하는 데 필요한 실질적인 지침을 제공합니다.

이 책을 통해 독자들은 다음과 같은 귀중한 인사이트를 얻을 수 있습니다:

— **IT 컨설팅의 복잡한 세계에 대한 이해**
기본 개념에서부터 고급 전략까지, IT 컨설팅의 다양한 측면을 탐색합니다.

— **실질적인 현장 경험**
저자의 경험을 통해, 실제 문제 해결에 대한 구체적인 사례와 전략을 배웁니다.

— **개인 및 전문성 개발**
필수역량과 경력 개발 방향에 대한 지침을 제공하여, 독자의 전문성을 강화합니다.

— **최신 기술 트렌드의 적용**
ChatGPT와 같은 AI 기술을 IT 컨설팅에 통합하는 방법을 통해, 기술 활용 능력을 향상시킵니다.

— 프로젝트 및 고객 관리 전략
  효과적인 프로젝트 관리와 고객 관계 구축에 필요한 전략을 학습합니다.

— 기관·기업 IT 시스템 개선 가이드
  기관·기업의 IT 시스템을 개선하는 데 필요한 실질적인 지식과 전략을 제공합니다.

이 책은 IT 컨설팅에 관심 있는 모든 독자들에게 빠르게 변화하는 기술 환경 속에서 필요한 지식과 실질적인 해결 방안을 제공함으로써 미래 지향적인 컨설팅 역량을 갖추는 데 도움을 줄 수 있을 것입니다.

《현장에서 바로 활용할 수 있는 IT 컨설팅 가이드》는 단순한 지침서를 넘어, IT 컨설팅 분야에서 성공을 이루고자 하는 모든 이들에게 필요한 지침과 인사이트를 제공하는 귀중한 자원입니다.

(주)티지 CIO 및 공동대표

서경석

이 책은 보통의 평범한 사람으로 IT 컨설팅을 수행하면서 필자 자신이 매번 좀 더 체계적이고 품질을 확보한 작업을 수행할 수 있을까를 고민한 흔적을 정리한 자료입니다. 지금까지 많은 선·후배들과 IT 컨설팅을 수행하면서 뛰어난 분들과 같이 일할 때는 뛰어난 분들의 수준을 어떻게 쫓아갈 수 있을지에 대해 고민했고, IT 컨설팅이 낯설고 처음이라 방법에 대해 어려움을 겪고 있는 IT 엔지니어나 입문자들의 모습을 볼 때는 좀 더 체계적이고 구체적인 방법하에 같은 눈높이에서 할 수 있으면 좋겠다고 생각을 많이 하게 되었습니다.

그리고 지금도 1년에 2~3개의 IT 컨설팅 사업과 제안 작업을 하면서도 늘 고수의 느낌으로 핵심을 꿰뚫는 통찰력에 목마름을 느끼고 있습니다. 그래서 조금이라도 더 나아지기를 기대하며 매번 최선을 다하려고 노력하는 모습 속에서 메모지에 적어두고 마음 아래 깊이 새겨두었던 조그마한 욕심을 꺼내어 펼치게 되었습니다. 막상 꺼내어 펼치려고 하니 처음에는 어떻게 풀어나가야 할지 막막하고 답답했습니다. 답답한 며칠, 몇 달의 기간 속에서 조금씩 기억을 되새기고, 예전에 수행했던 모습들을 떠올리며 여러 조각을 조금씩 맞추고 모양을 만들어 갈 수 있었습니다. 그러다가 기억이 안 나거나 어려운 부분이 생기면

ChatGPT의 도움을 받아 필자의 부족한 부분들을 보완하고 확인하는 과정을 거쳐서 한 권의 책으로 묶을 수 있었습니다.

　IT 컨설팅 프로젝트는 광범위하고 복잡하여 어렵고 힘이 드는 작업입니다. 기업·기관의 고유 이슈와 문제에 대해 많은 양의 정보와 다양한 이해관계자들을 대상으로 기업·기관이 만족할 만한 해결 방안을 제시해야 하기 때문입니다. 이를 위해 IT 컨설턴트들은 야근과 주말근무를 하면서 많은 시간과 노력을 투입하기도 합니다. 때로는 상황이 너무 힘들어서 좌절하기도 하고 자신의 무능력함을 슬퍼하기도 합니다. 하지만 지속적인 고민과 노력으로 의미 있는 성과를 만들어 해결 방안을 제시했을 때 고객이 좋아하는 모습을 보게 되거나 고객으로부터 "수고하셨습니다"라는 따뜻한 말을 들으면 그동안 고생했던 모습과 힘듦은 사라지고 또 다른 힘을 얻게 됩니다. 그리고 어느새 다른 요구사항과 문제, 이슈에 귀 기울이며 머릿속에서는 '어떻게 풀어나가야 하지?'라고 생각하고 손으로는 인터넷으로 자료를 찾고 있는 자신을 발견하게 됩니다.

　이 책이 IT 컨설팅 분야 입문자와 입문을 준비하시는 분들에게 IT 컨설팅 현장에서 바로 활용할 수 있는 수준으로 실질적인 도움과 가이드 역할을 제시해 줄 수 있기를 기대해 봅니다.

　그리고 현재 IT 컨설팅 분야에서 개별 영역에 한정하여 일하고 있지만 다른 영역의 IT 컨설턴트들이 어떻게 일하고 있는지 궁금하거나 도움이 필요하신 분들, IT 엔지니어지만 때때로 IT 컨설팅에 참여하시는 분들에게 어떻게 IT 컨설팅 업무를 풀어내야 할지에 대해 조금이라도 도움이 되었으면 합니다.

끝으로 이 책의 내용과 체계를 봐주신 ㈜티지의 서경석 대표님께 다시 한번 감사드립니다. 그리고 항상 제 곁에서 든든한 지원군이 되어준 착하고 현명한 아내 임선숙과 잘생긴 우리 아들 동욱이에게 사랑한다는 말을 전하고 싶습니다. 마지막으로 책이 나올 때까지 무조건적인 지원을 해준 아버지, 몸으로 삶을 실천하고 아들의 중심을 잡아주신 어머니에게 이 책을 바치고자 합니다.

본 도서의 대상 독자들은 다음과 같습니다.

❶ IT 컨설팅을 수행하고 있는 입문자, 초중급자그리고 IT 컨설팅에 관심이 있는 대학(원)생

↳ IT 컨설팅 입문자와 초심자는 IT 컨설팅이라는 바다에서 길을 잃고 어떻게 나가야 할지 몰라서 답답하기만 합니다. 선배들이 알려주기는 하는데, 그때그때 일을 시킬 때만 알려주고 그나마 알려주는 내용도 전체적인 맥락이 아니라 해당 일을 하기 위한 순간적인 가이드여서 답답합니다. IT 관련 학과 학생들은 IT 컨설팅 사업 투입 경험을 얻기 어려워 더더욱 IT 컨설팅에 대한 접근이 어렵습니다. 어떻게 하면 더 높게, 더 깊게 성장하기 위해 무엇을 해야 할지 몰라서 인터넷에서 이것저것 찾아보지만 단편적이고 부분적이며, 제대로 된 도서와 자료 그리고 가이드는 찾아보기 힘들다고 느끼는 초심자와 입문자들께 이 책을 추천합니다.

❷ IT 컨설팅에 참여하는 IT 개발자, 시스템 엔지니어, 아키텍트

↳ 응용, 데이터, 인프라 관련 영역 IT 개발자와 시스템 구축 전문가들은 오랜 개발과 구축 경험이 있는 전문가들이지만 막상 IT 컨설팅 사업에 투입되어 맡은 영역에 대해 산출물을 작성하려고 할 때는 내용은 알지만 이를 어떻게 전개하고 풀어나갈지 막막하기만 합니다. 범위와 깊이는 어느 정도

로 그리고 내용을 어떻게 쓰고 표현해야 할지, 도식화는 어떻게 해야 할지 그리고 고객과 협의할 때 어떤 방식으로 어떤 내용까지 보고하고 협의할지 잘 몰라 PM이 가이드를 해주기를 원하는 IT 전문가들께 이 책을 추천합니다.

❸ IT 컨설팅 업체 및 IT 서비스 기업체 직원

📞 IT 컨설팅 업체 임원들은 회사의 성과와 명성을 높이기 위해 직원들의 컨설팅 역량을 높이기 원합니다. 특히 IT 컨설턴트의 역량은 회사의 자산으로 IT 컨설팅의 품질이 확보된 결과물을 만들어 고객으로부터 인정받고 지속적으로 고객과 좋은 관계를 맺기를 원합니다. 이를 위해서는 IT 컨설턴트들이 품질 높은 산출물을 만들어 낼 수 있는 역량 확보가 중요하다고 생각합니다. 그래서 내부적으로 선배 IT 컨설턴트들이 중간중간(일주일에 한 번 또는 한 달에 한 번) 내부 교육을 시키지만 단편적이고 충분치 않습니다. 그렇다고 외부 교육을 보내기도 어렵고 그 교육이 충분히 자세하고 구체적으로 가이드하는 거 같지도 않아 IT 컨설턴트 직원 교육에 대해 방법을 찾고 있지만 마땅한 대안을 찾기 어려워합니다. 대기업 같은 경우는 내부에 충분하고도 역량 있는 인력도 많고 쌓아놓은 자료도 많아 내부 교육을 잘 시키고 있는 편입니다. 그러나 이러한 교육도 신입사원 수준에서만 진행되고 있습니다. 그래서 초중급 IT 컨설턴트들은 IT 컨설팅 사업 수행(현장 경험)을 통해서만 배울 기회가 주어지고, 그것도 혼자서 배우고 개인적으로 역량을 쌓아가야만 합니다. 또한, 수준 높은 IT 컨설턴트가 되기 위한 역량에 대해서 체계적으로 자기 수준에 맞게 안내해 주는 책과 자료는 찾아보기 힘듭니다. 필요하면 선배들한테 물어보지만 그것도 여의치 않은 분들께 이 책을 추천합니다.

CONTENTS

PART 01

New chat

IT 컨설팅이
뭐죠?

Send a message. ▼

IT 컨설팅이 뭐죠?

IT 컨설팅이 무엇인지 한마디로 정의하기는 쉽지 않습니다. 유명한 IT 컨설팅 기관 또는 연구자들이 IT 컨설팅을 어떻게 정의하고 바라보고 있는지 그 내용을 살펴보고 필자의 경험을 추가하여 IT 컨설팅이 무엇인지를 정의해 보겠습니다.

먼저 IT 컨설팅에서 IT에 대한 개념을 살펴보도록 하겠습니다.

1. IT란?

우선 '정보(Information)'란 업무 또는 작업의 수행과정에서 작성 또는 취득한 자료로서 전자적 방식으로 처리하여 부호·문자·음향·영상 등으로 표현된 모든 종류의 자료 또는 지식을 말합니다. 이러한 정보의 생산과 획득, 가공 처리 및 응용에 관련된 모든 기술을 '정보기술

(Information Technology, IT)'이라고 정의할 수 있습니다. (한국정보통신기술협회-TTA 정보기술 정의 참조)

즉 IT는 기업·기관 또는 개인적으로 업무 또는 작업을 수행할 때 사용되는 정보 또는 데이터 처리를 위한 프로그램, 네트워크, 하드웨어, 소프트웨어, 통신 분야의 다양한 기술들이 융·복합되어 구성된 기술이라고 정의할 수 있습니다.

이제 IT 컨설팅에 대해 살펴보겠습니다.

2. IT 컨설팅이란?

일반적으로 '컨설팅(Consulting)'은 "어떤 분야에 전문적인 지식을 갖춘 사람이 고객을 상대로 상담하고 조언하는 일"을 말하는데 국립국어원에서는 "어떤 분야의 전문가가 고객을 상대로 상세하게 상담하고 도와주는 것"이라고 정의하고 있습니다.

또한, 한국소프트웨어산업협회의 IT 분야 역량체계(ITSQF)에 따르면, 'IT 컨설팅'은 "조직의 목표를 달성하는 데 도움이 될 수 있도록 객관적인 시각에서 조직 경영 환경을 이해하고 대상 업무 및 정보시스템을 분석하여 개선 방안을 상담하고 지도하는 일"이라고 합니다.

한편, 글로벌 정보기술(IT) 리서치 기관인 가트너(Gartner)에 따르면, 'IT 컨설팅 서비스'는 "고객이 다양한 기술 전략을 평가하고 이를 통해 비즈니스 또는 프로세스 전략과 기술 전략을 연계 조정할 수 있도록 도움을 주는 자문 서비스이다. 이러한 서비스는 전략, 아키텍처, 운영 및 구현 계획을 제공하여 고객의 IT 이니셔티브를 지원한다"고 정의하고 있습니다.

앞서 살펴본 IT와 컨설팅의 정의에 필자가 직접 IT 컨설팅을 수행한 경험과 현실적인 측면을 추가하여 종합해 보면 IT 컨설팅이란 "정보기술(IT) 전문가가 정보기술 측면에서 조직의 경영목표 달성을 지원하고 특정 문제를 해결할 수 있도록 상세하게 상담하고 도와주는 일"이며, 이를 위해 "조직의 정보화 관련 이슈 및 문제를 정의·분석하여 해결 방향성을 식별한 뒤 정보화 전략, 개선 과제(시스템 구축 등)를 도출하고 세부 계획을 문서화하여 수립하는 작업"이라고 말할 수 있겠습니다.

[참고: ChatGPT 답변]
IT 컨설팅의 정의

IT 컨설팅은 조직의 기술 시스템 및 전략 개선을 지원하기 위해 IT 전문가가 제공하는 전문 서비스를 말합니다. IT 컨설턴트는 기업에 조언, 지침 및 솔루션을 제공하고 기술을 활용하여 목표를 달성하고 운영 효율성을 향상하며 IT 관련 문제를 극복할 수 있도록 지원하는 지식과 경험이 풍부한 전문가입니다.

IT 컨설턴트는 일반적으로 고객과 긴밀하게 협력하여 고유한 비즈니스 요구사항, 목표 및 기존 IT 인프라를 이해합니다. 고객의 현재 IT 시스템을 평가하고 개선이 필요한 영역을 식별하며 기술 사용을 최적화하기 위한 전략을 제안합니다. 여기에는 소프트웨어 애플리케이션, 하드웨어 인프라, 네트워크 구성, 보안 조치, 데이터 관리 및 IT 프로젝트 관리를 비롯한 다양한 측면이 포함될 수 있습니다.

IT 컨설팅은 비즈니스 목표와 기술 역량 간의 격차를 해소하는 것을 목표로 합니다. IT 컨설턴트는 전문 지식을 활용하여 조직이 정보에 입각한 결정을 내리고 IT 투자 가치를 극대화하며 오늘날의 기술 중심 환경에서 경쟁 우위를 확보할 수 있도록 합니다.

IT 컨설팅은
왜 하는 거예요?

IT 컨설팅의 정의를 통해 IT 컨설팅이 무엇인지 살펴보았습니다. 다음은 IT 컨설팅이 왜 필요한가에 대해 알아보겠습니다.

IT 컨설팅의 필요성에 대해 구체적으로 알아보기 위해서는 다음과 같은 질문을 던지는 것이 중요합니다.

"기업·기관들은 왜 IT 컨설팅을 하려고 하며, IT 컨설팅을 통해 무엇을 얻고자 하는 것일까요?"

현장에서 IT 컨설팅을 수행하다 보면 IT 컨설팅을 수행하는 기업·기관들은 다양한 요구사항들을 제시합니다.

   - 조직의 정보화 관련 문제점과 이슈에 대한 해결 방안 제시
   - 경쟁사의 적용 기술과 운영 방법을 벤치마킹하여 우리 조직에 적용할 수

있는 방법
- 빅데이터, AI, 클라우드, 모바일, IoT 등 IT 투자를 통한 높은 수준의 비즈니스 가치·경쟁력 창출
- 조직 업무 효율성 제고를 위해 필요한 정보시스템은 무엇이고 어떻게 구축할 수 있는지에 대한 방안 제시
- 조직 전사 차원의 정보화 전략 및 추진 과제를 통해 정보화 측면의 조직 혁신 방안 마련
- 정보화 사업을 수행하기 위해 내년 또는 중장기적으로 필요한 예산 규모 산정 및 예산 신청 작업 지원(정보시스템 구축을 위한 계획 및 예산 확보를 위한 근거자료 마련)*
- 조직경쟁력 확보를 위해 먼저 투자할 영역과 대상 식별
- 외부 IT 컨설턴트 및 전문가의 독립적이고 객관적인 분석과 해결 방안 수립을 통한 기업·기관의 정보화 방향성 수립 및 관련 시스템 구축에 대한 의사결정 지원

기업·기관은 이처럼 직면한 여러 문제를 해결하거나 경쟁력 확보를 위해 IT 컨설팅 사업을 수행하는 경우가 많습니다.

업무와 정보시스템 측면에서 좀 더 구체적으로 현장에서 제시되는 문제점, 이슈 또는 요구사항으로는 다음과 같은 것들이 있습니다.

- 실무자 수작업 및 중복업무 증가(엑셀 등을 활용하여 업무 처리 후 결과만 시스템에 등록하는 경우, 시스템에 데이터를 등록하고 이를 공유하기 위

---

* 공공기관은 예산안 편성 및 기금운용계획안 작성 세부지침 및 예산 및 기금운용계획 집행지침 등을 통해 IT 컨설팅 수립과 예산 신청에 대해 가이드를 제시하고 있습니다.

해 메일 또는 문서 전달을 통해 의사소통하는 경우 등)

- 정보시스템 기능의 현업 지원 부족(시스템 개발 이후 10년이 넘게 업그레이드 또는 재개발되지 않아 업무 지원 기능 부족 등)

- 타 시스템 미연계 또는 시스템 통합이 안 되어 통합된 업무 수행 어려움(A 시스템에서 업무 수행하면서 B시스템에 개별로 접속하여 필요한 데이터를 조회해야 하는 경우, B시스템 업무 수행을 위해 A시스템에 유사 기능을 개발하거나 필요한 데이터를 등록하고 수작업으로 B시스템에 데이터를 전달하여 업무를 수행하는 경우 등)

- 개별 부서별로 개별적으로 업무 수행 및 정보화 추진으로 시스템 중복 또는 통합적 추진의 어려움, 데이터 증가에 따른 처리의 어려움

- 전사 차원의 데이터 관리 및 활용 어려움(데이터 표준화 및 품질 관리가 안 되어 A시스템과 B시스템 데이터 활용을 위해 데이터 정제 및 준비 작업으로 많은 시간이 소비되어 데이터를 활용할 수 없는 경우 등)

- 시스템 성능 저하로 조회 및 업무 처리 속도 저하

- 기존 시스템의 클라우드 전환 또는 클라우드 시스템 구축 및 운영 방안 수립 필요

- 모바일 서비스 확대 필요

- 대내·외 서비스 보안 확보 필요

IT 컨설팅은 해당 조직의 경쟁력 확보와 경영 목표 달성을 위해 장기적이고 체계적인 정보화 전략 수립을 통하여 최적의 비용과 최소의 위험으로 정보화의 성공 가능성을 극대화하는 작업입니다. 적게는 수억 원에서 많게는 수백억 원이 소요되는 기업·기관의 IT 투자는 그 규모가 크고 복잡하여 성공적인 수행 가능성보다 실패 리스크가 더 크다고 볼 수 있습니다.

따라서 IT 컨설팅을 통해 IT 투자 이전에 조직의 전반적인 의견을 취합하여 범위를 정의하고 명확한 방향성과 구체적인 계획안을 수립한 이후 필요한 투자를 결정해야 공감대가 형성된 정보화 사업 진행과 IT 투자에 대한 위험을 최소화할 수 있습니다.

IT 컨설팅은 업무, 시스템, 인프라 등에 대한 전문성을 보유한 다수의 전문가들이 최소 몇 개월의 작업을 집중적으로 수행해야 하므로 지식집약적, 시간제한적 특성이 있습니다.

그러므로 이를 수행하기 위해서는 IT 분야별 전문가와 프로젝트를 리드할 전문적인 프로젝트 관리자가 필요하며 최소 몇 개월의 집중적인 시간 투자가 필요합니다.

IT 컨설팅 서비스는 기업·기관들의 입장에서 현재 문제와 이슈들을 정리하고 정보화 측면에서 이를 해결하고 개선해 나갈 수 있는 방법과 방안은 어떤 것들이 있는지를 정리하여 제시하고 이를 추진할 수 있도록 지원하고 있습니다.

기업·기관들은 왜 IT 컨설팅을 하려고 하며, IT 컨설팅을 통해 무엇을 얻고자 하는 것일까?

기업과 기관은 여러 가지 이유로 IT 컨설팅 서비스를 찾고 IT 컨설턴트 참여를 통해 다양한 이점을 얻을 것으로 기대합니다. 다음은 몇 가지 일반적인 동기와 원하는 결과입니다.

◇ 전문성 및 전문 지식(Expertise and Specialized Knowledge)
IT 컨설팅 회사는 다양한 IT 영역에서 깊은 전문성과 전문 지식을 제공합니다. 기업은 종종 사내 전문 지식이 부족하거나 복잡한 IT 문제를 해결하기 위해 외부 통찰력이 필요합니다. IT 컨설턴트를 고용함으로써 조직은 전문 지식을 활용하고 귀중한 조언, 권장사항 및 모범 사례를 얻을 수 있습니다.

◇ 객관적인 평가 및 검증(Objective Assessment and Validation)
회사는 IT 인프라, 시스템 및 프로세스에 대한 공정하고 객관적인 평가를 원합니다. IT 컨설턴트는 강점, 약점 및 개선 영역을 식별하는 외부 관점을 제공합니다. 이 검증은 조직이 IT 전략에 대한 자신감을 얻고 정보에 입각한 결정을 내리는 데 도움이 됩니다.

◇ 전략적 계획 및 지침(Strategic Planning and Guidance)
IT 컨설팅 회사는 조직이 비즈니스 목표에 부합하는 전략적 IT 계획을 개발하도록 지원합니다. 그들은 기술 로드맵을 정의하고, 새로운 트렌드와 기회를 식별하고, 조직이 경쟁 우위와 성장을 위해 기술을 활용하도록 안내합니다.

◇ 비용 최적화 및 효율성(Cost Optimization and Efficiency)
기업은 IT 투자를 최적화하고 비용 효율성을 달성하는 것을 목표로 합니다. IT 컨설턴트는 IT 운영을 평가하고 능률화 영역을 식별하며 비용 효율적인 솔루션을 권장합니다. 효율성을 높이고 불필요한 비용을 줄임으로써 조직은 비용을 절감하고 IT 투자 가치를 극대화할 수 있습니다.

◇ 위험 완화 및 보안(Risk Mitigation and Security)
조직은 IT 위험을 완화하고 귀중한 데이터를 보호하며 사이버 보안 조치를 강화하고자 합니다. IT 컨설턴트는 취약성을 평가하고, 강력한 보안 전략을 개발하고, 제어를 구현하고, 위험 완화 조치를 권장합니다. 이를 통해 기업은 사이버 위협으로부터 보호하고 규정을 준수하며 평판을 보호할 수 있습니다.

◇ 프로젝트 관리 및 구현(Project Management and Implementation)
회사는 성공적인 프로젝트 관리 및 IT 이니셔티브 구현을 위해 IT 컨설턴트를 고용합니다. IT 컨설턴트는 프로젝트 관리 전문 지식을 제공하고, 프로젝트 목표를 정의하고, 타임라인을 설정하고, 리소스를 할당하고, 프로젝트 수명 주기 전반에 걸쳐 지침을 제공합니다. 이를 통해 조직은 시간과 예산 내에서 프로젝트 이정표를 달성할 수 있습니다.

◇ 확장성 및 민첩성(Scalability and Agility)
조직에서는 변화하는 비즈니스 요구사항을 충족하기 위해 IT 인프라 및 운영 확장에 대한 지침이 필요한 경우가 많습니다. IT 컨설턴트는 클라우드 컴퓨팅, 가상화 및 유연한 아키텍처와 같은 확장 가능한 솔루션을 식별하는 데 도움을 줍니다. 이를 통해 기업은 진화하는 요구에 적응하고 역동적인 시장에서 민첩성을 유지할 수 있습니다.

◇ 디지털 전환 및 혁신(Digital Transformation and Innovation)
기업은 디지털 전환 여정을 탐색하고 새로운 기술을 수용하기 위해 IT 컨설팅을 찾고 있습니다. IT 컨설턴트는 조직이 인공 지능, 기계 학습, 데이터 분석 및 IoT와 같은 기술을 탐색하고 채택하도록 돕습니다. 이를 통해 혁신을 촉진하고 운영 효율성을 개선하며 기업의 미래 성장을 위한 입지를 다질 수 있습니다.

◇ 교육 및 변경 관리
조직은 직원에게 필요한 IT 기술을 제공하고 기술 구현과 관련된 변경사항을 관리하는 것의 중요성을 인식하고 있습니다. IT 컨설턴트는 교육 프로그램, 사용자 채택 전략 및 변경 관리 지원을 제공하여 원활한 전환을 촉진하고 사용자 숙련도를 향상하며 중단을 최소화합니다.

◇ 경쟁 우위(Competitive Advantage)

기업은 시장에서 경쟁 우위를 확보하기 위해 IT 컨설턴트를 고용합니다. IT 컨설팅 서비스를 활용함으로써 조직은 IT 기능을 향상하고 혁신하며 기술 전략을 비즈니스 목표에 맞출 수 있습니다. 이를 통해 경쟁업체를 능가하고 더 나은 고객 경험을 제공하며 시장에서 차별화할 수 있습니다.

궁극적으로 회사와 기관은 외부 전문 지식을 활용하고, 전략적 지침과 IT 운영을 최적화하고, 위험을 완화하고, 혁신을 주도하여 비즈니스 목표를 효율적이고 효과적으로 달성합니다.

IT 컨설팅의
역할 및 특징은?

IT 컨설팅의 정의와 필요성에 대해 알아봤습니다. 그럼 좀 더 들어가서 IT 컨설팅의 역할 및 특징을 파악하고 IT 컨설팅의 다양한 측면에 대해 알아보겠습니다.

IT 컨설팅의 역할은 조직이 경영목표를 달성하기 위해 정보기술과 관련된 전문가 지침, 조언 및 솔루션을 제공하는 것입니다. IT 컨설턴트는 고객과 긴밀히 협력하여 조직의 현황과 특정 요구사항을 이해하고 추진과제 및 목표를 수립하여 IT 운영을 최적화하기 위한 전략적 권장사항 및 지원을 제공합니다. 일반적으로 IT 컨설팅에서 제공하는 서비스는 다음과 같은 다양한 영역을 포함합니다.

❶ IT 전략 및 사업계획 수립
IT 컨설턴트는 조직이 비즈니스 목표에 맞는 정보화 측면의 전략적 IT 계획을 수립하도록 지원합니다. 기술동향 및 선진사례 분석, 조직의 업무 및 정

보시스템 현황분석을 통해 개선 영역을 식별하고 IT 이니셔티브와 목표모델 수립을 통해 조직의 비즈니스 전략과 정보화 전략 및 목표모델 방향을 일관되게 맞추는 데 도움을 줍니다.

❷ IT 인프라 평가 및 최적화

IT 컨설팅은 하드웨어, 네트워크, 스토리지 및 클라우드 환경을 포함한 고객의 IT 인프라를 평가합니다. 성능, 안정성 및 비용 효율성을 향상시키기 위해 비효율성, 확장성 문제 및 최적화 영역을 식별합니다.

❸ 시스템 통합 방안 및 아키텍처 모델 수립

IT 컨설팅은 IT 시스템 및 아키텍처를 설계하고 구현하여 다양한 구성 요소와 애플리케이션 간의 원활한 통합을 보장합니다. 기술 요구사항을 평가하고 적절한 플랫폼을 선택하며 통합 프로세스를 설계하여 호환성 및 데이터 흐름을 달성할 수 있는 방안을 수립합니다.

❹ 인프라(H/W, S/W) 설계 및 구현

IT 컨설팅은 조직이 적합한 하드웨어, 소프트웨어 솔루션을 선택하고 구현하도록 지원합니다. 비즈니스 요구사항을 분석하고, 공급업체 제품을 평가하고, 가장 적합한 소프트웨어를 추천하고, 사용자 정의, 데이터 마이그레이션 및 사용자 교육을 포함한 구현 프로세스를 설계합니다.

❺ IT 보안 및 위험 관리

IT 컨설팅은 고객의 IT 보안 조치를 평가하고 취약성과 위험을 식별합니다. 사이버 위협으로부터 보호하고 데이터 기밀성과 무결성을 보장하기 위해 정책, 절차 및 기술을 포함한 포괄적인 보안 전략을 개발하고 설계합니다.

❻ 비즈니스 연속성 및 재해 복구 계획

IT 컨설팅은 조직이 비즈니스 연속성 및 재해 복구를 위한 전략 및 계획을 개발하도록 돕습니다. 중요한 시스템과 데이터를 식별하고, 위험을 평가하고, 복구 프로세스를 설계하고, 백업 솔루션 구현을 지원하여 예기치 않은 이벤트 발생 시 다운타임과 데이터 손실을 최소화하는 방안을 설계합니다.

❼ IT 거버넌스 및 규정 준수

IT 컨설팅은 조직이 IT 거버넌스 프레임워크를 설정하고 관련 규정 및 표준을 준수하도록 지원합니다. IT 정책 및 지침, IT 조직 체계 수립, IT 운영 절차 및 관리 방안, 데이터 개인 정보 보호, 보안 및 규정 준수를 보장하기 위한 제어, 정책 및 절차를 구현하는 데 도움이 됩니다.

❽ 교육 및 변경 관리

IT 컨설팅은 해당 조직의 정보화 조직 및 실무 담당자들의 IT 숙련도를 향상시키기 위한 교육 프로그램을 제공합니다. 또한, 조직이 IT 프로젝트와 관련된 조직 변경을 관리하고 원활한 전환을 촉진하도록 지원합니다.

❾ 신기술 및 혁신

IT 컨설팅은 신기술 및 관련 업계 동향에 대한 최신 정보를 수집, 분석하여 제공합니다. 업무와 정보기술 측면의 혁신, 경쟁 우위 및 디지털 변환을 추진하기 위해 인공 지능, 기계 학습, 블록체인 및 사물 인터넷(IoT)과 같은 신기술을 활용하는 방법에 대해 조직에 조언합니다.

IT 컨설팅의 전반적인 역할은 해당 조직에서 기술을 효과적으로 활용하고 IT 운영을 최적화하며 위험을 완화하고 비즈니스 목표를 달성하도록 조직을 지원하는 것입니다.

[그림 2] IT 컨설팅의 범위 및 역할

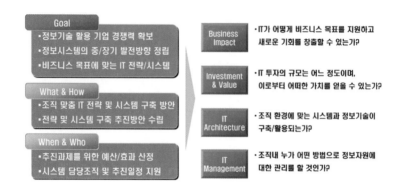

기업·기관에게 제공되는 IT 컨설팅의 특징은 다음과 같습니다.

첫째, IT 컨설팅은 IT 분야를 중심으로 IT 분야 경험과 전문지식을 가지고 있는 IT 전문가들과 IT 컨설턴트에 의해 수행되는 IT 전문지식 서비스입니다.

IT 컨설팅은 고객사의 의뢰에 의해 해당 기업·기관의 정보화 현황 및 문제점, 요구사항을 분석, 정리하여 고객의 입장에서 미래의 가치 있는 모습을 달성하기 위한 최적의 정보화 방안을 고민해 제안합니다. 또한, 고객의 의사결정을 지원하기 위해 관련 업무 및 IT 전문가들의 지식과 경험을 활용하여 수행되는 IT 전문 지식서비스입니다. 따라서 해당 IT 컨설팅 사업에 맞는 IT 전문가들, IT 컨설턴트들을 확보하고 참여시키는 것이 중요합니다.

둘째, IT 컨설팅 사업은 비특정 다수가 아닌 해당 기업·기관의 고유한 업무와 시스템에 맞추어 개별화되고 특화된 정보화 전략과 추진 방안을 제시하는 개별적 맞춤형 서비스입니다.

IT 컨설팅은 개별 기업·기관이 속한 분야(업종)의 특성을 고려하고 동종업계 기업의 장·단점을 벤치마킹하여 One-size-fits-all 전략과 계획이 아닌 해당 기업·기관의 상황과 여건에 맞는 개별화되고 특화된 정보화 전략과 추진 방안을 제시하는 기업·기관 맞춤형 서비스입니다. 따라서 해당 조직의 분야·업종을 잘 알고 있는 조직 내 인력과 함께 IT 컨설턴트와 협력하여 조직의 특화된 전략과 추진 방안을 협의하면서 수립하는 것이 중요합니다.

셋째, IT 컨설팅 과정과 결과는 자료와 문서(산출물) 그리고 발표·설득(프레젠테이션)을 기반으로 의사소통하는 사업입니다.

IT 컨설팅은 해당 기업·기관의 이슈, 문제점 정의 및 해결 방안 수립을 위해 전략적 사고와 논리와 근거를 기반으로 해당 조직의 이해관계자와 IT 컨설턴트의 암묵적 지식을 산출물로 형상화(명시적 지식)하여 인사이트를 도출합니다. 이를 통해 회의·토론, 발표·설득 등 자료와 문서를 기반으로 산출물을 제공하여 의사소통하는 사업입니다. (IT 컨설턴트는 "산출물로 말한다"라는 말이 있을 정도로 IT 컨설팅 산출물은 고객의 문제와 이슈에 대해 IT 컨설턴트의 고민과 고뇌를 녹여 그 결과를 산출물로 문서화하여 제공하는 서비스입니다.)

넷째, IT 컨설팅은 프로젝트로 한정된 기간과 예산 내에서 품질을 확보해야 하는 일시적인 사업입니다.

IT 컨설팅은 해당 조직에서 제시한 제안요청서(RFP)에 근거하여 추진하는 프로젝트로 정해진 기간(납기)과 예산(비용) 범위 내에서 품질을 확보하면서 완료해야 하는 사업입니다. 따라서 정해진 기간 안에 사업을 완료하기 위해서는 사업 범위(넓이와 깊이) 및 요구사항 관리, 투입 인력 및 일정 관리가 중요합니다. IT 컨설턴트 특히, 프로젝트 관리자(PM)에게는 고객과 팀원의 입장을 모두 고려하여 열심히 일하는 것과 동시에 스마트하게 일을 할 수 있는 사업 관리 능력이 요구됩니다.

다섯째, IT 컨설팅의 마무리는 예산을 고려하여 진행됩니다. IT 컨설팅은 산출물의 품질로 평가되는 것이 중요합니다. 추가로 고객의 현실적인 측면을 고려한다면 (특히 공공기관의 입장에서는) 예산 산정 및 확보가 IT 컨설팅 수행의 궁극적인 목표입니다. 즉 IT 컨설팅 사업은 향후 정보화 구축 사업을 추진하기 위한 정확한 예산산정과 예산 확보 지원이 중요합니다.

IT 컨설팅은 S/W사업의 수명주기의 기획, 구현, 운영 단계 중 기획 단계에 속하는 활동(또는 사업)으로 향후 3~5년의 중장기 사업 추진을 위한 계획(미래 나아갈 방향)과 정보시스템의 구축 및 운영 단계를 고려하여 예산 산정까지 포함하여 방안을 제시하는 중장기 IT 전략 기획 서비스입니다.

참고로 공공기관의 경우는 기획재정부의 「예산안 편성 및 기금운용계획안 작성 세부지침」 및 「예산 및 기금운용계획 집행지침」 등을 통해 IT 컨설팅 수립 후 예산을 신청하게 되어있어 IT 컨설팅을 수행하는 궁극적인 목표를 예산 신청 근거자료 수립 및 예산 신청·확보로 생각하고 있습니다.

현실적으로 IT 컨설팅의 역할은 소요 비용의 산정 작업까지 진행합니다. 그 이후 예산 확보는 해당 기업·기관의 담당자 및 담당 부서의 역할입니다. 그러나 종종 기업·기관의 입장에서 해당 IT 컨설팅의 주요 성과 중의 하나를 예산 확보 여부에 두기도 합니다. IT 컨설팅 결과를 기반으로 예산을 확보하였다면, 해당 IT 컨설팅 산출물의 품질이 좋았다고 생각할 수 있습니다. IT 컨설팅 수행팀의 입장에서는 우리가 열심히 하여 고객이 예산을 확보하는 데 도움이 되었다면 IT 컨설팅 업체의 성과라고 평가할 수도 있습니다.

여섯째, 목표모델 추진 방안 수립과 예산 산정 시 전문적이면서 독립적이고 객관적인 의견 제시가 필요한 사업입니다.

IT 컨설팅은 목표모델 추진 방안 수립과 예산 산정 시 특정 회사나 특정 제품을 고려하여 컨설팅 산출물을 작성하지 않고, IT 전문가의 입장에서 독립적이고 객관적인 의견을 제시하는 사업입니다. 그래서 산출물 작성 시 필요한 경우만 특정 제품을 명시하고 그렇지 않은 경우는 이니셜 또는 대명사로 작성하여 비교 검토하는 경우가 많습니다. 목표모델 수립 시 문제를 해결하는 방안을 제시하는 솔루션의 경우에도 특정 솔루션을 명시하지 않고 관련 솔루션에서 제공 가능한 공통적이고 필요한 기능들을 명시합니다. 따라서 IT 컨설턴트는 해당 조직과 고객의 입장에서 발전적이고 경쟁 우위를 확보할 수 있는 방안을 생각하면서 동시에 독립적이고 객관적인 IT 컨설팅 서비스를 제공하는 것이 중요합니다.

일곱째, IT 컨설팅은 해당 기업·기관의 정보화 관련 의사결정을 지원하는 IT 전문 지식 서비스로 IT 컨설팅 이후 사업 추진 실행 및 결과 창출은 시스템 개발 및 구축 등 다른 사업을 통해 구현되는 특성을 가지고 있습니다.

IT 컨설팅에 대한 실행 및 결과 창출을 위해서는 시스템 개발 및 구축 등 다른 사업을 추진하여 IT 컨설팅의 사상과 방향성을 구현해야 하는 특성이 있습니다. 시스템 개발 및 구축 사업에서는 분석·설계 단계를 통해 IT 컨설팅에서 제시된 방향성을 상세한 수준으로 정리하여 추진하게 됩니다. 이때 IT 컨설팅 사업과 시스템 구축 사업 간 시간적 흐름에 의한 차이(조직 대내외 환경변화 등), 경제 상황 변화에 의한 차이(재정적 차이 등) 등 IT 컨설팅 사업 추진 방향성과 목표모델 세부 내용이 시스템 구축 사업 수행 시 차이가 존재할 수 있습니다. 이를 최소화하기 위해서 IT 컨설팅의 상세화 사업(예로 정보시스템 마스터 플랜(ISMP) 등)을 통해 차이를 최소화하려는 노력 등이 있습니다.

[참고: ChatGPT 답변]
IT 컨설팅의 역할 및 특징은 무엇인가?

IT 컨설팅에는 정보기술(IT) 시스템 및 전략과 관련하여 비즈니스 또는 조직에 전문적인 조언, 지침 및 전문 지식을 제공하는 것이 포함됩니다. IT 컨설팅의 역할과 특성은 클라이언트의 특정 요구사항과 목표에 따라 다를 수 있지만 다음은 몇 가지 공통적인 측면입니다.

◇ 기술 전략
IT 컨설턴트는 고객이 전반적인 비즈니스 목표에 맞게 IT 전략을 개발하고 조정하도록 돕습니다. 기존 IT 인프라를 평가하고 개선이 필요한 영역을 식별하며 기술 채택, 통합 및 최적화에 대한 권장사항을 제공합니다.

◇ 요구사항 평가

IT 컨설턴트는 고객의 비즈니스 프로세스, 워크플로 및 요구사항을 분석하여 특정 기술 요구사항을 이해합니다. 이해관계자와 긴밀히 협력하여 기술을 활용하여 효율성과 생산성을 향상할 수 있는 문제점, 병목 현상 및 기회를 식별합니다.

◇ 솔루션 설계 및 구현

식별된 요구사항을 기반으로 IT 컨설턴트는 고객의 IT 문제를 해결하기 위한 맞춤형 솔루션을 설계하고 제안합니다. 여기에는 적절한 하드웨어 및 소프트웨어 선택, 시스템 구성, 구현 감독 및 전환 프로세스 관리가 포함될 수 있습니다.

◇ 위험 평가 및 관리

IT 컨설턴트는 고객의 IT 시스템과 관련된 보안 및 위험 요소를 평가합니다. 취약성을 식별하고, 보안 조치를 권장하고, 재해 복구 계획을 개발하고, 잠재적인 위협으로부터 보호하기 위해 위험 완화 전략을 구현하는 데 도움을 줍니다.

◇ 공급업체 평가 및 선택

IT 컨설턴트는 타사 기술 공급업체 또는 솔루션을 평가하고 선택하는 데 도움을 줍니다. 이들은 시장 조사를 수행하고, 공급업체의 역량을 평가하고, 계약을 협상하고, 가장 적합한 제품이나 서비스를 선택하는 데 지침을 제공합니다.

◇ 교육 및 변경 관리

IT 컨설턴트는 종종 새로운 기술을 원활하게 채택할 수 있도록 교육 및 지원을 제공합니다. 이들은 조직이 변화 프로세스를 탐색하고, 직원에게 새로운 시스템 사용에 대해 교육하고, 발생하는 문제를 해결하기 위해 지속적인 지원을 제공하도록 돕습니다.

◇ 프로젝트 관리

IT 컨설턴트는 IT 프로젝트의 구현을 감독하여 정의된 범위에 따라 예산 내에서 적시에 제공되도록 할 수 있습니다. 리소스를 조정하고, 프로젝트 일정을 관리하고, 진행 상황을 모니터링하고, 프로젝트 성공을 보장하기 위해 이해관계자와 소통합니다.

IT 컨설팅은 그 성격과 목적을 정의하는 몇 가지 주요 측면이 특징입니다. IT 컨설팅의 특징은 다음과 같습니다.

◇ **전문지식 및 전문성**

IT 컨설턴트는 정보기술의 다양한 분야에 대한 전문 지식과 전문성을 보유하고 있습니다. 그들은 최신 기술 발전, 업계 동향 및 모범 사례를 최신 상태로 유지하여 고객에게 귀중한 통찰력과 권장사항을 제공합니다.

◇ **문제 해결 방향**

IT 컨설턴트는 문제 해결사입니다. 그들은 조직이 직면한 복잡한 IT 문제를 식별, 분석 및 해결하는 데 탁월합니다. 분석적 사고, 창의성 및 기술 숙련도를 사용하여 고객의 특정 요구에 맞는 혁신적인 솔루션을 개발합니다.

◇ **객관적이고 독립적인 조언**

IT 컨설턴트는 객관적인 조언과 권장사항을 제공합니다. 그들은 고객의 조직에 외부 관점을 제공하여 IT 시스템, 프로세스 및 전략에 대한 통찰력을 얻도록 돕습니다. 이들의 독립성 덕분에 편향되지 않은 평가를 제공하고 내부 편향 없이 개선사항을 제안할 수 있습니다.

◇ **고객 중심 접근법**

IT 컨설턴트는 고객의 요구사항과 목표를 우선시합니다. 고객과 긴밀히 협력하여 고유한 비즈니스 요구사항을 이해하고 IT 전략을 조직 목표에 맞추며 특정 요구사항을 충족하는 솔루션을 제공합니다. 고객 만족과 성공이 가장 중요합니다.

◇ **맞춤형 솔루션**

IT 컨설팅에는 맞춤형 솔루션 제공이 포함됩니다. 컨설턴트는 산업, 규모, 문화 및 목표와 같은 요소를 고려하여 각 고객의 상황에 맞게 접근 방식을 조정합니다. 그들은 맞춤형 전략을 설계하고 클라이언트의 고유한 환경과 열망에 부합하는 솔루션을 구현합니다.

◇ **프로젝트 기반 계약**

IT 컨설팅 계약은 종종 프로젝트 기반이며 시간 제한이 있습니다. 컨설턴트는 시스템 구현 방안 수립, 프로세스 개선, 사이버 보안 평가 또는 기술 업그레이드와 같은 특정 이니셔티브에 대해 작업합니다. 그들은 이러한 프로젝트에 전문 지식을 제공하고 고객과 협력하며 정의된 일정 내에서 프로젝트 목표를 달성하기 위해 노력합니다.

◇ **기술 채택 및 통합**

IT 컨설턴트는 조직이 새로운 기술을 채택하고 통합하도록 지원합니다. 고객이 기술 옵션을 평가하고, 공급업체를 평가하고, 구현 계획을 개발하고, 새로운 시스템과 기존 인프라의 원활한 통합을 보장하도록 돕습니다. 그들의 역할에는 변화 관리, 직원 교육 및 원활한 컨설팅 결과에 대한 수행 지원이 포함됩니다.

◇ 지속적인 학습 및 적응
IT 컨설팅은 컨설턴트가 새로운 기술, 업계 동향 및 진화하는 고객 요구사항을 지속적으로 배우고 적응해야 하는 역동적인 분야입니다. 그들은 지속적인 전문성 개발에 투자하고, 시장 변화에 뒤처지지 않으며, 최첨단 솔루션을 제공하기 위해 전문성을 확장합니다.

◇ 협업 및 커뮤니케이션
IT 컨설턴트는 경영진, 관리자, IT 팀 및 벤더를 포함한 다양한 이해관계자와 협업합니다. IT 컨설턴트의 기술 및 비기술 측면의 효과적인 커뮤니케이션은 권장사항을 전달하고 요구사항을 수집하며 고객과의 생산적인 관계를 유지하는 데 필수적입니다.

◇ 윤리 및 관련 표준 준수
IT 컨설턴트는 작업에서 윤리 및 관련 표준을 준수합니다. 그들은 고객 정보에 대한 기밀성, 무결성 및 존중을 유지합니다. 그들은 윤리적 행동을 보장하고 고객 신뢰를 유지하기 위해 업계 규정, 법적 요구사항 및 행동 강령을 준수합니다.

이러한 특성은 IT 컨설팅의 본질을 총체적으로 정의하여 컨설턴트가 조직의 IT 기능, 효율성 및 경쟁력을 향상시키는 가치 있는 서비스를 제공할 수 있도록 합니다.

+ **PART 02.**

New chat

Jeonghoon Lee

iamleejh@gmail.com   ...

IT 컨설팅
유형과 범위는?

IT 컨설팅은 어떤 분야가 있으며, 어떻게 분류할 수 있나?

IT 컨설팅은 다양한 정보기술(IT) 전문화와 산업 분야 그리고 서비스 특성에 따라 분류되어 수행되고 있습니다.

IT서비스산업협회(ITSA)의 IT서비스산업 분류체계에 의하면, IT 컨설팅은 정보전략계획(ISP), 솔루션 컨설팅, 보안 컨설팅, 네트워크 컨설팅 영역으로 구분되어 컨설팅이 수행되고, 비즈니스 컨설팅은 전략·조직·혁신 컨설팅으로 분류되고 있습니다.

[표 1] IT 컨설팅 서비스 분류

대분류	중분류	소분류	구체적 업무 내용
컨설팅	IT 컨설팅	정보전략계획(ISP)	장단기 정보화 계획 수립
		비즈니스 컨설팅	기업 솔루션 도입 및 운용 자문
		보안, 정보보호 컨설팅	최적 보안 운용 자문
		네트워크, 설비 컨설팅	네트워크, 기기, 설비 운용 자문
	비즈니스 컨설팅	전략 컨설팅	비전, 전략 수립
		조직 진단	조직, 인사 진단 및 자문
		혁신 컨설팅	성과평가, 혁신, 프로세스 개선

출처: IT서비스산업협회(ITSA)

또한, 한국소프트웨어산업협회(KOSA)에서 발간한 S/W 사업 대가 산정 가이드에 있는 IT 컨설팅 분류에 따르면, S/W 사업의 수명주기에 따른 기획 단계의 사업 유형으로 정보전략계획(ISP), 정보전략계획 및 업무재설계(ISP/BPR), 전사적 아키텍처(EA/ITA), 정보시스템 마스터 플랜(ISMP), 그리고 정보보안 컨설팅으로 구분하고 있습니다.

[표 2] IT 컨설팅 분류 (1)

단계	사업유형	내용
기획	IT 컨설팅	정보전략계획(ISP)
		정보전략계획 및 업무재설계(ISP/BPR)
		전사적 아키텍처(EA/ITA)
		정보시스템 마스터 플랜(ISMP)
		정보보안 컨설팅

출처: 한국소프트웨어산업협회(KOSA)

[그림 3] S/W사업의 수명주기와 사업유형

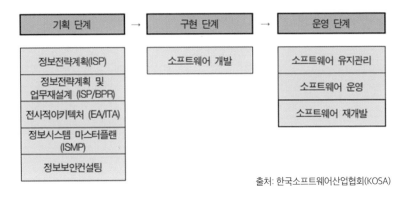

출처: 한국소프트웨어산업협회(KOSA)

그리고 글로벌 정보기술(IT) 리서치 기관인 가트너(Gartner)는 IT 컨설팅 분류를 전략 계획, 아키텍처 계획, 운영 측정 및 벤치마킹, 구현계획 서비스로 구분하고 있습니다.

[표 3] IT 컨설팅 분류 (2)

구분	세부	주요 내용
IT 컨설팅	전략 계획 (Strategic Planning)	고객이 IT 요구사항을 평가하고 시스템 구현 계획을 수립하는 데 도움이 되는 자문 서비스
	아키텍처 계획 (Architecture Planning)	전략적 계획과 신기술에 대한 지식을 결합하여 고객 요구사항을 충족하는 시스템 및 지원 인프라의 논리적 설계를 제공하는 자문 서비스
	운영 측정/벤치마킹 (Operational assessment/ Benchmarking)	고객 IT 환경의 운영 효율성과 역량을 평가하는 서비스
	구현 계획 (Implementation Planning)	새로운 솔루션 배포의 롤아웃 및 테스트에 대해 고객에게 조언하는 서비스

출처: 가트너 용어사전

IT 컨설팅 종류와 분류는 매우 다양하지만 여기서는 일반적인 IT 컨설팅이며, 시스템 개발보다는 자문 컨설팅(Advisory Consulting)과 IT 전략 컨설팅인 정보전략계획(ISP)을 중심으로 이야기하고자 합니다.

참고로 국내에서는 주로 공공 분야를 대상으로 정보전략계획(ISP)과 정보시스템 마스터 플랜(ISMP)이 많이 진행되고 있습니다. 금융, 제조, 의료 분야에서는 IT 전문화에 따라 데이터 분석, 보안, 인프라 컨설팅이 수행되기도 합니다.

[참고: ChatGPT 답변]
IT 컨설팅의 종류와 분류는?

IT 컨설팅의 유형 및 범주는 제공되는 서비스의 특성, 산업 초점, 기술 전문화 또는 고객 규모와 같은 다양한 요인에 따라 분류될 수 있습니다. 다음은 IT 컨설팅이 분류되는 몇 가지 일반적인 방법입니다.

◇ 일반 vs. 전문 컨설팅
일반 IT 컨설팅(General IT Consulting): 이 유형의 컨설팅은 광범위한 IT 서비스 및 솔루션을 다루며 여러 기술 도메인 및 산업에 대한 전문 지식을 제공합니다.

전문 IT 컨설팅(Specialized IT Consulting): 전문 컨설턴트는 사이버 보안, 클라우드 컴퓨팅, 데이터 분석, 소프트웨어 개발, 인프라 설계 또는 ERP 구현과 같은 IT의 특정 영역에 중점을 둡니다. 그들은 전문 영역(specialized domain) 내에서 심도 있는 전문성(deep expertise)과 깊이 있는 지식(in-depth knowledge)을 제공합니다.

◇ 업계 초점
수직/산업별 컨설팅(Vertical/Industry-specific Consulting): 컨설턴트는 의료, 금융, 소매, 제조 또는 정부와 같은 특정 산업에 서비스를 제공하는 것을 전문으로 합니다. 그들은 산업별 규정, 프로세스 및 기술에 대한 심층적인 지식을 가지고 있습니다.

수평적/기술 불가지론적 컨설팅(Horizontal/Technology-agnostic Consulting): 컨설턴트는 다양한 산업 분야에서 작업하며 다양한 분야에 적용할 수 있는 기술 솔루션을 제공합니다. 산업별 요구사항보다는 일반적인 IT 과제와 모범 사례에 중점을 둡니다.

◇ 고객 규모
엔터프라이즈 수준 컨설팅(Enterprise-Level Consulting): 컨설턴트는 복잡한 IT 인프라와 광범위한 기술 요구사항을 가진 대규모 기업·기관을 대상으로 합니다. 전략적 지침을 제공하고 대규모 프로젝트를 관리하며 엔터프라이즈 수준의 솔루션을 제공합니다.

중소기업 컨설팅(Small and Medium-sized Business): 컨설턴트는 자원이 제한된 중소기업을 전문적으로 지원합니다. 저렴한 솔루션을 제공하고 기술 채택을 지원하며 SMB의 제약 내에서 IT 프로세스를 최적화하도록 돕습니다.

◇ 자문 및 구현 컨설팅
자문 컨설팅(Advisory Consulting): 컨설턴트는 전략적 지침 및 자문 서비스를 제공하는 데 중점을 둡니다. 고객의 IT 요구사항을 평가하고 기술 전략을 개발하며 개선을 위한 권장사항을 제공합니다. 그들의 역할은 본질적으로 주로 컨설팅 및 자문(consultative and advisory)입니다.

구현 컨설팅(Implementation Consulting): 컨설턴트는 IT 프로젝트 실행 및 솔루션 구현에 중점을 둡니다. 이들은 시스템 설계, 구성, 사용자 지정, 통합, 테스트 및 배포에 관여합니다. 그들의 역할에는 시스템 구현 및 프로젝트 관리가 포함됩니다.

◇ 관리형 서비스 컨설팅
IT 운영 컨설팅(IT Operations Consulting): 컨설턴트는 고객에게 지속적인 IT 운영 지원 및 관리를 제공합니다. 네트워크 모니터링, 인프라 관리, IT 서비스 데스크 및 ITIL(정보기술 인프라 라이브러리) 관행과 같은 작업을 처리할 수 있습니다.

관리형 보안 컨설팅(Managed Security Consulting): 컨설턴트는 클라이언트의 사이버 보안 태세를 관리하고 강화하는 데 전문화되어 있습니다. 취약성 평가, 위협 인텔리전스, 사고 대응, 보안 운영 센터(SOC) 관리와 같은 서비스를 제공합니다.

◇ IT 전략 및 디지털 혁신

IT 전략 컨설팅(IT Strategy Consulting): 컨설턴트는 고객이 IT 전략을 비즈니스 목표에 맞출 수 있도록 돕는 데 중점을 둡니다. 기존 IT 시스템을 분석하고 기술 로드맵을 개발하며 기술 투자 최적화에 대한 지침을 제공합니다.

디지털 혁신 컨설팅(Digital Transformation Consulting): 컨설턴트는 고객이 디지털 기술을 활용하여 비즈니스 프로세스, 고객 경험 및 운영 효율성을 혁신하도록 지원합니다. 그들은 디지털 기회를 식별하고, 디지털 전략을 설계하고, 디지털 이니셔티브의 구현을 감독합니다.

이러한 분류는 상호 배타적이지 않으며 IT 컨설팅 회사 또는 전문가는 여러 범주에서 운영하거나 전문지식 및 고객 요구사항에 따라 여러 영역을 결합하여 전문화할 수 있습니다.

IT 컨설팅
유형별 개념 및 특징

다음은 주요 IT 컨설팅 유형별 개념 및 특징에 대해 간략하게 살펴보겠습니다.

[표 4] 주요 IT 컨설팅 유형별 개념 및 특징

구분	개념 및 특징
정보 전략 계획 (ISP)	정보전략계획은 조직 내의 전략적 정보 요구를 파악하여 업무활동과 현행 정보시스템 지원 정도를 평가하고, 정보시스템 개발을 위한 통합된 프레임워크를 제공합니다. 이를 통해 사업의 방향과 정보기술의 방향을 통합하여 조직의 사업 비전을 지원하고, 정보 관리를 위한 전반적인 전략을 정의합니다. (장기적인 관점에서는 정보시스템의 비용과 인력을 절감하도록 하는 활동입니다.) 현장에서 ISP 사업을 수행하다 보면 ISP 유형을 사업 목표와 범위에 따라 첫째, 전사 측면의 중장기 정보화 사업 계획 수립 유형, 둘째, 특정부서의 특정 시스템 구축 사업 계획 중심, 셋째, 특정 시스템을 중심으로 전사 측면의 사업 계획 또는 IT 거버넌스(정보화 조직, 운영효율성 개선 등), 업무재설계(BPR) 등을 포함하는 혼합형의 세 가지 유형으로 나눌 수 있습니다. 둘째 유형, 즉 특정시스템 구축 사업 계획 중심 유형은 ISMP와 유사합니다. ISP 유형이 다르면 큰 틀은 바뀌지 않지만 ISP 단계별 세부 내용과 산출물에는 차이가 발생하게 됩니다. 특히 목표모델 수립(To-Be Model) 단계에서 만들어지는 산출물(Output) 내용은 많은 차이가 발생하게 됩니다. 예를 들어 전사 클라우드 추진 사업 계획과 데이터 통합 플랫폼 구축 사업 계획은 모두 ISP 수립 사업이지만 인프라 중심 사업과 데이터 중심 사업으로 그 사업의 특성과 범위에서도 많은 차이가 발생합니다.

	• 정보전략계획(ISP)의 특징 비즈니스 목표와의 정렬: ISP는 조직의 IT 전략이 비즈니스 목표(Goals) 및 목적(Objectives)과 밀접하게 정렬되도록 합니다. 이러한 조정은 IT 이니셔티브와 조직의 전반적인 방향 간의 효율성, 효과 및 시너지 효과를 촉진합니다. 향상된 의사결정: ISP는 정보에 입각한 IT 관련 결정을 내리기 위한 구조화된 프레임워크를 제공합니다. 조직이 현재 IT 기능을 평가하고 격차를 식별하며 이러한 격차를 해소하기 위한 전략을 개발하는 데 도움이 됩니다. 이를 통해 기술 투자, 리소스 할당 및 IT 이니셔티브의 우선순위 지정 측면에서 더 나은 의사결정을 내릴 수 있습니다. 향상된 IT 거버넌스: ISP는 조직 내에서 효과적인 IT 거버넌스 메커니즘을 구축하는 데 도움을 줍니다. 이를 통해 IT 리소스, 위험 및 투자를 관리하기 위한 정책, 절차 및 프로세스를 개발할 수 있습니다. 이를 통해 IT 운영의 제어, 책임 및 규정 준수가 향상됩니다. 위험 완화: ISP를 통해 조직은 IT 시스템의 잠재적인 위험과 취약성을 식별하고 해결할 수 있습니다. 기존 IT 인프라, 보안 조치 및 데이터 보호 관행에 대한 포괄적인 평가를 수행함으로써 조직은 위험을 완화하고 전반적인 보안 태세를 강화하기 위한 전략을 개발할 수 있습니다. 리소스 최적화: ISP를 통해 조직은 중복, 비효율 또는 개선 영역을 식별하여 IT 리소스를 최적화할 수 있습니다. 이는 더 나은 리소스 할당, 비용 절감 및 IT 투자 수익 향상으로 이어집니다.
업무 재설계 (BPR)	업무재설계(BPR: Business Process Re-engineering)는 기존 비즈니스 프로세스를 재설계하고 최적화하여 효율성, 유효성 및 전반적인 성과를 개선하는 것을 목표로 하는 관리 접근 방식입니다. 여기에는 기존 프로세스에 대한 전반적인 점검이 포함됩니다. **• 비즈니스 프로세스 리엔지니어링(BPR)의 특징** 효율성 향상: BPR은 프로세스에서 중복되거나 불필요한 단계를 제거하고 작업 흐름을 능률화하며 비효율성을 줄입니다. 이는 생산성 향상, 처리 시간 단축 및 비용 절감으로 이어집니다. 향상된 고객 만족: BPR은 고객 중심 관점에서 프로세스를 재정의하여 고객의 요구와 기대를 충족시키는 데 중점을 둡니다. 이를 통해 조직은 제품이나 서비스를 더 빠르고 정확하며 더 높은 품질로 제공할 수 있으므로 고객 만족도와 충성도가 향상됩니다.

	전략적 조정: BPR은 비즈니스 프로세스를 전략적 목표 및 목적에 맞게 조정합니다. 프로세스를 재평가하고 재설계함으로써 조직은 전체 비전, 사명 및 장기 계획과 완전히 일치하도록 할 수 있습니다. 혁신과 민첩성: BPR은 조직이 혁신적으로 생각하고 새로운 기술이나 접근 방식을 수용하도록 장려합니다. 새로운 기술, 자동화 및 디지털 변환을 채택하여 변화하는 시장 상황에 직면하여 더 큰 민첩성과 적응성을 촉진합니다. 교차 기능 협업: BPR은 조직 내 여러 부서 또는 기능 간의 협업을 촉진합니다. 사일로(부서간 칸막이)를 무너뜨리고 프로세스 설계 및 실행에 대한 보다 전체론적인 접근 방식을 권장합니다. 이 협업은 팀 간의 커뮤니케이션, 조정 및 지식 공유를 향상시킵니다.
전사적 아키텍처 (EA)	전사적 아키텍처(EA: Enterprise Architecture)는 일정한 기준과 절차에 따라 업무, 응용, 데이터, 기술, 보안 등 조직 전체의 정보화 구성 요소들을 통합적으로 분석한 뒤 이들 간의 관계를 구조적으로 정리한 체제 및 이를 바탕으로 정보시스템을 효율적으로 구성하기 위한 방법을 말합니다. 조직의 정보기술(컴퓨터 하드웨어, 데이터, 인적 자원, 정보통신장비, 소프트웨어, 관리책임 등)을 통합, 관리하기 위해 정보체계에 대한 요구사항을 충족시키고, 상호운용성 및 보안성을 보장하기 위해 조직의 업무, 사용되는 정보, 이들을 지원하기 위한 정보기술 등의 구성 요소를 분석한 후, 이들 간의 관계를 구조적으로 정리한 체계를 말합니다. EA는 크게 업무(Business), 응용(Application), 데이터(Data), 기술(Technology) 및 보안(Security)의 5가지 영역의 아키텍처로 구분합니다. 업무아키텍처(BA): 업무, 업무별 기능·절차, 정보와 이들 간의 관계를 식별하고 정의한 구조 응용아키텍처(AA): 업무를 지원하는 응용서비스 및 응용시스템과 이들 간의 관계를 식별하고 정의한 구조 데이터아키텍처(DA): 업무와 응용에서 사용되는 데이터 및 이들 간의 관계를 식별하고 정의한 구조 기술아키텍처(TA): 응용서비스 및 응용시스템을 지원하는 기술자원 및 이들 간의 관계를 식별하고 정의한 구조 보안아키텍처(SA): 정보시스템의 무결성, 가용성, 기밀성을 확보하기 위해서 보안 요소 및 이들 간의 관계를 식별하고 정의한 구조

정보 시스템 마스터 플랜 (ISMP)	특정 시스템 개발 사업에 대한 상세분석과 제안요청서(RFP)를 마련하기 위해 비즈니스(업무) 및 정보기술에 대한 현황과 요구사항을 분석하고 기능점수 도출이 가능한 수준까지 기능적·기술적·비기능적 요건을 상세히 기술하며, 구축 전략 및 이행계획을 수립하는 활동입니다. · ISMP 특징 포괄적인 이해: 현재 비즈니스 및 IT 환경에 대한 자세한 분석을 통해 프로젝트 요구사항을 포괄적으로 이해할 수 있습니다. 격차, 비효율성 및 개선 기회를 식별하여 프로젝트 범위를 보다 정확하게 정의할 수 있습니다. 정확한 요구사항 정의: 기능적, 기술적 및 비기능적 요구사항을 결정함으로써 ISMP는 프로젝트가 필요한 모든 기능과 사양을 캡처하도록 도와줍니다. 이렇게 하면 개발 단계에서 중요한 요구사항이 누락될 위험이 최소화됩니다. 추정을 위한 기능 포인트: 요구사항 기반 기능 점수는 소프트웨어 개발 프로젝트의 규모와 복잡성을 추정하고 자원 계획 및 비용 분석에 사용할 수 있으므로 보다 정확한 프로젝트 계획 및 예산 책정으로 이어질 수 있습니다. 효과적인 RFP(제안요청서) 생성: 자세한 분석 및 요구사항을 결정함으로써 잘 구성된 RFP를 생성할 수 있습니다. RFP는 소프트웨어 개발 공급업체 또는 계약업체에게 제안을 요청하는 데 사용할 수 있으며 프로젝트 범위, 사양및 평가 기준을 명확하게 이해할 수 있습니다. 위험 완화: 현재 상태 및 요구사항에 대한 철저한 분석을 통해 프로젝트 수명 주기 초기에 잠재적인 위험과 문제를 식별할 수 있습니다. 이를 통해 사전 위험 완화 전략을 수립하여 프로젝트 지연, 비용 초과 또는 품질 저하 문제의 가능성을 줄일 수 있습니다.

출처: 개념은 한국소프트웨어산업협회 내용 참조 및 재구성

IT 컨설팅
유형별 특성

다음은 IT 컨설팅 유형별 특성을 좀 더 세밀하게 파악하기 위해 IT 컨설팅 유형 간 관계 또는 비교를 통해 주요 특성을 살펴보도록 하겠습니다.

1. IT 컨설팅 유형 간 관계

BPR, ISP, ISMP 등 IT 컨설팅 유형 간 관계는 아래 [그림 4]와 같이 크게 업무혁신성과 시스템 구체성으로 고려할 수 있습니다. 일반적으로 업무 측면에서는 업무 프로세스 리엔지니어링(BPR)을 통해 대내외 업무 절차 및 업무 방식의 개선 및 혁신을 도출할 수 있습니다. 최근에는 다양하고 혁신적인 신기술이 등장하면서 기술 측면에서 업무 혁신을 리딩하는 방향으로 발전하고 있습니다. 특히, 인공지능과 빅데이터 등 다양한 정보기술 적용을 통해 단순반복업무의 개선, 대고객 창구 등 오프라인·대면 업무의 감소 등 업무 혁신이 발생하고 있습니다.

시스템 측면에서는 BPR을 통해 도출된 업무 개선과 혁신의 내용을 기반으로 ISP를 통해 시스템의 구현모델과 정보화 서비스 방향성을 정의하고 ISMP를 통해 구체적인 기능과 서비스, 데이터와 인프라 등 시스템 구축 방법, 구축 비용 등 시스템 구축을 위한 구체성이 점점 더 강화됩니다.

[그림 4] IT 컨설팅 유형 간 관계

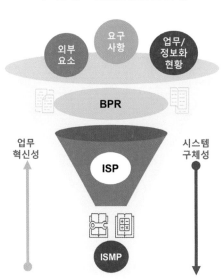

2. 정보전략계획(ISP)과
업무 프로세스 재설계(BPR)와의 관계

먼저 업무 기능과 절차는 조직 내에서 특정 목표나 목적을 달성하기 위해 수행되는 다양한 활동 또는 프로세스입니다. 영업 및 마케팅부터 회계, 재고 관리, 고객서비스 등의 다양한 업무 영역이 존재하고 업무 영역별 대·중·소 업무 기능으로 구성됩니다. 시스템 응용기능은 업무 기능과 절차를 지원하고 실행하기 위해 설계되고 구현됩니다. 응용기능은 데이터 입력, 저장, 검색, 처리, 보고, 분석, 커뮤니케이션 및 자동화와 같은 기능으로, 업무 프로세스를 자동화하고 수동적인 노력을 줄이며 운영의 효율성을 높이는 기능을 제공함으로써 업무 작업과 처리절차를 간소화합니다.

BPR을 통해 ISP가 어떻게 이루어지는지 간략하게 살펴보도록 하겠습니다.

생산 프로세스를 최적화하기 위해 BPR을 진행하는 대규모 A라는 제조회사가 있다고 상상해 보세요. 이 회사는 공급망, 생산 라인 및 재고 관리에서 수기 업무가 업무 수행의 30~40%를 차지하고 시스템이 연계되어 있지 않아 A시스템에서 업무를 수행하고 다시 B시스템에 동일하거나 비슷한 정보를 입력해야 하는 비효율성과 이중작업이 발생하고 있습니다. 이로 인해 주문 이행 지연과 운영 비용 증가로 업무 처리의 어려움을 겪고 있습니다.

A회사는 업무 프로세스를 재검토하고 재설계하여 정보화를 추진하기 위해 BPR/ISP를 추진합니다. A회사는 BPR을 통해 기계에 IoT 센서를 도입하여 실시간 생산 데이터를 모니터링하고 RFID 태그를 사용하여 재고 추적을 자동화하며, 엔터프라이즈 자원 계획(ERP) 시스템을

통합하여 운영 및 데이터 관리 업무와 절차를 간소화하도록 업무 처리 방안을 수립합니다.

BPR에서 도출된 IoT, RFID 및 ERP 기술 적용 필요성에 따라 ISP에서는 IoT, RFID 및 ERP 시스템 등 시스템 구축 전략과 방안을 수립합니다. 내부에 어떤 아키텍처로 구성하고 자체 구축할지, 외부 솔루션을 적용할지, 다른 시스템과 연계는 어떻게 적용할지 그리고 기존 시스템과 신규로 도입되는 시스템과의 통합적인 측면도 고려하여 적용 방안을 수립합니다. 그리고 IoT, RFID 및 ERP 시스템의 도입으로 많은 양의 실시간 데이터 처리와 효과적인 관리, 활용에 대한 방안을 세워야 합니다. 이는 데이터 저장, 분석 도구 및 유용한 정보를 보호하기 위한 정보보안 조치 방안으로 이어집니다. 또한, 시스템 구축을 위한 개발, 데이터, 인프라(소프트웨어, 하드웨어) 등 비용 항목에 대해 구체적인 예산의 규모와 세부적인 소요 비용 계획을 수립합니다.

이와 같이 BPR을 통해 업무기능 전산화 영역을 식별하고 수작업 업무 처리 절차를 제거하여 간소화 방안을 만들고 ISP는 전산화를 통해 변경되는 업무 처리를 지원할 수 있게 응용기능, 데이터, 인프라 구현 방안을 수립합니다. 때로는 ISP 사업안에 BPR 영역을 포함하여 BPR과 ISP 사업을 동시에 진행하기도 합니다.

ISP 사업을 통해 BPR 추진의 필요성이 생겨 ISP 사업 이후 BPR 사업을 별도로 수행하는 경우도 있습니다. 정보시스템 구축 중심의 ISP

사업을 추진하면서 정보시스템 중심의 접근을 하다 보면 업무와 업무 절차에 대한 개선 필요성이 제기됩니다. ISP 사업 내의 필요에 의해 부분적 또는 일부 업무에 대해서만 업무 기능과 절차를 살펴보고 정리하여 ISP 사업을 추진하지만 불충분하다고 느껴지는 경우 추가 BPR 사업을 통해 전반적인 업무 개선을 추진하는 경우도 있습니다. 때로는 ISP 이후 신규 조직 생성, 기존 조직의 변동 및 합병 등의 이슈로 BPR 의 필요성을 느껴 별도 사업으로 진행하기도 합니다.

3. 정보전략계획과
정보시스템 마스터 플랜의 특성 비교

큰 틀에서 볼 때 ISP가 기업의 비전과 전략을 기반으로 정보시스템 이 어떻게 기업의 목표를 달성하는 데 기여할 것인지를 제시하는 반면, ISMP는 기업의 정보시스템이 어떻게 구축되고 운영될 것인지를 구체적으로 기술하고 세부 계획을 수립하는 특징이 있습니다. 따라서 ISMP가 ISP보다 상세화하여 정보시스템 구축 계획을 수립하는 특징을 가지고 있습니다.

[표 5] ISP와 ISMP 주요 특성 비교

구분	정보전략계획(ISP)	정보시스템 마스터 플랜(ISMP)
추진 방향 및 목적	전사적 또는 특정 부서의 문제, 이슈 해결 방안 수립을 통해 정보화 미래 정사진을 제시하고 중장기 정보화 투자 계획 등 이행계획을 수립함 *ISP 유형에 따라 시스템 구축 계획만을 대상으로 추진되기도 함	특정 정보시스템 구축을 위해 기능적, 비기능적, 기술적 요구사항을 상세하게 분석하고 정리하여 정보시스템 세부 아키텍처를 수립하고 제안요청서를 작성하여 구축 사업 추진을 위한 상세 계획을 수립함
주요 특성	• 포괄적이고 전략적이며 문제 해결, 예산 수립, 사업 추진 타당성이 중요 • 전사(또는 특정 부서) 정보화 방향성 및 전략 도출 • 문제, 이슈 해결 방안 중심으로 필요 정보시스템 도출 및 구축 방안 수립 • 예산 수립과 사업 추진 타당성 확보	• 정보시스템 구축을 위한 구체적이고 실행적인 계획 수립이 중요 • 시스템 구축을 위한 기능적, 비기능적 및 데이터, 인프라 상세 요구사항 정리 • 구축 대상 시스템 상세 아키텍처 확정 • 구축 사업 추진 일정과 예산 확인 • 구축 사업 추진 제안요청서 준비
주요 활동	• 대내·외 환경분석을 통한 포지셔닝 • 현황분석(업무, 정보시스템, 인프라 등)을 통한 문제, 이슈 식별 및 개선 기회 도출 • 정보화 목표모델 수립 및 정보시스템 도출 • 시스템 구성 및 세부 기능 정의 • 시스템 인프라 구성 및 세부 스펙 정의 • 이행계획 수립(소요 예산, 로드맵, 기대효과 및 투자 타당성 등)	• 시스템 구축 범위 및 방향성 수립 • 업무 및 정보시스템 요건 분석 • 시스템 구성 및 세부 기능 정의 • 시스템 인프라 구성 및 세부 스펙 정의 • 사업 이행계획 수립(소요 예산 산정, 구축 일정 등)
주요 산출물	• 환경분석서 • 현황분석서 • 목표모델수립서(주요 과제별 개선 방안 및 시스템 구축 계획) • 이행계획수립서 • (제안요청서)	• 시스템 구축 상세 요건 정의서 • 시스템 아키텍처 및 세부 기능 정의서 • 데이터, 인프라 구성 및 세부 스펙 정의서 • 시스템 구축 이행계획수립서 • 제안요청서

출처: ISP·ISMP 수립 공통가이드 재구성

위의 [표 5]에서 보듯이 ISP는 탑다운 방식으로 환경 및 현황 분석을 통해 기업·기관의 주요 문제점과 이슈를 파악하여 이를 해결하기 위한 정보화 방안을 수립하는 것이 주요 특징입니다. ISMP는 전사 또는 특정 시스템을 구축하기 위한 세부 요건 및 아키텍처, 상세 스펙을 정의하여 시스템 구축 추진을 준비하는 것이 주요 특징입니다.

[그림 5] ISP, ISMP, 구축 사업 관계

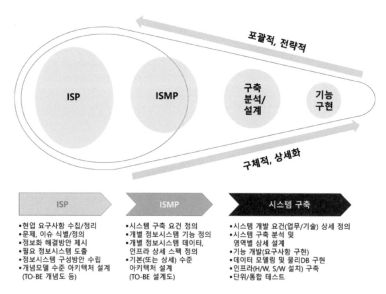

현실에서는 기업·기관에서 발주되는 ISP 제안요청서에 ISMP 내용이 포함되어 ISP와 ISMP가 혼합되어 발주되는 경우가 많아지고 있습니다. 2000년도 초반에는 ISP 사업에 제안요청서 작성 과제가 포함되는 경우가 흔하지 않았지만, 최근에는 제안요청서 작성 과제가 포함되어 발주되는 경우가 일반적인 상황이 되어가고 있습니다. 그리고 ISP

가 정보화 전략 수립을 통해 전사 차원 또는 특정 부서의 정보화 미래 청사진을 제시하고 이를 지원하기 위한 정보시스템을 도출하던 작업에서 특정 정보시스템 구축을 위한 기능 및 아키텍처 설계, 인프라 구성 및 설계 등 정보시스템 구축 계획 수립 작업에 좀 더 무게중심을 두고 있는 상황입니다. 따라서 ISP와 ISMP의 경계가 모호해지고 ISPM를 포함하는 ISP 또는 ISMP 사업에서 ISP를 검토하여 진행되고 있는 것이 현실입니다.

일반적으로 기업·기관의 입장에서는 ISP 사업을 통해 예산 산정 및 구축 사업 타당성 등 사업 추진 근거자료를 확보한 후 바로 정보시스템 구축 사업까지 진행하는 것을 선호합니다. ISP 사업을 하는 목적이 결국은 정보시스템 구축 사업 추진을 위한 것이기 때문입니다. 따라서 ISP에서 ISMP 내용까지 포함하여 IT 컨설팅을 진행하는 것이 당연시되는 추세입니다.

기업·기관 입장에서는 IT 컨설팅 사업 기회가 자주 발생하지 않기 때문에 IT 컨설팅 발주 계획 수립 시 되도록 많은 요구사항을 ISP 사업 제안요청서에 담고자 합니다. 그래서 여러 부서의 의견을 수렴하여 ISP와 ISMP의 특성과 관계없이 여러 가지 요구사항을 담고자 하기 때문에 ISP 사업의 난이도와 복잡도가 높아지고 사업 범위가 넓어지고 있습니다.

그러나 위 [표 5]에서 보듯이 기본적으로 ISP와 ISMP는 목표와 범위가 다른 사업이고 ISP에서 ISMP 내용까지 포함하여 수행하기 위해서는 그만큼의 시간과 자원이 추가로 고려되어야 합니다. 즉 ISP 프로젝트의 범위(Scope)와 깊이(Depth)에 따라 납기, 예산, 품질 등이 영향을 받기 때문에 프로젝트를 발주하는 기업·기관뿐만 아니라 프로젝트를 수행하는 IT 컨설팅업체 입장에서도 ISP와 ISMP 차이와 특성에 대해 더욱더 신중하게 검토하여 사업을 준비해야 합니다.

[참고: ChatGPT 답변]

ISP와 ISMP 비교

◇ **범위 및 초점**

정보시스템 마스터 플랜(ISMP): 이 접근 방식은 주로 소프트웨어 개발 프로젝트의 현재 상태 및 특정 요구사항 분석에 중점을 둡니다. 프로젝트의 기능적, 기술적, 비기능적 요구사항에 대한 상세한 이해를 제공하는 것을 목표로 합니다.

정보전략계획(ISP): ISP는 ISMP에 비해 더 넓은 관점을 취하고 조직의 IT 전략을 전체 비즈니스 목표와 일치시키는 데 중점을 둡니다. 여기에는 조직의 현재 IT 기능 분석, 격차 식별 및 이러한 격차를 해소하기 위한 전략 개발이 포함됩니다. ISP는 조직의 장기적인 비전과 목표를 고려합니다.

◇ **시간과 노력**

정보시스템 마스터 플랜(ISMP): 이 방법은 관련 영역에 대한 상세 분석, 요구사항 결정 및 문서화로 인해 시간과 리소스가 많이 소요될 수 있습니다. 상당한 노력이 필요할 수 있는 프로젝트의 특정 요구사항을 철저히 이해해야 합니다.

정보전략계획(ISP): ISP도 상당한 시간과 노력이 필요하며 ISMP에 비해 대상 범위가 더 넓습니다. 여기에는 조직의 IT 환경 평가, 포괄적인 분석 수행 및 전략 계획 개발이 포함됩니다. ISP는 다양한 이해관계자와의 협업 및 광범위한 데이터 수집 및 분석을 포함할 수 있습니다.

◇ 결과 및 산출물

정보시스템 마스터 플랜(ISMP): ISMP의 결과는 정확한 RFP(제안요청서) 또는 프로젝트 계획을 개발하기 위한 기반이 되는 프로젝트 요구사항에 대한 자세한 분석입니다. 초점은 구체적이고 잘 정의된 프로젝트 사양을 제공하는 데 있습니다.

정보전략계획(ISP): ISP는 IT 이니셔티브를 조직의 전반적인 비즈니스 전략과 일치시키는 전략계획을 제공하는 것을 목표로 합니다. 결과에는 IT 전략 문서, 우선순위가 지정된 이니셔티브 및 구현 로드맵이 포함됩니다. ISP는 조직의 장기 비전에 초점을 맞추고 미래 기술 투자에 대한 지침을 제공합니다.

◇ 유연성 수준

정보시스템 마스터 플랜(ISMP): 이 방법은 특정 프로젝트 요구사항에 중점을 두기 때문에 유연성이 제한적일 수 있습니다. 개발 단계에서 요구사항을 변경하거나 수정하면 일정과 예산에 영향을 주지 않고 수용하기 어려울 수 있습니다.

정보전략계획(ISP): ISP는 ISMP보다는 많은 유연성과 적응성을 허용합니다. 기술의역동적인 특성과 진화하는 비즈니스 요구사항을 고려합니다. ISP를 통해 개발된 전략계획은 비즈니스 환경의 새로운 추세나 변화를 반영하기 위해 주기적으로 검토 및 업데이트될 수 있습니다.

◇ 비즈니스 목표와의 정렬

정보시스템 마스터 플랜(ISMP): 세부 IT 컨설팅 방법은 프로젝트별 요구사항을 충족하는 데 중점을 두지만 광범위한 비즈니스 목표 및 목적에는 제한적으로 일치할 수 있습니다.

정보전략계획(ISP): ISP는 IT 전략을 전반적인 비즈니스 목표와 일치시키는 데 명시적으로 중점을 둡니다. 기술 이니셔티브가 조직의 전략적 방향과 밀접하게 통합되어 더 나은 비즈니스 결과를 얻을 수 있도록 합니다.

두 방법 모두 특정 상황과 목표에 따라 강점과 적합성이 있습니다. 상세한 IT 컨설팅 방식은 프로젝트별 요구사항에 적합하며 ISP는 IT 전략 및 장기 계획에 대한 총체적인 관점을 취합니다. 조직은 특정 요구사항에 가장 적합한 접근 방식을 결정하기 위해 우선순위, 일정 및 원하는 결과를 고려해야 합니다.

PART 03

New chat

IT 컨설팅은
어떻게 하는 거예요?

IT 컨설팅
수행 방법 개요

IT 컨설팅은 조직이 비즈니스 목표에 맞는 효과적인 IT 전략과 시스템 구축 계획을 수립할 수 있도록 구조화된 방법과 절차를 따릅니다. 일반적으로는 대내외 환경을 살펴보면서 현재의 위치를 확인하고 내부의 요구사항과 문제, 이슈를 식별하고 정의합니다. 이를 통해 정보기술 차원에서 문제 해결 방안을 찾아보고 조직의 업무경쟁력을 지원할 정보시스템 구축 등의 개선 방안을 수립합니다. 개선 방안을 어떻게 구현할지에 대해 일정과 소요 비용, 사업 추진 효과를 확인하여 사업 추진 타당성을 체크합니다. 구체적으로는 환경 및 현황 분석, 미래(또는 목표) 모델 수립, 이행계획 수립 등의 절차와 방법을 통해 해당 단계별로 산출물을 작성하면서 IT 컨설팅을 수행합니다.

IT 컨설팅은 일반적으로 기업·기관의 요구사항으로 시작합니다. 기업·기관은 업무 수행 시 해결해야 할 많은 이슈나 문제점을 가지고 있습니다. 기술환경의 변화, 급격한 성장, 기업 합병 또는 시스템 통합 등도 해결하거나 대응해야 할 문제 영역입니다. 이러한 내·외부 이슈 및 문제점과 함께 기업의 성장과 경쟁우위 확보를 위한 요구사항이 발생하고 이를 해결하기 위한 필요성이 증가함에 따라 IT 컨설팅 프로젝트가 시작됩니다.

IT 컨설팅 수행 업체에서는 기업·기관의 제안요청서 검토와 분석을 통해 해당 기업·기관의 문제와 이슈를 해결하기 위한 제안서를 작성하고 제안 발표를 통해 IT 컨설팅 사업자가 선정됩니다. 선정된 IT 컨설팅 업체에서는 사업 착수 시점에 제안요청서와 제안서를 기반으로 해당 기업·기관의 업무·기술적 불편사항, 이슈·문제점, 개선했으면 하는 의견(요구사항)을 상세하고 구체적으로 분석·정리합니다. 내·외부 환경 분석과 업무 및 정보화 현황 분석을 수행하여(즉 현재 상태의 불편함, 이슈, 문제와 원인 그리고 원인을 어떻게 해결할 수 있을지에 대한 의견, 아이디어를 정리하고 요구사항과 결합) 고객의 현재 상태를 개선할 수 있는 사업 추진 방향을 파악합니다.

즉 현재 위치와 목표 모습을 정리하고 목표 모습으로 어떻게 도달할 수 있을지에 대해 정보화 측면의 비전, 목표, 전략을 수립합니다. 목표를 달성했을 때의 모습을 개념화(청사진)하여 모두가 같은 곳을 바라보고 소통할 수 있도록 통합 목표모델을 수립합니다. 목표모델을 구현하기 위해 업무, 정보화, 데이터, 인프라 등 영역별로 구체적이고 상세한 개선 방안을 수립합니다. 상세한 개선 방안을 시스템 구축 사업으로 추진하기 위해 소요 비용과 추진 일정을 수립합니다.

참고로 해외(글로벌) IT 컨설팅 추진 방법도 큰 틀에서는 유사합니다. 자료 조사를 통해 해외에서 수행되는 IT 컨설팅 방법 관련 자료들을 조사해 본 결과, 해외 전략 계획 수립 컨설팅의 주요 태스크는 아래와 같습니다. 첫째, 현재 IT 서비스 분석(Understand Current IT Services), 둘째, 요구사항 분석(Identify Business Needs), 셋째, 개선 기회 식별(Identify Business, Service, Technology Opportunities), 넷째, 차이 분석(Gap Analysis)으로 구성됩니다. 그리고 다섯째, 목표모델 개선 방안 수립(Develop Recommendation), 여섯째, 이행계획 로드맵(RoadMap)과 최종보고서(Final Report) 작성 태스크로 이루어집니다.

첫째, 현재 IT 서비스 분석 단계에서는 자료 수집과 현업담당자 인터뷰, 벤치마킹, 조직 업무 및 비전 확인 등의 활동이 이루어집니다.

둘째, 요구사항 분석 단계에서는 미래 정보화 요구사항 도출 및 정리, 경영진과 정보화 리더의 정보화 비전 도출 및 분석, 인터뷰 내용 기반 요구사항 도출, 요구사항 보고서 작성 등의 작업이 이루어집니다.

셋째, 개선 기획 식별 단계에서는 업무·정보화 개선 방향, 개선 시 이슈 식별 및 이슈 대응 전략, 공통서비스 등 정보화 세부 개선 방향 도출 등의 작업으로 구성됩니다.

넷째, 차이 분석은 분석 결과를 종합해 정리, 해당 조직의 업무 및 정보화 요구사항 대비 정보화 역량 차이 평가 등의 작업을 수행합니다.

다섯째, 개선 방안 수립은 업무·정보화 영역의 혁신 영역 식별 및 목표모델 설계 작업이 수행됩니다.

여섯째, 로드맵 단계에서는 구현 전략과 일정 등의 추진 계획 수립의 작업이 수행됩니다.

세부적인 단계에서는 국내 IT 컨설팅 세부 활동 및 방법과 차이가 날 수 있지만 전반적인 체계는 유사하다고 판단할 수 있겠습니다.

아래 [표 6]은 현재 국내에서 수행되는 IT 컨설팅의 일반적인 주요 태스크 및 활동에 대한 예시입니다.

[표 6] IT 컨설팅 주요 태스크 및 활동(예시)

주요 태스크	주요 활동(Key Activities)	주요 목표
환경 분석	내·외부 환경 분석	내·외부 경쟁, 기술, 제도, 전략 등 환경 변화를 파악하여 해당 사업의 핵심 성공 요인과 추진 방향성 도출
	기술 동향 분석	
	요구사항 분석	
	핵심 성공 요인 도출	
	사업 추진 방향성 도출	
현황 분석	업무 현황 분석	업무/정보화 상세 분석을 통해 개선 방향성과 개선 과제 도출
	정보시스템 현황 분석	
	데이터와 인프라 현황 분석	
	선진 사례 분석	
	개선 기회/방향성 종합 및 개선 과제 도출	

목표모델 수립	정보화 비전/목표/전략 수립	환경과 현황 분석을 통해 도출된 방향성에 기반한 비전/목표/전략 도출 및 이를 추진하기 위한 개선 과제 상세화
	목표모델 개념도 수립	
	개선 과제 정의	
	개선 과제별 상세 개선 방안 수립(업무, 시스템, 데이터, 인프라 개선 방안)	
이행계획 수립	이행 과제 도출 및 정의	목표모델에서 정리된 개선 방안을 실제 사업화하기 위해 소요 예산 산정, 기대효과 및 투자 타당성 분석
	이행 과제 우선순위 도출 및 로드맵 수립	
	이행 과제 소요 예산 산정	
	기대효과 및 투자 타당성 분석	

IT 컨설팅의 주요 태스크와 활동을 도식화하여 정리하면 다음과 같습니다. IT 컨설팅은 일반적으로 크게 환경 분석, 현황 분석, 목표모델 수립, 이행계획 수립 등 네 가지 단계를 거쳐 진행됩니다. (수행 업체의 방법론에 따라 세부적인 단계와 태스크, 활동 등의 내용은 달라질 수 있음)

[그림 6] IT 컨설팅 수행 방법(예시)

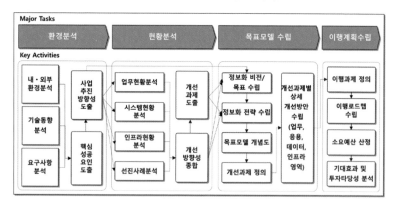

기업·기관의 상황과 환경이 저마다 다르며, 개별적 특성이 있으므로 기업·기관의 상황 또는 IT 컨설팅 프로젝트의 특성에 맞게 커스터마이징(또는 tailor-made 접근)된 방법을 적용하는 것이 필요합니다.

[참고: ChatGPT 답변]
IT 컨설팅 수행 방법

특정 방법론은 컨설팅 회사마다 다를 수 있지만 IT 전략 컨설팅의 주요 단계를 포함하는 일반적인 접근 방식에 관해 설명하겠습니다.

◇ 비즈니스 컨텍스트 이해
컨설턴트는 조직의 비즈니스 목표 및 과제를 깊이 이해하는 것부터 시작합니다. 인터뷰, 워크숍을 진행하고 관련 문서를 수집하여 조직의 전략적 방향과 우선순위를 이해합니다.

◇ 현재 상태 평가
컨설턴트는 인프라, 시스템, 프로세스 및 기능을 포함하여 조직의 기존 IT 환경에 대한 포괄적인 분석을 수행합니다. 이를 통해 강점, 약점 및 개선이 필요한 영역을 식별합니다.

◇ 미래 상태 비전
비즈니스 컨텍스트 및 평가 결과에 대한 이해를 기반으로 컨설턴트는 주요 이해관계자와 협력하여 조직의 미래 IT 상태에 대한 명확한 비전을 정의합니다. 이 비전에는 원하는 결과, 기술 목표 및 전체 비즈니스 전략과의 정렬이 포함됩니다.

◇ 갭(차이) 분석
컨설턴트는 현재 IT 상태와 원하는 미래 상태를 비교하여 차이 분석을 수행합니다. 이 분석은 차이를 줄이기 위한 과제 및 기회를 식별하여 전략적 개입이 필요한 영역을 강조합니다.

◇ 전략적 이니셔티브 식별
컨설턴트는 조직의 리더십과 협력하여 식별된 차이를 해결하고 미래 상태 비전과 일치하는 전략적 이니셔티브를 식별합니다. 이러한 이니셔티브에는 기술 채택, 프로세스 최적화, 조직 변경 또는 리소스 재할당이 포함될 수 있습니다.

◇ 로드맵 개발

전략적 이니셔티브의 순서, 타임라인 및 과제 선후관계를 개략적으로 설명하는 로드맵이 생성됩니다. 로드맵은 리소스 할당, 예산 고려사항 및 잠재적 위험을 고려하여 IT 전략을 구현하기 위한 단계별 계획을 제공합니다.

◇ 위험 평가 및 완화

컨설턴트는 기술 위험, 변경 관리 문제 또는 예산 제약과 같은 IT 전략 구현과 관련된 위험을 평가합니다. 그들은 조직과 협력하여 이러한 위험을 완화하고 원활한 실행을 보장하기 위한 전략을 개발합니다.

◇ 구현 계획

컨설턴트는 조직과 협력하여 각 전략적 이니셔티브에 대한 자세한 실행 계획을 정의합니다. 이러한 계획에는 특정 작업, 책임, 이정표 및 리소스 요구사항이 요약되어 있습니다. 또한, 성공적인 구현을 위해 변경 관리 측면과 커뮤니케이션 전략을 고려합니다.

◇ 거버넌스 및 성과 측정

컨설턴트는 IT 전략 실행을 위한 거버넌스 프레임워크 및 의사결정 프로세스를 설정하거나 강화하는 데 도움을 줍니다. 역할과 책임을 정의하고, 성과 메트릭과 핵심 성과 지표(KPI)를 설정하고, 전략의 진행 상황과 효과를 모니터링하고 평가하기 위한 메커니즘을 만듭니다.

◇ 지속적인 개선

IT 전략 컨설팅에는 종종 지속적인 개선 루프가 포함됩니다. 컨설턴트는 조직이 전략 구현을 모니터링하고 피드백을 수집하며 필요에 따라 조정하도록 지원합니다. IT 전략이 진화하는 비즈니스 요구사항 및 기술 발전과 일치하도록 정기적인 검토 및 업데이트가 수행됩니다.

2장

IT 컨설팅
수행 방법 상세

1. 환경 분석
(사업환경에 대한 이해, 추진 방향성 분석)

IT 컨설팅에서 환경 분석을 수행하는 목적은 조직 내·외부 경쟁 환경, 기술 트렌드 변화, 제도 변화와 조직 경영에 영향을 주는 대내·외 환경 요소를 파악하여 대응 방안 또는 경쟁력 강화 등을 위한 핵심 성공 요인과 추진 방향성을 도출하는 것입니다.

환경 분석은 [그림 7] 환경 분석 프레임워크에서 보듯이 해당 IT 컨설팅 사업과 관련된 정책·법제도, 경제·사회·문화적 상황, 정보기술 동향 분석 등의 외부환경 분석과 해당 기업·기관 또는 사업의 경영 전략, 관련 산업 및 경쟁 환경, 조직 현황 등 내부환경을 분석하여 해당 사업에 영향을 미치는 요소들(factors)을 식별합니다. 그리고 기업·기관의 이해관계자와 현업담당자들, 필요하면 외부 사용자들을 대상으로 인터뷰, 설문조사 등을 통해 요구사항을 수집 및 분석합니다. 대내·외 환경 분석 결과를 바탕으로 해당 사업에 적용 또는 참고해야 할 시사점을 도출하여 내·외부적 관점에서 중요하게 봐야 할 핵심 성공 요소(핵심 키워드)를 도출하고 이를 기반으로 사업 추진 방향성을 도출합니다.

[그림 7] 환경 분석 프레임워크(예시)

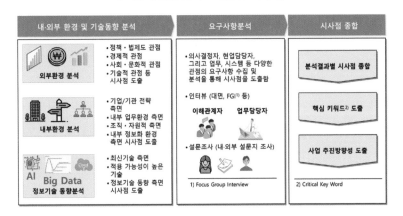

[그림 8] 환경 분석 상세 프레임워크(예시)

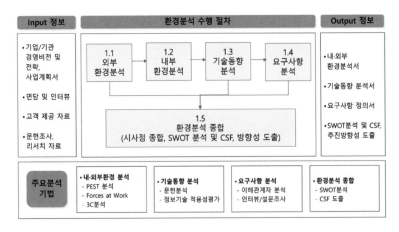

1.1 외부환경 분석

외부환경 분석 단계에서는 기업·기관이 통제할 수 없는 환경, 즉 대외적으로 사업에 영향을 미치는 정책, 경제, 사회, 기술 등의 영역에서 영향 요인들을 분석합니다.

[그림 9] 외부환경 분석 절차 및 방법(예시)

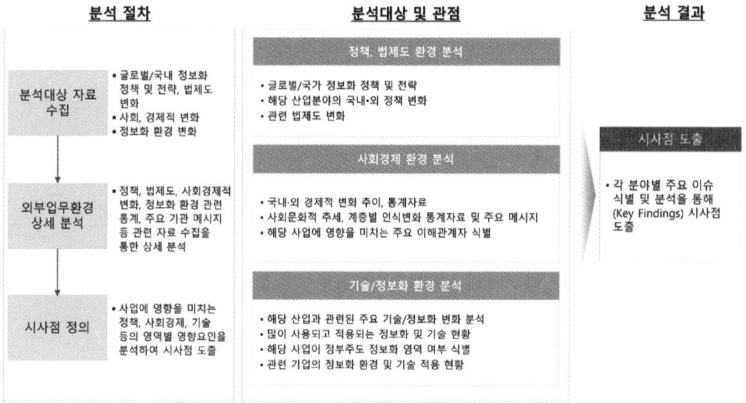

IT 컨설팅에서 주로 사용되는 외부환경 분석 기법에는 PEST 분석, FAW(Forces At Work) 등이 있습니다. 그 외 마이클 포터의 5Forces 기법, 시장 분석 등이 있으나 여기서는 PEST 분석과 FAW 분석을 중심으로 살펴보겠습니다.

1.1.1 PEST 분석

외부 영향 요인 분석 기법 중에서 가장 대표적인 기법이 정책 (Political), 경제(Economic), 사회(Social) 그리고 기술(Technological)의 영어 단어 앞글자를 따서 이름 지어진 PEST 분석입니다.

PEST 분석은 국가 정책(공공기관의 경우 법제도 포함), 경제·사회적, 기술적 환경 등 거시관점에서 해당 기업·기관에 영향을 미칠 수 있는 요소들을 식별하여 어떻게 대응하고 준비해야 할지에 대한 방향성과 방안을 도출하기 위해 수행됩니다.

[표 7] PEST 분석 내용 및 주요 검토사항(예시)

분석 관점	분석 내용 및 자료	검토사항
(Political) 정책, 법제도	국정/관련 산업 분야 비전 및 정책 운영, 법제도 자료	해당 업무 및 정보화 사업 추진에 미치는 법제도 영향, 정책 관련 환경 변화, 관련 이슈 등
(Economic) 경제	국내, 국외 경제적 동향(경제 상황 관련 보고서 및 통계자료, 연구보고서 등)	경제 관련 정책 또는 국내외 경제 환경 변화에 따른 해당 사업의 영향
(Social) 사회	사회문화적 추세, 계층별 인식 분석 등	사회환경 및 인식 변화에 따른 해당 사업의 영향
(Technological) 정보화 환경	- 국가 정보화 사업 추진 일반 동향 - 해외 유사 업종 및 기관의 정보화 추진 동향(사업 추진 방향 및 기술 관련 자료 등)	- 국가 또는 관련 산업 분야의 정보화 추진 방향이 해당 사업 정보화 추진에 미치는 영향 - 해외 유사 업종 및 기관의 정보화 사업 추진이 해당 사업에 미치는 시사점(Lessons & Learned)

1.1.1.1 정책, 법제도 분석

향후 정보화 과제를 추진하기 위해 관련 법령 현황 및 시스템 구축 시 고려해야 할 법적 근거 및 준수사항, 국가정책을 도출하여 사업 추진 시 고려하거나 반영할 필요가 있는 과제 추진의 주요 요건 등을 파악하는 것이 정책, 법제도 분석의 목적입니다.

특히 공공분야의 공공기관은 법제도 기반으로 기관의 역할 및 업무가 정해져 있어 관련 국가 정책 및 법제도 분석을 통해 사업의 국가정책과의 부합성·연계성(Alignment), 추진의 법적 근거, 준수사항, 추진 방향성 등을 정리하는 것이 중요한 작업 중의 하나입니다.

수행 절차(예시)

1. 관련 정책 및 법령 현황을 파악하여 분석 대상을 정의

해당 사업과 관련된 정책, 법령(법률, 대통령령), 자치법규(조례, 규칙), 행정규칙(훈령, 예규, 고시)을 리스트로 식별하여 정리합니다. 그리고 관련된 법령, 법규, 규칙 리스트 중 해당 사업과 관련성이 높은 법·제도를 식별하고 분석 대상으로 선정하여 법·제도 분석의 범위를 정합니다.

2. 분석 대상 정책 및 법·제도 분석

분석 대상으로 식별된 정책 및 법·제도의 세부 내용을 조사·분석하여, 각 법·제도별 적용 대상, 적용 범위, 시스템 구축과 관련된 업무, 기능, 연계 등 주요 내용 등을 파악해(예시-클라우드 도입 우선 검토 등) 해당 사업의 과제 또는 시스템 구축 근거가 될 수 있는 주요 내용을 식별하여 시사점으로 도출합니다.

그리고 공공기관의 경우 관련 법·제도 조항 등 세부 내용 조사 시 해당 사업에서 추진하고자 하는 내용의 근거가 부족하거나 부재 시 해당 조항을 추가하거나 보완하여 법·제도 제·개정 세부 내용과 방향을 도출하여 목표모델 수립 시 법·제도 제·개정 내용을 구체화할 수 있는 근거자료를 정리하여 목표모델 수립 시 활용합니다..

1.1.1.2 경제 및 사회적 동향 분석

해당 사업에 영향을 미치는 경제 동향 분석으로 경제성장률, 환율, 금리, 유가 등 경제적 변화 등을 파악합니다. 필요하면 WTO, 한국은행, 경제연구소 등의 보고서를 리서치하여 해당 필요 정보 및 수치를 식별하여 해당 사업에 영향을 미치는 요소 관련 통계데이터 또는 관련 수치나 자료를 파악하여 제시할 수 있어야 합니다. 가능하면 수치로 제시하면 가독성과 설득력이 더 높아질 수 있습니다.

사회적 동향은 인구 변화, 라이프 스타일 변화, 세대 및 연령대 간 인식 및 태도 차이 등 관련 자료 리서치를 통해 기업·기관에 영향을 미칠 수 있는 요소를 식별합니다. 그리고 추세나 사람들이 많이 이야기하는 메시지를 인용하거나 통계 데이터를 제시하여 변화나 영향을 미칠 수 있는 요소에 대한 근거자료로 제시할 수 있어야 합니다.

1.1.1.3 정보화 동향 분석

국가 차원 그리고 해외 유사 산업의 정보화 추진 동향을 살펴보고 어떤 방향으로 정보화가 추진되고 있는지를 확인합니다.

예로 ① 국가 차원의 정보화 추진 동향으로 정부 주도에서 민간 협업 중심으로 정보화 추진 방향이 바뀌고 있음을 확인할 수 있으며, ② 기존 업무의 단절과 분산으로 인해 조직 간 소통이 안 되고 협업이 안 되는 어려움을 극복하기 위해 협업 정보화 시스템 구축을 통한 소통과 정보 융합으로 환경이 바뀌고 있는 상황, ③ 또는 기존의 인프라 중심의 정보화 구축을 통한 촉진 중심에서 인프라 환경을 이용하여 소프트웨어적인 사고와 서비스 제공 증대 등 활용 중심으로 변경되고 있는 모습을 주요 키워드로 식별하여 제시할 수 있습니다.

[참고: ChatGPT 답변]
PEST 분석 예시

PEST 분석은 조직의 운영 및 의사결정에 영향을 미칠 수 있는 외부 거시 환경 요인을 평가하는 데 사용되는 전략적 도구입니다. PEST는 Political, Economic, Social 및 Technological factor의 약자입니다.

◇ **(Political) 정치적 요인**
조직에 대한 정부 정책, 규정 및 정치적 안정성의 영향이 포함됩니다. 여기에는 세금 정책, 무역 규정, 노동법 및 정치적 안정과 같은 비즈니스 운영에 대한 정치적 결정의 잠재적 영향을 분석하는 것이 포함됩니다.
예: 새로운 국가로 사업을 확장할 계획인 국제 패스트푸드 체인점을 생각해 봅시다.

평가할 정치적 요인에는 식품 안전에 대한 정부 규제, 수출입 정책, 최저임금법 및 대상 국가의 잠재적인 정치적 불안정이 포함될 수 있습니다.

◇ (Economic) 경제적 요인

경제적 요인은 비즈니스에 영향을 미칠 수 있는 전반적인 경제 상황 및 추세를 나타냅니다. 여기에는 경제 성장, 인플레이션, 이자율, 환율 및 가처분 소득 수준과 같은 요소가 포함됩니다.

예: 자동차 제조업체가 새로운 시장 진출을 고려하고 있다고 가정합니다. 그들은 국가의 GDP 성장, 소비자 구매력, 통화 안정성 및 금리와 같은 경제적 요인을 평가해야 합니다. 이러한 요소는 자동차 수요와 잠재 고객의 경제성에 영향을 미칠 수 있습니다.

◇ (Social) 사회적 요인

사회적 요인에는 비즈니스에 영향을 미칠 수 있는 사회적 및 문화적 측면을 분석하는 것이 포함됩니다. 여기에는 인구 통계, 라이프스타일 트렌드, 소비자 태도, 문화적 규범 및 사회적 가치와 같은 요소가 포함됩니다.

예: 건강에 민감한 소비자를 대상으로 신제품을 개발하는 음료 회사를 상상해 보십시오. 그들은 건강한 라이프스타일에 대한 인식 증가, 유기농 제품에 대한 선호도 증가, 설탕 및 인공 재료에 대한 소비자 태도 변화와 같은 사회적 요인을 평가해야 합니다. 이러한 요소는 제품 개발 및 마케팅 전략을 안내합니다.

◇ (Technological) 기술적 요인

기술적 요인에는 기술 발전 및 혁신이 조직에 미치는 영향을 평가하는 것이 포함됩니다. 여기에는 연구 개발, 자동화, 디지털화, 신흥 기술 및 기술 변화 속도와 같은 요소가 포함됩니다.

예: 전자 상거래 산업에서 운영되는 소매 회사를 고려하십시오. 모바일 커머스의 도입, 결제 시스템의 발전, 물류 자동화, 데이터 분석 기능과 같은 기술적 요소를 분석해야 합니다. 빠르게 진화하는 디지털 환경에서 경쟁력을 유지하려면 이러한 요소를 이해하는 것이 중요합니다.

PEST 분석을 수행함으로써 조직은 산업 및 비즈니스 환경을 형성할 수 있는 외부 요인에 대한 통찰력을 얻을 수 있습니다. 이를 통해 기회와 위협을 식별하고, 전략을 조정하고, 역동적인 환경을 효과적으로 탐색하기 위해 정보(데이터)에 입각한 결정을 내리는 데 도움이 됩니다.

1.1.2 FAW 분석

일명 FAW(Forces At Work) 분석은 경영·사업환경의 변화를 일으키는 거시적 요인을 의미하며, 기업·기관 및 사업을 둘러싼 주요 외부환경 요인과 그 영향력을 분석하고 그에 대한 전략적 대응을 수립하기 위한 분석 방법입니다. FAW 분석을 통해 거시적 영향 요인을 파악함과 동시에 영향 요인이 조직에 미칠 영향(Impact)을 빠르게 파악하여 대책을 수립하여 준비하는 것이 중요합니다.

FAW 분석을 통해 조직의 특성에 맞는 외적 영향 요인을 분석하는데, 여기에는 경제·규제·시장·국제관계 등이 포함될 수 있습니다. 예로 플랫폼 사업을 추진하기 위한 FAW 분석을 수행하는 경우 아래와 같이 고려할 수 있습니다. 플랫폼 쇼핑 시장 규모, 플랫폼 쇼핑 이용자 수, 인터넷·모바일 쇼핑 등의 플랫폼·환경 및 기술·서비스 분석을 통해 플랫폼 경쟁 우위 확보 및 사업 확장을 위한 필요 서비스 도출 등 향후 사업 추진을 위한 방향성을 도출할 수 있습니다.

FAW 분석에서 고려해야 할 요소는 다음과 같습니다.

- 경제 환경: 경기 침체, 인플레이션, 금리, 환율 등
- 정치 환경: 정부 규제, 무역 정책, 정치적 안정성, 정치적 위험 등
- 사회적 환경: 인구 증가, 인구 구조 변화, 교육 수준 변화, 문화적 가치 변화, 소비자 트렌드 변화 등
- 기술 환경: 새로운 기술 개발, 기술 노후화, 기술 채택률, 기술 표준 등

- 경쟁 환경: 경쟁사의 규모, 경쟁력, 전략 등
- 고객 환경: 고객의 수요, 고객의 구매력, 고객의 선호도 등
- 공급자 환경: 공급자의 규모, 공급자의 경쟁력, 공급자의 가격 등

FAW 분석은 기업·기관이 경쟁 환경을 이해하고, 기회를 포착하며, 위협을 방지하는 데 도움이 됩니다. FAW 분석을 통해 기업·기관은 조직에 미칠 영향을 빠르게 파악하여 경쟁 환경에 적합한 전략을 수립하고, 마케팅, 영업, 생산, 재무 등 다양한 분야에서 의사결정을 내릴 수 있습니다.

정책 및 법·제도, 경제, 사회문화, 정보화 동향 등 PEST 분석과 FAW 분석 등을 통해 해당 기업·기관에 영향을 미칠 수 있는 외부 환경 요인들을 그룹핑하여 이슈가 될 수 있는 요인들을 도출하고 영향도를 파악하여 대응 준비를 할 수 있도록 지원합니다. 그리고 이러한 이슈를 해당 사업 추진을 위한 기회와 위협적인 측면에서 시사점으로 정리하여 향후 사업추진 방향성 수립 단계에서 활용합니다.

1.2 내부 환경 분석

내부 환경 분석 단계에서는 해당 기업·기관의 경영자료와 내부 보고자료, 정보화 관련 자료 등에서 경영 전략, 경쟁 환경, 정보화 조직 이슈 등 내부 업무 환경을 분석하여 주요 현안을 파악하고 현황 분석 및

목표모델 수립 시 참고해야 할 시사점을 도출하여 정리합니다.

[그림 10] 내부 환경 분석 절차 및 방법(예시)

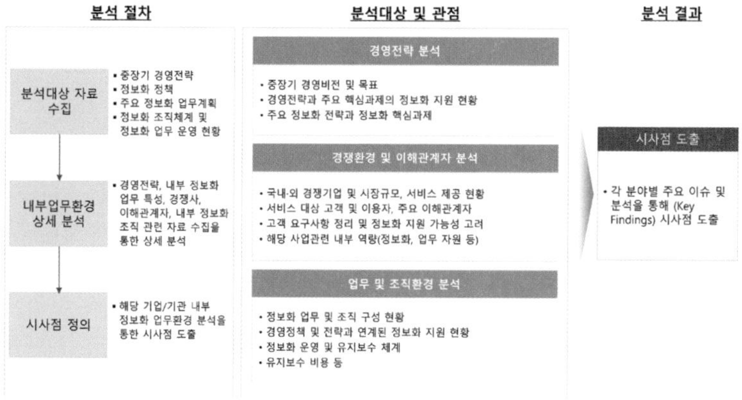

1.2.1 정보기술 측면의 경영 전략 분석

경영 전략 분석에서는 기업의 비전·목표(예시-세계 초일류 기업), 전략 (예시-Efficiency, Cost Effectiveness, Customer Focus), 정보화 추진 방향(예시-고객지향 IT 가치 창출, 창의적 업무 프로세스 혁신, 선진화된 IT 인프라 관리) 등을 분석하여 기업이 추진하고자 하는 목표와 전략을 이해하여 이를 정보화 전략과 연결시킬 수 있는 연결고리를 고려합니다.

경영 전략과 경쟁 환경 분석 방법들은 매우 다양하며 각각 유용성과 한계를 갖고 있기 때문에 해당 사업의 요건 내용에 따라 필요한 분석 방법들을 적용할 수 있습니다. 경영 전략 컨설팅 분야에서 많이 사용되는 내부 경쟁력 분석과 역량 분석 기법으로는 3C 분석, SWOT 분석, 가치사슬 분석, BSC(Balanced Scorecard) 분석, 역량 분석(Core Competence), 7S 분석 등이 대표적입니다. IT 컨설팅 분야에서도 기업의 경영 전략을 이해하기 위해 3C 분석, SWOT 분석 기법 등이 많이 사용되고 있습니다.

IT 컨설팅에서 기업·기관의 경영 목표와 전략을 분석하는 이유는 첫째, 기업이 수행하는 사업을 더욱 잘 이해하기 위해서 둘째, 미래의 업무 요건을 파악하여 정보시스템에 반영하기 위해서, 셋째, 경영 전략 지원을 위한 정보기술 적용 및 활용 전략 도출 시 참조 또는 근거를 확보하기 위해서입니다.

1.2.2 경쟁 환경 분석: 3C 분석

경쟁 환경 분석에서는 기업의 고객 환경(고객 수-온라인, 오프라인 등, 고객 분류, 고객의 요구사항 등), 경쟁사 동향(경쟁사 리스트, 경쟁사 우위 영역 및 내용, 경쟁사 시장 규모 등), 자사 경쟁 환경(내부 보유 자원, 주요 정보화 역량, 업무 경쟁력 등) 분석을 수행합니다. 이를 통해 해당 기업·기관의 업무 및 IT 측면의 강점, 약점, 차별화 요소 등 해당 사업 차원의 경쟁환경 포지셔닝을 확인합니다.

경쟁 환경 분석에서 3C 분석은 기업·기관 환경에 직접적인 영향을 미치는 변화를 고객, 경쟁사, 자사 등 3가지 관점으로 분석하여 고객의 수요 및 요구(Needs)를 파악하고, 경쟁사의 강점과 약점을 식별하여 자사의 차별화 요소를 찾아내는 데 분석 목적이 있습니다.

IT 컨설팅에서는 3C 분석을 통해 기존 경영 전략 관점보다는 정보화 관점에서 정보기술 적용과 차별화 요소를 식별하기 위한 분석을 수행합니다. 경쟁사는 어떤 IT 서비스를 제공하고 있으며, 무엇을 잘하고 못하는지 그리고 자사는 어떤 차별화된 IT 서비스를 제공하고 있는지, 향후 어떤 IT 서비스가 필요한지 등을 분석하여 개선을 위한 시사점을 도출합니다.

[참고: ChatGPT 답변]
3C 분석 예시

3C 분석은 시장에서 조직의 성공 능력에 영향을 미치는 요소를 분석하는 데 사용되는 전략적 프레임워크입니다. 3C 분석의 세 가지 구성 요소는 고객, 경쟁사 및 자사입니다. 각 구성 요소를 살펴보겠습니다.

◇ 고객
기업·기관 대상 고객 세그먼트의 요구사항, 선호도 및 행동을 이해하는 데 중점을 둡니다. 예로 스마트폰 제조업체가 3C 분석을 수행하는 경우, 스마트폰 관련 인구통계(연령, 성별, 소득), 심리통계(라이프스타일, 가치), 구매 행동(온라인 대 오프라인, 브랜드 충성도)과 같은 요소를 고려하여 고객을 분석합니다. 고객 분석은 회사가 제품, 마케팅 메시지 및 고객 경험을 맞춤화하여 대상 고객의 특정 요구와 욕구를 충족하는 데 도움이 됩니다.

◇ 경쟁자
시장에서 조직의 직·간접 경쟁자의 강점과 약점을 분석합니다. 스마트폰 시장의 경쟁

사별 점유율, 가격 전략, 서비스 품질, 고객 만족도와 같은 요소를 평가하여 경쟁사를 평가합니다. 경쟁사의 시장 포지셔닝을 이해함으로써 차별화 기회, 경쟁우위 및 개선 영역을 식별할 수 있습니다.

◇ 자사
자사 분석은 조직의 내부 역량과 자원을 평가하는 데 중점을 둡니다. 스마트폰 제조회사는 스마트폰 관련 기술 전문성, 제품 포트폴리오, 재정 자원, 인적 자원 및 운영 효율성과 같은 요소를 고려하여 자신의 회사를 분석합니다. 자사의 주요 측면에서 경쟁사 대비 강점과 차별성은 무엇이며, 소비자가 원하는 서비스 및 기술지원이 가능한 역량을 보유하고 있는지 등에 대한 분석을 수행합니다.

3C 분석을 수행함으로써 조직은 시장 경쟁력에 대한 포괄적인 이해를 얻습니다. 고객의 요구사항을 파악하고, 경쟁환경을 평가하고, 효과적인 전략을 개발하고 지속 가능한 성공을 달성할 수 있는 외부 기회에 내부 역량을 맞추는 데 도움이 됩니다.

1.2.3 정보화 관련 업무 및 조직 환경 분석

정보화 관련 업무 및 조직 환경 분석의 목적은 해당 조직의 정보화 역량이 경영 목표와 전략을 지원하기 위해 충분한 자원과 역량을 보유하고 있는지를 확인하기 위해서입니다. 이를 위해 정보화 조직 구성(인원수 포함) 현황, 현업 수행 대비 정보화 조직 지원 현황, 정보화 조직 업무 현황 등을 분석하여 내부 역량을 확인합니다.

참고로 이 단계에서 수행되는 정보화 업무 및 조직 분석 수행 시 경영 컨설팅에서 수행하는 조직 컨설팅 수행 수준을 요구하는 경우도 종종 있습니다. 이러한 경우 IT 컨설팅 수행 시 어느 정도의 범위와 수준으로 조직 분석을 수행할지에 대한 협의가 필요합니다. 예로 현재 IT 컨설팅 사업에서 2~3명의 IT 컨설턴트가 3~4개월을 수행하려고 하는데, 고객이 원하는 수준을 맞추기 위해서 추가로 대략 2명이 2~3개월을 수행해야 한다면 이것은 별도의 사업 수준으로 고려되어야 하기 때문입니다. 따라서 제안요청서 내용과 고객 요구사항 식별 및 정의 단계에서 이러한 사업 범위를 확인, 협의하여 정리하는 것이 필요합니다.

정보화 관련 조직 및 업무 분석 시 정보화 인력 부족, 응용·데이터·인프라 등 영역별 전문성 부족, 업무량 과다 등의 내부 주요 이슈와 문제가 많이 도출됩니다. 해당 IT 컨설팅 사업 범위 내에서 해결 및 개선이 가능한 영역을 식별합니다. 정보화 조직 구성 체계 개선, 인력 충원 가능성, 주요 정보화 업무(데이터, 인프라 지원 등) 지원 환경 및 절차 개선, 유지보수 체계(인력, 비용 추이) 개선 등의 주요 현안과 개선 방향을 정리합니다.

1.3 정보기술 동향 분석

정보기술 동향 분석은 국내외에서 어떤 기술들이 사용되고 있고 관심을 받고 있는지, 앞으로 어떤 최신 기술들이 나타날지에 대한 트렌드 분석을 통해 해당 사업에 적용 가능한 기술들을 파악하는 것을 목적으로 하고 있습니다. 따라서 정보기술 동향 분석 단계에서는 해당 사업에 필요한 적용 대상 기술을 탐색하고 식별한 후 해당 정보기술 내용을 상세히 파악합니다. 해당 사업에 필요한 정보기술에 대해 적용성 평가를 통해 도입 필요 기술을 선정하고 적용 방향성에 대한 시사점을 도출합니다.

[그림 11] 기술 동향 분석 절차 및 방법(예시)

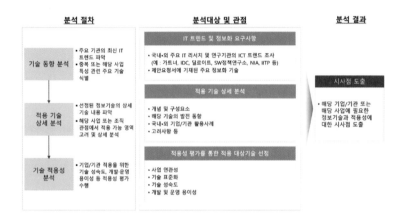

수행 절차(예시)

1. 적용 대상 정보기술 탐색 및 조사(적용 대상 기술 탐색, 적용 대상 주요 기술 선정)

해당 사업의 제안요청서에 제시된 주요 과제 및 해당 기업·기관의 경영전략 추진 방향성과 관련된 주요 기술들을 식별하고 향후 5년 내 적용 가능할 것으로 판단되는 기술들을 분석 대상으로 선정합니다.

-예로 ICT 시장조사업체 가트너(Gartner) 10대 전략 기술 트렌드, 딜로이트(Deloitte)의 Tech Trends, 소프트웨어정책연구소의 S/W산업 10대 이슈 전망, 한국지능정보사회진흥원(NIA) 디지털 트렌드 등에서 제시하는 주목할만한 기술 요소와 트렌드를 조사·정리하여 해당 사업과 관련성이 있다고 판단되는 기술들을 분석 대상 후보로 선정합니다.

[표 8] 국내외 정보기술 트렌드 분석 주요 기업·기관 및 특징

구분	특징
가트너(Gartner) [10대 전략 기술 트렌드]	Gartner는 매년 글로벌 관점에서 기업 전략에 영향을 미칠 것으로 전망되는 Top 10 Strategic Technology Trends를 발표 (예시-전략 기술로 1) Digital Immune System, 2) Applied Observability, 3) AI Trust, Risk and Security Management (AI TRISM), 4) Industry Cloud Platforms, 5) Platform Engineering, 6) Wireless-Value Realization, 7) Superapps, 8) Adaptive AI, 9) Metaverse, 10) Sustainable Technology를 선정)
딜로이트(Deloitte) [Tech Trends]	딜로이트의 Tech Trends는 기업경영자들이 직면하는 현실적 비즈니스 이슈, 정보기술(ICT)의 활용과 사례들을 고려하여 향후 맞이하게 될 기술 트렌드를 예측하여 제시하고 있음
S/W정책연구소 [S/W 산업 10대 이슈전망]	S/W산업의 현황과 관련 메가 트렌드 등을 조사(설문조사 및 인터뷰 등)하고 분석하여 S/W산업 10대 이슈를 전망하고 제시하고 있음 (예시-1) 인공지능 기반 모델의 고도화, 2) 플랫폼형 SaaS의 공공부문 확대, 3) 커지는 마이데이터의 신뢰성, 4) 자동차 기술경쟁력 중심축 S/W로의 이동, 5) 산업 메타버스의 확산, 6) 사물지능(AIoT)의 융복합화 가속, 7) 버츄얼 휴먼의 영향력 확대, 8) 초고령화에 대응한 스마트 의료본격화, 9) 인프라로서의 디지털플랫폼 역할 강화, 10) Web3-탈중앙화/탈독점화 촉진 등)
한국지능정보사회진흥원(NIA) [NIA가 전망한 디지털 트렌드]	「NIA가 전망한 디지털 트렌드」를 통해 경제, 산업, 사회, 문화, 글로벌 등 다양한 분야의 전망과 디지털 전망을 융합해 주목해야 할 핵심 디지털 트렌드를 도출하여 제공하고 있음 특히, NIA는 Gartner, Forbes, Deloitte 등에서 전망한 기술 트렌드를 취합 및 재구성하여 핵심기술 10가지를 선정하고(예시-1) 인공지능, 2) 메타버스, 3) 데이터, 4) 클라우드, 5) 디바이스, 6) 우주, 7) 네트워크, 8) 블록체인, 9) 로봇, 10) 지속가능성/윤리와 신뢰 등) 이를 기반으로 예상되는 디지털 주요 트렌드와 사례를 제공하고 있음
정보통신기획평가원(IITP) [ICT 10대 이슈]	한국 정보통신 진흥을 위해 매년 주목할 만한 ICT 10대 이슈 및 전망 포인트를 발표 (예시-1) 반도체, 2) 인공지능, 3) 디지털 안전, 4) 메타버스, 5) 디지털 우주, 6) 모빌리티 혁신, 7) 로봇, 8) 네트워크 무한확장, 9) 디지털 안보, 10) 패권경쟁 전장 확대)

위의 주요 기업·기관들이 제시하는 주요 기술들을 살펴보고 중복적으로 강조하는 기술들, 최근 주목을 많이 받고 있는 기술들, 적용사례와 활용성이 높은 기술들 그리고 해당 사업특성에 맞는 기술들을 고려하여 적용 대상 기술들(예로 인공지능, 빅데이터, 클라우드, RPA 등)로 정리합니다.

2. 적용 대상 정보기술 분석(선정된 기술별 상세 분석)

적용 대상 기술들로 고려된 기술들을 대상으로 주요 개념 및 특징, 구성 요소, 세부 기술 분야, 주요 기능, 주요 적용사례, 관련 솔루션, 주요 고려사항 등을 분석하여 해당 기술이 해당 사업 및 기업·기관에 어떻게 적용 가능할지에 대해 검토하고 기술적용 시 기회 및 이슈 등을 분석합니다.

3. 정보기술 적용성 평가

분석 대상 정보기술들을 대상으로 적용성 평가 기준을 수립합니다. 예로 해당 사업 업무 관련성, 개발 및 활용 용이성, 표준 및 기술성숙도, 기술적용사례 충분성, 투자 비용 규모 적정성 등의 평가 항목을 고려할 수 있습니다. 각각의 평가 항목별로 점수화하여 분석 대상 기술별로 측정 점수를 부여하여 정보기술 적용성 평가를 수행합니다. 점수가 높은 대상 순서대로 기술들을 식별하고 해당 사업에 적용 우선순위를 고려합니다.

정보기술 적용성 평가(예시)

※ 적용 가능성 평가 방향

– 적용 가능성 평가를 통해 도출된 결과는 환경 분석 단계에서 선정된 내용으로 정보화 미래모형 수립 시 적용이 확정된 기술 요소가 아니며 정보화 미래모형 수립 시 우선 적용 여부에 대한 고려 대상임

[표 9] 평가 항목 및 평가 방법(예시)

평가 항목	내용	평가 점수
정보시스템 업무 연관성	해당 요소기술이 정보시스템구축에 어느 정도 연관성이 있는지 정도	많음(5), 보통(3), 적음(1)
기술성숙도 /표준화	해당 요소 기술의 완성도 수준을 의미하며 향후 대규모의 기술 보완 및 기술 도입 시 안정적인 유지보수가 가능하고, 업계표준, 산업표준으로 선택된 정도	상(5), 중(3), 하(1)
현장검증도	해당 요소 기술을 도입하여 활용하는 현장 사이트 수의 많은 정도	많음(5), 보통(3), 적음(1)
개발/운영 용이성	해당 요소 기술의 습득 및 활용이 수월한지 여부로서 개발/운영의 난이도 수준	쉬움(5), 보통(3), 어려움(1)
투자 비용	해당 요소 기술 도입 시 상대적인 투자 비용의 과다 수준	적음(5), 보통(3), 많음(1)

- 적용 가능성을 판단하는 기준으로써 평가 항목은 위와 같이 정의할 수 있음
- 5가지 평가 항목을 5점 척도로 평가하고 종합평가는 평가 항목 점수 합산 기준에 따라 적용 가능성 파악
- 적용 여부 점수 범위(예시)
  - 25점~16점: 적용
  - 15점~11점: 부분 적용
  - 10점 미만: 적용 불가

기술 동향 분석이 정리되면 해당 기업·기관에서 우선하여 고려 및 도입해야 할 기술들이 식별되고 해당 기술들을 어느 업무와 분야에 적용할 수 있을지에 대한 대략적인 방향성이 정리될 수 있습니다.

1.4 요구사항 분석

요구사항 분석은 해당 사업과 관련된 주요 이해관계자(의사결정자, 현업담당자, 정보시스템 담당자 등)들을 대상으로 인터뷰, 설문조사, 전문가 의견 수렴 등 다양한 조사 기법을 통해 영역별·계층별 요구사항을 수집 및 분석하여 해당 사업의 추진 방향과 목표를 명확히 도출하는 데 사용합니다.

[그림 12] 요구사항 분석 절차 및 방법(예시)

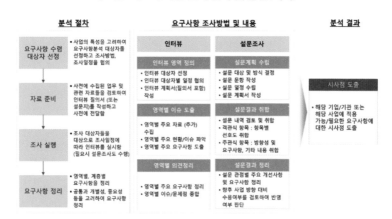

수행 절차(예시)

1. 요구사항 수집 대상자 및 조사 방법 선정

부서별 요구사항 수집 대상자를 고객과 함께 영역별로 확인합니다. 의사결정자부터 현업담당자, 관련 기관 담당자, 관련 전문가 등을 식별하고 경영 전략, 업무·서비스, 데이터, 인프라 등 영역별로 요구사항 수집이 필요한 대상자를 선정합니다. 선정된 요구사항 수집 대상자의 명단(성명, 부서, 직급, 연락처 등)을 정리하고 규모에 따라 요구사항 조사 일정과 조사 방법을 결정합니다.

조사대상자를 선정하고 대상자들에게 개별적으로 일정을 확정하기 위해서는 생각보다 많은 시간과 노력이 소요되므로 프로젝트 초반에 고객과 긴밀히 협의하고 도움을 받아 최소한의 일정과 노력이 투입되도록 준비하는 것이 필요합니다. IT 컨설팅 수행 조직에서는 요구사항 조사 규모와 방법에 따라 인력을 배분(조 또는 팀)하여 인터뷰 질의 및 자료 정리 등의 내부 역할과 책임을 정리합니다.

2. 인터뷰 자료 또는 설문지 준비

내·외부 환경 분석 단계에서 필요·수집 자료를 요청하고 수집된 자료들을 근거로 설문지 또는 인터뷰 자료를 작성합니다. 인터뷰와 설문지 문항은 사전에 해당 기업·기관에 대한 환경 및 현황을 최대한 조사하여 사전지식과 주요 이슈 등 핵심 내용을 바탕으로 작성해야 조사 결과의 활용도를 높일 수 있습니다. 현재 기업·기관의 이슈·문제점과 현안을 파악할 수 있는 문항과 해당 사업을 통해 구현 또는 실현되었으면 하는 요구사항들을 최대한 구체적이고 명확하게 수집될 수 있는 문항으로 구성 및 작성하는 것이 필요합니다.

인터뷰 질의서 또는 설문지 작성 시 고려사항으로는 설문지 항목에 정확히 알고 싶은 내용과 답변이 도출되었을 때 산출물에 활용할 수 있는 질문 항목이 있느냐 입니다. 핵심 질문 문항이 없이 인터뷰 또는 설문이 완료되면 인터뷰나 설문 결과를 활용하는 것이 어렵게 됩니다. 예를 들어 기관에서 보유하고 있는 데이터가 행정, 교통, 교육, 환경 등 여러 가지 분류에서 어디에 해당하는가에 대해 질문할 때 답변 결과를 나중에 어디에, 어떻게 활용할지를 미리 생각해야 합니다. 단순하게 어디 분류에 해당하는 데이터가 많다는 정도의 결과 도출로는 의미 있는 인사이트를 도출하기가 어렵습니다. 사전 스터디를 통해 한 단계 더 나아가 해당 기업·기관에서 정말 필요한 데이터와 내용이 무엇인지를 고민하여 인터뷰와 설문 질문을 작성해야 결과의 활용성을 높이고 프로젝트 분석의 깊이도 깊어져 그만큼 산출물의 품질도 높아지게 됩니다.

따라서 인터뷰 질의서 또는 설문조사 항목은 향후 분석하고자 하는 내용과 결과를 미리 생각하여 설문 항목을 작성해야 합니다. 인터뷰 및 설문 조사 시 수행 결과가 어디에 어떻게 분석되고 적용될지에 대해 목적을 명확히 정리한 뒤 인터뷰 및 설문지를 작성하여 조사를 실시하는 것이 필요합니다. 설문 결과 및 목적에 대한 고려 없이 설문 항목 작성을 하면 설문이 종료된 이후에 설문 결과에 대한 활용성이 낮게 되어 시간과 노력을 낭비하는 경우가 많이 발생합니다.

그리고 인터뷰 질의서와 설문지를 작성할 때 상황에 따라 고객 리뷰와 함께 인터뷰 및 설문 대상자 중에서 내용을 검토하여 질의의 적정성과 답변 가능성 등을 체크하는 것이 필요합니다.

3. 요구사항 수렴 및 현황 분석을 위한 조사 실행

요구사항 수집 대상자와 일정이 확정되면 고객과 검토가 끝난 인터뷰 질의서를 요구사항 수집 대상자들에게 사전에 보내고 인터뷰 일정에 맞추어 방문하여 인터뷰를 수행하게 됩니다. 이때 IT 컨설팅 수행 조직에서는 최소 두 명이 한 조를 이루어 한 명은 인터뷰를 수행하고 한 명은 내용을 잘 기록하여 향후 보고서에 정확한 내용이 반영되도록 합니다. (인터뷰 수행 중 제대로 내용이 기록되지 않아 인터뷰 대상자에게 다시 확인하거나 내용이 보고서에 누락되는 경우도 발생합니다. 인터뷰 수행 시 인터뷰 대상자에게 미리 녹취에 대해 양해를 구하고 녹취하여 인터뷰 대상자가 이야기한 내용을 다시 듣고 내용을 회의록으로 정리하는 것이 필요합니다.)

현업부서 인터뷰는 미리 업무조사서를 통하여 각 부서의 업무 내용, 업무 흐름, 사용하는 입출력 자료 등에 대해서 정리한 후에 핵심사항에 대해 질의를 통해 세부 설명을 듣는 것이 효과적입니다. 아무런 준비 없이 업무에 관해 설명해 달라고 하면 인터뷰 대상자도 어디서부터 무엇을 이야기해줘야 하는지 난감해 합니다. 따라서 주요한 내용을 중심으로 질의하고 설명을 듣고 설명 내용 중 명확화가 필요한 부분에 대해 다시 질의를 통해 요구사항 조사를 수행하는 것이 효과적입니다. 사전준비를 통해 질의가 잘 정리되어 있을수록 현업 담당자들도 깊이 있는 이슈와 문제점들을 이야기해 줄 수 있습니다.

인터뷰 수행 시 주요하게 고려할 사항은 인터뷰 대상자는 일반적으로 IT 컨설팅 사업이 무엇을 하는지 잘 모르고 무엇을 이야기해 주어야 할지 잘 모릅니다. 주요한 업무에 관해 설명해 달라고 하면 해당 부서나 본인 업무에 대해 체계적으로 이야기해 줄 수 있는 경우는 많지 않습니다. 따라서 어렵지만 IT 컨설턴트가 사전에 해당 업무를 최대한 파악하여 무엇에 대해 설명을 듣고 어떤 이슈나 문제점을 도출해야 할지 사전에 고민하는 것이 중요합니다.

참고로 인터뷰 대상자가 필요한 건 이야기해 주겠지 또는 '나는 그냥 인터뷰 대상자가 설명해주는 것만 들어도 돼'라고 하는 IT 컨설턴트가 있는데, 그건 본인이 낮은 수준의 컨설턴시 역량을 가지고 있다고 이야기하는 것과 같다고 할 수 있습니다. 준비가 안 된 상태에서 고객에게 무엇을 묻고 어떤 답변을 얻을지 모른다면 시간 낭비와 목표에서 활용할 수 있는 정보를 얻지 못해 품질 저하, 고객 만족도 저하, 산출물 평가 저하로 이어질 수 있습니다. 그리고 인터뷰 시 적극적으로 임해야 합니다. 다른 IT 컨설턴트들은 열심히 질문하고 있는데 질문 없이 듣고만 있으면 다른 사람들은 그 사람은 일하지 않는 것으로, 그리고 내용을 모르는 사람으로 생각할 수 있으며, 실제적으로도 역량 없는 IT 컨설턴트일 경우가 많습니다.

그리고 설문지의 경우 대상자 수에 따라 다르겠지만, 설문결과에 대한 신뢰성 확보와 통계분석을 위해 통상 최소 30명 이상(또는 최소 20% 이상의 응답률)의 응답 수가 필요하며, 공식적으로 설문조사 시행 이전에 사전 설문 테스트를 통해 설문 문항에 대한 타당성, 적정성에 대해 피드백을 받는 것이 필요합니다.

4. 요구사항 분석 보고서 작성

요구사항 수집을 위해 수행한 인터뷰와 설문조사 결과를 분석하여 주요 요구사항과 이슈 및 문제점을 정리합니다. 글과 도식화를 통해 핵심 이슈와 문제점이 무엇인지를 표현하고 공유하는 것이 중요합니다. 이를 통해 현황 파악 단계에서 이슈와 문제 원인을 식별하여 이를 개선할 수 있는 개선 방향성을 도출하여 해결 방안 수립의 근거를 확보하는 것이 중요합니다.

1.5 환경 분석 종합 및 사업 방향성 도출

내·외부 환경 분석, 기술 동향 분석, 요구사항 분석 등 환경 분석이 완료되면 영역별 세부 분석 결과를 종합, 그룹핑하여 주요 시사점을 도출합니다. 그리고 시사점 종합 결과를 활용하여 SWOT 분석을 수행하고 주요 내용을 기반으로 전략을 도출합니다. 전략 도출 시 해당 사업에서 중요하다고 생각되는 핵심 키워드를 식별하고 핵심 키워드를 조합하여 주요 추진 방향성을 도출합니다.

[그림 13] 환경 분석 종합 및 사업 방향성 도출 프레임워크(예시)

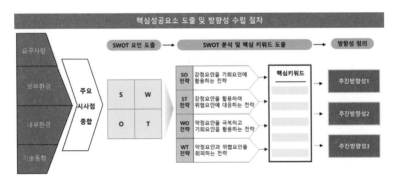

1.5.1 시사점 종합

환경 분석 종합 단계에서는 내·외부 환경 분석, 기술 동향 분석, 요구사항 분석 등 분야별 분석 결과를 바탕으로 시사점을 종합합니다. 도출된 시사점은 업무와 정보화(응용, 데이터, 인프라 등) 등 주요 영역 및 분야별로 현황 분석과 향후 목표모델 수립을 위한 고려사항과 개선 방향성을 도출하기 위한 Input으로 사용됩니다. 시사점 종합 정리 시 영역별로 그룹핑하거나 분야별로 종합하여 핵심 내용을 도출하고 이를 짧고 명료하게 키워드 또는 문구로 정리하여 볼드체로 표시해 주면 가독성이 높아질 수 있습니다.

1.5.2 SWOT 분석 및 핵심 성공 요소 도출

환경 분석 시사점을 종합한 결과를 바탕으로 SWOT 분석을 통해 해당 사업의 강점, 약점, 기회와 위협 요인을 식별하고 4가지 요인을 교차 분석하여 전략과 핵심키워드를 도출합니다.

[표 10] SWOT 분석

구분	1단계	2단계	3단계
방법	SWOT 분석	4가지 요인 교차 분석후 전략 이슈 도출	교차 분석 전략을 통해 CSF와 목표 도출
내용	강점(S), 약점(W), 기회(O), 위협(T) 요인 도출 및 정리	SO, ST, WO, WT 전략 도출	SO, ST, WO, WT 전략을 종합/그룹핑하여 핵심키워드를 도출, 이를 구체화하여 방향성 설정

1.5.3 사업 방향성 도출

환경 분석과 SWOT 분석을 통해 도출한 전략과 핵심 키워드를 기반으로 해당 사업을 성공적으로 수행하기 위한 추진 방향성을 도출합니다. 전략과 핵심 키워드를 조합하고 그룹핑하여 사업 내용에 맞게 문구를 구체화하여 추진 방향성의 핵심 메시지를 작성합니다.

[참고: ChatGPT 답변]
SWOT 분석을 통한 사업 방향성 도출 방법

SWOT 분석은 비즈니스에 대한 외부 기회와 위협뿐만 아니라 내부 강점과 약점을 식별하는 데 도움이 되는 전략적 계획 도구입니다. SWOT 분석 자체가 비즈니스 목표를 직접 도출하지는 않지만 비즈니스 목표 설정 프로세스를 알릴 수 있는 귀중한 통찰력을 제공합니다. SWOT 분석을 통해 비즈니스 목표를 도출하는 방법은 다음과 같습니다.

◇ 강점 식별
고유한 기능, 경쟁 우위, 강력한 브랜드 평판, 숙련된 인력 또는 효율적인 프로세스와 같은 비즈니스의 내부 강점을 평가합니다. 이러한 강점을 활용하여 기존 이점을 활용하는 목표를 설정할 수 있습니다.
목표 예: "우수한 제품 품질과 강력한 브랜드 평판을 활용하여 신규 고객을 유치함으로써 다음 회계 연도 내에 시장 점유율을 10% 증가시킵니다."

◇ 약점 평가
구식 기술, 제한된 리소스, 부적절한 기술 또는 열악한 고객서비스와 같이 비즈니스 내에서 개선이 필요한 영역 또는 내부 약점을 식별합니다. 목표를 설정하면 이러한 약점을 해결하고 개선할 수 있습니다.
목표 예: "고객서비스 담당자를 위한 포괄적인 교육 프로그램을 구현하여 고객 만족도를 향상시켜 6개월 이내에 고객 불만을 20% 감소시킵니다."

◇ 기회 식별

외부 요인을 조사하고 성장 또는 개선을 위해 활용할 수 있는 기회를 식별합니다. 여기에는 신흥 시장, 변화하는 소비자 트렌드, 기술 발전 또는 규제 변화가 포함될 수 있습니다.

목표 예: "주요 신흥 시장의 유통업체와 전략적 파트너십을 구축하여 해외 시장으로 확장하여 2년 이내에 해외 판매 수익을 15% 증가시킵니다."

◇ 위협 평가

경쟁 심화, 변화하는 시장 역학, 경제 변동 또는 법적 및 규제 위험과 같이 비즈니스가 직면할 수 있는 외부 위협 또는 과제를 평가합니다. 이러한 위협을 완화하고 비즈니스 탄력성을 보장하기 위한 목표를 설정할 수 있습니다.

목표 예: "지정학적 불확실성으로 인한 잠재적인 공급망 중단을 완화하고 생산 지연의 위험을 줄이고 운영의 연속성을 보장하기 위한 비상 계획을 개발합니다."

SWOT 분석을 통해 강점, 약점, 기회 및 위협을 분석함으로써 기업·기관은 내부 및 외부 환경에 대한 포괄적인 이해를 얻습니다. 이 분석은 강점을 활용하고, 약점을 해결하고, 기회를 포착하고, 위협을 완화하는 비즈니스 목표를 설정하는 데 도움이 됩니다. 제공된 예시는 SWOT 분석의 각 측면에서 특정 비즈니스 목표를 도출하여 조직 내에서 성장, 개선 및 탄력성을 촉진하는 방법을 보여줍니다.

2. 현황 분석

현황 분석 단계에서는 환경 분석 단계에서 파악한 요구사항과 주요 이슈, 문제점을 고려하여 업무, 정보시스템, 데이터 및 인프라 현황 분석을 수행하여 업무와 정보화 측면의 핵심 현안, 문제점과 원인 그리고 개선 방향을 도출합니다. 선진 사례 분석에서는 국내외 선진 기업·기관이 우수하게 잘하고 있는 업무 및 정보화 영역을 식별하고 이를 해당 사업에 적용할 수 있는 방안을 모색합니다.

현황 분석 단계에서 중요한 포인트는 핵심 현안(이슈), 문제점과 원인에 대해 심도 있게 파악하여 문제의 원인을 제거하거나 개선할 수 있는 방향을 도출하는 것입니다. 정보화 측면에서 문제의 원인이 무엇이고, 어떻게 해결할 수 있을지에 대한 정보화 개선 기회와 개선 방향을 근거로 목표모델 수립 단계에서 수행해야 할 구체적인 개선(추진) 과제를 도출할 수 있습니다.

[그림 14] 현황 분석 프레임워크(예시)

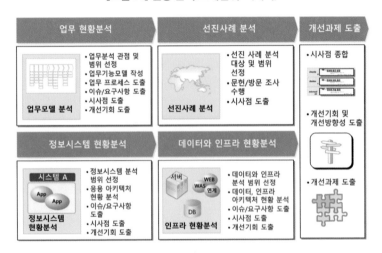

2.1 업무 현황 분석

업무 현황 분석 단계에서는 환경 분석 단계의 업무 측면 요구사항 관련 이슈, 문제점과 원인을 파악합니다. 이를 위해 기업·기관의 주요 업무 기능 대상으로 내부 업무를 조사, 분석하고, 체계적으로 업무 기능 구성도를 정의합니다. 그리고 이에 따른 업무 프로세스를 분석하여 업무 절차상의 구체적인 이슈를 분석하고, 문제점 및 원인을 식별·파악하여 업무 처리 시 실무자에게 필요한 업무와 정보화 개선사항(중복 작업 및 수작업 개선 등)을 제시합니다.

업무 현황 분석의 목적은 조직의 존재가치를 증명하는 핵심 업무에 대한 통합적인 이해를 통해 업무 수행에서 발생하는 이슈, 문제점과 원인을 파악하고 이를 정보화 측면에서 지원, 개선 또는 정보기술을 통한 혁신 방안을 제공하기 위한 개선 기회를 도출하는 것입니다.

이를 위한 업무 현황 분석 방법으로는 첫째, 조직의 업무를 체계적으로 정리하기 위해 조직 중심의 업무를 기능 중심으로 재구성하여 현행 업무 기능 모델을 정의하고, 업무 분석의 단위가 되는 업무(기능)영역을 정의하여 분석 대상 및 범위를 정의하는 것입니다. 둘째, 업무 기능을 좀 더 상세하게 분석하기 위해 업무 프로세스를 분석하고 업무 프로세스 세부 영역의 이슈, 문제점과 원인에 대해 구체적이고 상세히 파악하는 것입니다. 셋째, 업무 기능과 업무 프로세스 분석을 통해 도출된 이슈, 문제점 및 원인을 분석하고 그룹핑하여 목표모델 수립을 위한 개선 기회와 개선 방향성을 종합적으로 도출하는 것입니다.

[그림 15] 업무 현황 분석 상세 프레임워크(예시)

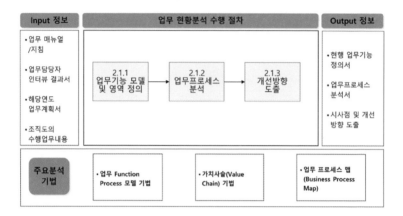

[그림 16] 업무 기능 분석 절차 및 방법(예시)

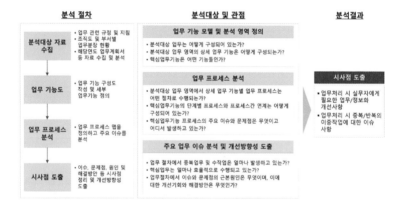

2.1.1 업무 기능 모델 및 분석 영역 정의

해당 조직의 업무 관련 주요 활동들을 쉽게 파악하기 위해 해당 사
업의 조직 구조 및 업무 분장, 업무 및 시스템 관련 규정 및 지침, 업무

매뉴얼, 개발산출물 등 관련 자료를 수집하여 업무 기능을 식별합니다. 핵심 업무와 지원 업무 그리고 업무 기능 간 연관성 등을 고려하여 업무 기능 프로세스 모델(Function Process Model)을 작성합니다.

[그림 17] 업무 기능 프로세스 모델(예시)

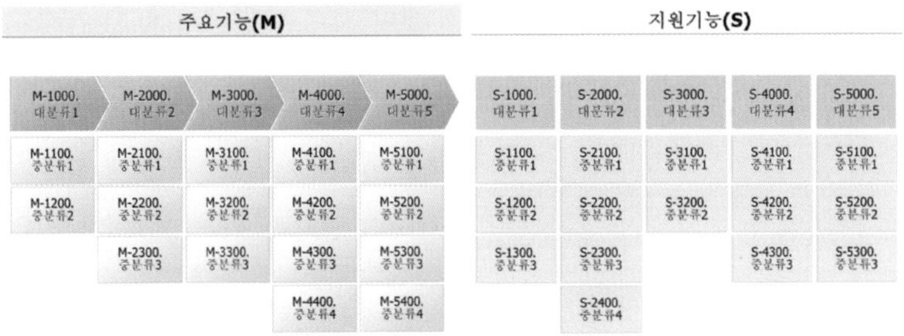

⋯▸ 업무 기능 프로세스 모델 설명:
　　업무 기능 프로세스(Function Process-FP) 모델은
　　1) 업무 기능들을 상위 단계의 도표로 표현한 것으로 중심 업무 기능과 지원 업무 기능으로 구분
　　2) 업무 현황 분석 시 활용하는 도구로써 조직 내부 업무와 활동 목록을 한눈에 파악 가능

　업무 프로세스 모델은 업무 기능들을 상위 단계의 도표로 표현한 것으로 주기능과 지원 기능으로 나뉘어 구분하여 정리합니다. 각 부서에서 수행되고 있는 주요 업무들을 부서와는 무관하게 업무의 순수기능적 측면에서 분석하고 도식화하여 향후 정보화 대상 업무를 분석하고 정보시스템 기능 정의의 기초 자료로 활용합니다. 그리고 업무 프로세스와 활동들은 적절한 업무 기능들과 연계되어 있으며, 하나의 프로세스는 오직 하나의 기능과 관련되어야 합니다.

　주기능 중에서 핵심 업무 기능은 주로 조직의 존재가치를 증명하는 주요 업무이며, 업무 기능 프로세스 모델 중에서 내·외부 환경 분석과 사업 방향성 분석 등 환경 분석을 통해 도출된 조직의 주요 성공 요소에 부합하는 핵심적인 업무 기능을 의미하기도 합니다. 선정된 핵심 업무 기능은 업무 프로세스의 중요 분석 대상이 됩니다.

업무 기능 프로세스 모델 도출 후 해당 사업과 관련성이 높고 향후 업무 통합 관점에서 중요한 업무를 대상으로 업무 기능과 프로세스 분석 대상 및 범위를 정합니다. 분석 대상과 범위가 정해진 후에 상세한 업무 파악과 분석을 수행하기 위해서 현업담당자들을 대상으로 인터뷰를 수행합니다. 부서별 인터뷰 수행 시 현업담당자 대부분은 자신이 속한 조직(부서)에 국한된 이해와 이슈·문제만을 제시해 줍니다. 따라서 IT 컨설팅 수행담당자는 업무 기능 프로세스 모델을 통해 부서별 또는 영역별 현업의 부서 관점을 전사 차원 시각으로 확대하여 통합 정리해야 합니다.

[참고: ChatGPT 답변]
업무 기능 프로세스 모델 설명

업무 기능 프로세스 모델(Function Process Model)의 개념

업무 기능 프로세스(FP) 모델의 개념은 비즈니스 기능과 프로세스가 조직 내에서 상호 연결되는 방식을 나타냅니다. 다양한 기능이 조직의 전반적인 기능에 어떻게 기여하고 목표를 달성하기 위해 협력하는지에 대한 전체론적 관점을 제공합니다.

FP 모델에서 기능은 영업, 마케팅, 재무, 인적 자원, 운영 등과 같은 조직 내의 특정 책임 영역 또는 전문지식을 나타냅니다. 기능은 일반적으로 유사성과 종속성에 따라 그룹핑됩니다. 예를 들어, 제품 개발 및 제조와 관련된 기능을 함께 그룹화하고 고객서비스 및 판매와 관련된 기능을 다른 그룹으로 구성할 수 있습니다.

반면 프로세스는 특정 결과를 달성하거나 특정 제품 또는 서비스를 제공하기 위해 기능 내에서 수행되는 일련의 활동 또는 단계를 나타냅니다. 프로세스는 다양한 기능을 가로지르며 여러 기능 간의 협업 및 조정을 포함합니다.

FP 모델의 역할은 기능과 프로세스가 어떻게 상호 연관되어 있고 조직의 목표를 달성하기 위해 어떻게 함께 작동하는지를 설명하는 것입니다. 서로 다른 기능 간의 종속성과 상호 작용을 이해하는 데 도움이 되며 정보, 자료 및 활동이 기능 간에 어떻게 흐르는지를 체계적으로 파악할 수 있습니다. 이 모델은 조직이 비즈니스 프로세스를 분석 및 개선하고, 병목 현상을 식별하고, 조직의 전반적인 기능을 최적화할 수 있도록 시각적 표현을 제공합니다.

FP 모델은 비즈니스 프로세스 리엔지니어링(BPR), 비즈니스 프로세스 관리(BPM) 또는 린 식스 시그마(Lean Six Sigma)와 같은 다양한 비즈니스 개선 방법론의 기반 역할을 합니다. 개선 영역 식별, 프로세스 간소화, 중복 제거, 전반적인 효율성 및 효과 향상에 도움이 됩니다.

FP 모델을 사용함으로써 조직은 비즈니스 기능 및 프로세스를 더 잘 이해하고, 최적화 영역을 식별하고, 기능 간 협업을 강화하고, 전략적 목표를 달성하기 위한 노력을 조정할 수 있습니다.

2.1.2 업무 프로세스 분석

업무 분석 범위로 선정된 업무 영역을 대상으로 상세 프로세스를 정의하고 해당 프로세스 영역을 대상으로 프로세스 맵을 정의합니다. 프로세스 맵은 업무 흐름을 시각적으로 표현하는 도식화 작업으로 프로세스별 주요 활동(Activity)을 도출하고 프로세스의 시작과 종료, 분기 등 일련의 이벤트로 구성됩니다.

업무 프로세스 맵은 앞서 정의된 업무 기능 모델을 기반으로 업무 프로세스를 정의하며, 현행 프로세스상의 문제점 발생 및 주요 이슈 영역을 식별하고 해당 이슈와 문제점을 상세화하여 정리합니다.

[그림 18] 업무 프로세스 맵(예시)

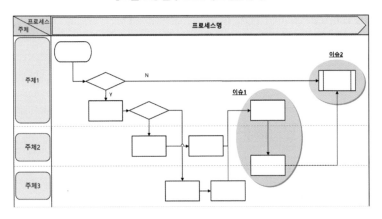

이슈 및 문제점 상세화 작업은 주로 현업담당자의 인터뷰나 설문 등에 근거하여 파악합니다. 문제의 발생 현상과 원인을 정확히 파악하기 위해 해당 업무의 현업담당자와 같이 이슈 및 문제점 현황을 상세화하는 작업을 진행하기도 합니다. 현업담당자들의 설명과 의견을 들어보고 조직 내 현황을 잘 알고 있는 담당자를 확인하여 추가적인 내용을 확인하기도 합니다. 그리고 IT 컨설턴트 내부 협의를 통해 문제점이 무엇인지, 왜 발생하는지, 궁극적인 원인이 무엇인지 등에 대해 논의를 거쳐 정확하게 문제를 정의하고 원인을 식별합니다.

원인과 결과 분석 기법

피쉬본 다이어그램의 원인 및 결과 분석 기술은 특정 문제 또는 결과에 기여하는 잠재적 원인을 식별하고 분석하는 데 사용되는 시각적 도구입니다. 이러한 기법은 상황에 영향을 미치는 다양한 요인을 체계적으로 검토하고 이들 간의 관계를 이해하는 데 도움이 됩니다. 다음은 일반적으로 사용되는 두 가지 원인 및 결과 분석 기술입니다.

◇ 피쉬본 다이어그램(Fish-born diagram)
피쉬본 다이어그램은 구조화된 방식으로 문제 또는 영향의 원인을 나타내는 그래픽 도구입니다. 그것은 효과나 문제가 "머리"이고 잠재적인 원인이 "뼈"로 분기되는 생선뼈와 비슷합니다. 종종 6M(인력-Manpower, 방법-Method, 기계-Machine, 재료-Material, 측정-Measurement 및 대자연-Mother Nature)이라고 하는 원인의 주요 범주는 일반적으로 기본 분기로 사용됩니다. 필요에 따라 분기를 추가할 수 있습니다. 피쉬본 다이어그램을 만드는 프로세스에는 다음 단계가 포함됩니다.

① 분석할 문제 또는 효과를 명확하게 정의하고 다이어그램의 "헤드"에 작성하십시오.
② 원인의 주요 범주를 식별하고 주요 분기로 그립니다.
③ 브레인스토밍하고 각 범주 내에서 잠재적 원인을 식별하여 보조 분기로 추가합니다.
④ 원인과 문제 또는 결과에 미치는 영향 간의 관계를 분석합니다.
⑤ 더 깊은 근본 원인을 식별하기 위해 각 원인에 대해 "이유"를 질문하여 드릴다운을 계속합니다.
⑥ 피쉬본 다이어그램을 사용하여 토론을 촉진하고 가능한 솔루션을 식별하며 개선 조치의 우선순위를 지정하십시오.

◇ 5 Whys 기법
5 Whys(이유) 기법은 문제의 근본 원인을 이해하기 위한 간단하지만 강력한 접근 방식입니다. 근본적인 요인을 더 깊이 파고들기 위해 반복적으로 "이유"를 묻는 것이 포함됩니다. 프로세스에는 일반적으로 다음 단계가 포함됩니다.

① 문제 또는 영향을 명확하게 정의하십시오.
② 문제에 기여하는 첫 번째 원인 또는 이유를 식별하기 위해 "왜"를 물어보십시오.
③ 얻은 각 답변에 대해 "이유"를 묻고 각 원인을 이전 원인과 연결하여 프로세스를 반

복합니다.

④ 최소 5회 또는 실행 가능하고 의미 있는 원인이 식별되는 지점에 도달할 때까지 계속해서 "왜"라고 묻습니다.

⑤ 식별된 원인을 분석하고 이를 해결하기 위한 적절한 조치를 결정합니다.

5 Whys 기법은 표면 수준의 원인뿐만 아니라 문제에 기여하는 더 깊은 근본 원인을 밝히는 데 도움이 됩니다. 그것은 더 깊은 수준의 사고를 장려하고 문제의 증상만 다루는 것을 피합니다.

피쉬본 다이어그램과 5 Whys 기법은 분석 중인 문제 또는 효과의 복잡성에 따라 개별적으로 또는 조합하여 사용할 수 있습니다. 원인을 체계적으로 식별하고 분석하여 문제 해결 및 의사결정 프로세스를 용이하게 하는 구조화된 접근 방식을 제공합니다.

업무 프로세스 분석 시 절차와 내용을 얼마나 세밀하게 표현할 것인가, 관련된 업무를 모두 표현할 것인가, 프로세스상의 문제점과 원인을 표현할 수 있는 깊이(Depth)와 정확성 등에 대해 고민하고 결정을 한 후 프로세스 맵을 작성합니다.

IT 컨설턴트가 현업담당자보다 더 잘 아는 경우에는 예외가 될 수 있지만 대부분의 경우에는 현업담당자가 현재 진행되고 있는 업무에 대해서는 제일 잘 안다고 생각해야 합니다. 따라서 업무 프로세스 맵 작성 및 분석 시에는 반드시 현업담당자와의 현업 관련 면담이나 확인 절차가 필요합니다.

[그림 19] 프로세스 이슈 및 개선 기회 분석서(예시)

구분	문제점/이슈	원인분석	개선기회
이슈1			
이슈2			

BPMN(Business Process Model and Notation, 비즈니스 프로세스 모델 및 표기법)

BPMN(Business Process Model and Notation)은 비즈니스 프로세스 모델링에 사용되는 표준화된 그래픽 표기법입니다. 이해관계자가 조직 내의 복잡한 프로세스를 이해, 분석 및 전달할 수 있도록 공통 언어 및 시각적 표현을 제공합니다.

BPMN의 주요 기능은 다음과 같습니다.

▸ 기호 및 표기법

BPMN은 표준화된 기호 및 아이콘 집합을 사용하여 비즈니스 프로세스의 다양한 요소를 나타냅니다. 이러한 기호에는 이벤트(Event), 활동(Activity), 게이트웨이(Gateway), 흐름(Flow), 풀(Pool) 및 레인(Lane) 등이 포함됩니다. 각 기호에는 특정 의미가 있으며 프로세스의 다양한 측면을 전달합니다.

▸ 프로세스 흐름

BPMN을 사용하면 프로세스에서 활동의 순차적 흐름을 모델링할 수 있습니다. 프로세스 흐름 내에서 활동이 실행되는 순서와 결정 지점, 분기, 병합 및 루프를 나타냅니다.

‣ 이벤트

BPMN에는 프로세스 중에 발생하는 무언가를 나타내는 다양한 유형의 이벤트가 포함됩니다. 이벤트는 시작 이벤트, 중간 이벤트 또는 종료 이벤트로 분류할 수 있습니다. 프로세스 흐름에 영향을 미치는 트리거, 이정표 또는 결과를 나타냅니다.

‣ 활동

BPMN은 프로세스 내에서 수행되는 특정 작업 또는 작업을 활동으로 나타냅니다. 이러한 활동은 수동 또는 자동화될 수 있으며 직사각형 기호를 사용하여 표시됩니다. 활동에는 정의된 동작 또는 규칙 세트뿐만 아니라 입력 및 출력 데이터가 있을 수 있습니다.

‣ 게이트웨이

BPMN의 게이트웨이는 프로세스 내의 결정 지점을 나타냅니다. 특정 조건이나 규칙에 따라 프로세스 흐름의 분기 또는 병합을 결정합니다. 게이트웨이를 사용하면 프로세스 내에서 다양한 경로 및 대체 시나리오를 모델링할 수 있습니다.

‣ 풀 및 레인

BPMN을 사용하면 풀과 레인을 사용하여 협업 및 조직 경계를 모델링할 수 있습니다. 풀은 프로세스와 관련된 별도의 조직 또는 부서를 나타내고 레인은 풀 내의 특정 역할 또는 책임을 나타냅니다.

‣ 데이터 개체

BPMN은 프로세스 내의 활동 간에 교환되는 정보 또는 데이터를 나타내는 데이터 개체의 모델링을 지원합니다. 데이터 개체는 의사결정 또는 프로세스 실행에 사용되는 입력, 출력 또는 중간 데이터일 수 있습니다.

BPMN 다이어그램은 일반적으로 표기법을 지원하고 프로세스 모델의 손쉬운 협업 및 공유를 허용하는 특수 모델링 도구를 사용하여 생성됩니다. 이러한 다이어그램은 비즈니스 프로세스를 명확하고 표준화된 표현으로 제공하여 이해관계자 간의 커뮤니케이션과 이해를 촉진합니다.

BPMN을 활용함으로써 조직은 비즈니스 프로세스를 분석 및 개선하고 병목 현상을 식별하며 일관성을 보장하고 프로세스 자동화 이니셔티브를 지원할 수 있습니다. BPMN 다이어그램은 문서화, 교육 및 지속적인 프로세스 개선 노력을 위한 귀중한 아티팩트 역할을 합니다.

[그림 20] BPMN 다이어그램

다이어그램	명칭	설명
▭	활동(Activity)	흐름도를 구성하는 업무 활동으로 수작업과 시스템을 이용하는 업무를 표현함
▭	활동(신규/변경)	기존 업무에서 변경되거나 신규로 추가되는 업무 활동을 표현함
⬭	이벤트	업무 활동을 트리거 하는 사건을 표현함
◇	승인/판단	중요한 의사결정이나 판단을 표현함
●	연결프로세스	한 페이지의 업무활동과 다음 페이지 업무활동을 연결 하기 위해 표현함
→	흐름	정보나 자료의 흐름을 표현하고 단위업무의 선후관계를 표현함
Ⓢ Ⓔ	시작/종료	흐름도의 시작과 끝을 표현함

업무 프로세스 분석에서 정의된 핵심 업무 프로세스 영역은 목표모델 정립 단계의 업무 프로세스 설계 범위가 됩니다.

비즈니스 프로세스 분석 맵

비즈니스 프로세스 분석 맵을 생성하려면 비즈니스 프로세스 내의 활동 흐름을 효과적으로 분석하고 시각화하기 위한 여러 단계가 필요합니다. 다음은 비즈니스 프로세스 분석 맵을 만드는 일반적인 프로세스입니다.

◇ 프로세스 식별

분석하려는 특정 비즈니스 프로세스를 선택합니다. 분석 노력에 집중할 수 있도록 프로세스의 경계와 범위를 명확하게 정의하십시오.

◇ 정보 수집

프로세스에 대한 관련 정보를 수집합니다. 이는 인터뷰, 관찰, 문서 검토 또는 프로세스가 현재 어떻게 작동하는지 이해하는 다른 수단을 통해 수행할 수 있습니다. 프로세스에 관련된 주요 이해관계자를 식별하고 그들의 관점을 고려하십시오.

◇ 프로세스 단계 정의

프로세스를 개별 단계 또는 활동으로 분류합니다. 프로세스를 시작하는 초기 트리거링 이벤트 또는 입력을 식별하여 시작하십시오. 그런 다음 프로세스 흐름의 각 후속 단계를 나열하고 수행된 일련의 활동을 캡처합니다.

◇ 활동 매핑

다이어그램을 만들어 프로세스 흐름을 시각화합니다. 순서도, 스윔레인 다이어그램 또는 BPMN(비즈니스 프로세스 모델 및 표기법)을 사용하는 등 프로세스 흐름을 나타내는 다양한 기술이 있습니다. 작성자의 필요와 기술에 맞는 형식을 선택하십시오.

◇ 관계 및 종속성 결정

활동 간의 관계를 분석합니다. 어떤 활동이 다른 활동에 의존하는지 식별하고 프로세스 내에서 결정 지점, 루프 또는 피드백 루프를 강조 표시합니다. 각 활동과 관련된 입력 및 출력을 고려하십시오.

◇ 캡처 시간 및 리소스

각 활동 완료에 필요한 시간과 사람, 기술 또는 자료와 같은 관련 리소스를 기록합니다. 이 정보는 프로세스 내에서 효율성과 리소스 할당을 이해하는 데 도움이 됩니다.

◇ **병목 현상 및 개선 기회 식별**

프로세스 맵을 분석하여 프로세스 내에서 병목 현상, 중복, 지연 또는 비효율성을 식별합니다. 프로세스 흐름을 간소화 또는 최적화하고 불필요한 단계를 제거하거나 자동화를 도입할 수 있는 기회를 찾으십시오.

◇ **검증 및 반복**

주요 이해관계자 및 주제 전문가와 프로세스 분석 맵을 공유하여 정확성과 완전성을 검증합니다. 피드백을 수집하고 내용을 개선하기 위해 필요한 수정을 합니다. 프로세스를 정확하게 나타내고 식별된 문제를 해결할 때까지 분석 맵을 반복적으로 구체화합니다.

분석 맵의 세부 수준과 복잡성은 특정 프로세스와 분석 목적에 따라 달라집니다. 목표는 프로세스를 이해하고 개선하는 데 도움이 되는 프로세스 흐름을 명확하고 시각적으로 표현하는 것입니다.

비즈니스 프로세스 분석 기술을 활용하면 프로세스가 작동하는 방식, 개선할 수 있는 부분, 조직 목표와 일치하는 방식에 대한 통찰력을 얻을 수 있습니다. 분석 맵은 이해관계자와의 커뮤니케이션 및 협업을 위한 유용한 도구 역할을 하여 효과적인 프로세스 분석 및 개선 노력을 가능하게 합니다.

2.1.3 업무 프로세스 개선 방향 도출

업무 프로세스 맵 분석을 통해 도출된 문제점과 원인에 대해 해결 방안을 모색하는 개선 기회와 개선 방향을 도출하는 단계입니다. 많은 수의 수작업 절차, 시스템 미연계로 이중작업, 업무 절차 미표준화로 개별작업 및 재작업 등에 대해 개선 기회를 파악합니다. 개선 파급도, 개선 용이성, 업무담당자의 불만과 어려움 정도 등 이슈와 문제점의 중요도, 심각성, 난이도, 시급성, 정보기술 활용성 등을 파악하여 개선 대상을 식별하고 개선 방안을 고민합니다.

또한, 업무 프로세스 관련 개선 항목은 이후 목표모델 수립 단계에서 개선 방안을 제시할 수 있는 이슈들을 중심으로 도출되어야 합니다. 해당 사업 범위를 벗어나는 이슈와 문제점에 대한 개선 방향들은 목표모델 수립 단계에서 제외될 수밖에 없어서 이슈와 문제점 도출 시, 해당 이슈와 문제에 대한 개선안을 제언할 수 있어야 한다는 점을 고려하여 수행해야 합니다.

2.2 정보시스템 현황 분석

정보시스템 현황 분석 단계에서는 현재 정보시스템의 이슈와 문제점 그리고 기능적·비기능적 요구사항을 정리합니다. 개선된 정보시스템이 무엇을 해야 하는지 그리고 어떻게 구현되어야 하는지를 정리하기 위해 현재 정보시스템 응용 기능, 하위시스템 구성 및 아키텍처 분석, 서비스 제공 현황 등을 분석합니다. 이를 기반으로 개선을 위한 주요 시사점을 정리하고 개선 방향성을 도출합니다.

[그림 21] 정보시스템 현황 분석 상세 프레임워크(예시)

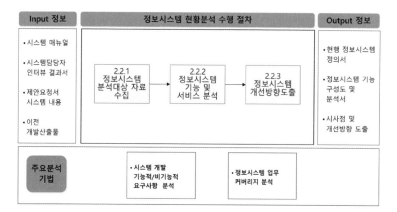

[그림 22] 정보시스템 분석 절차 및 방법(예시)

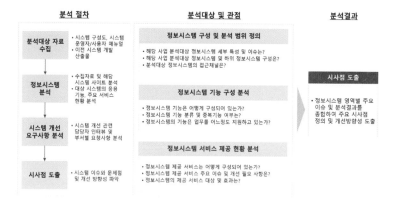

2.2.1 분석 대상 정보시스템 자료 수집

현재 정보시스템 관련 자료, 즉 개선 대상 정보시스템 구성도, 시스템 운영자 및 사용자 매뉴얼, 인터페이스 정의서, 응용 기능 구성도 등 정보시스템 분석을 위한 자료를 수집합니다. 자료 수집과 동시에 사용자 입장에서 해당 시스템의 인터페이스, 채널, 응용 기능 등을 직접 살펴보는 것이 필요합니다. 고객의 허락하에 해당 기관 시스템 관리자의 도움을 받아 정보시스템 기능과 메뉴, 운영 관리 관련 기능 및 인터페이스 등 정보시스템 현황을 조사합니다.

2.2.2 정보시스템 분석

사업 범위에 따라 해당 조직의 전체 또는 일부 정보시스템을 한눈에 파악할 수 있도록 정보시스템 구성도를 정리합니다. 정보시스템 구성도에는 사용자와 하위 정보시스템 구성 현황, 주요 기능과 서비스 현황, 주요 서비스 및 개발 환경, 그리고 대내외 연계 정보시스템 현황을 한눈에 파악할 수 있도록 정리합니다.

정보시스템 구성도에서 중요한 것은 큰 그림 차원에서 정보시스템의 역할이 명확히 구분되도록 정보시스템 영역을 정리하여 체계적으로 정리하는 것입니다. 어떤 정보시스템이 존재하고 있으며, 시스템 구성은 어떻게 구분되어 있고, 정보시스템 간 통합 또는 연계는 어떻게 구성되어 있는지를 쉽게 파악할 수 있도록 정리하는 것이 중요합니다.

[그림 23] 정보시스템 구성도(예시)

2.2.2.1 정보시스템 구성 및 분석 범위 정의

정리된 정보시스템 구성도에서 해당 사업과 관련하여 분석이 필요한 대상 범위를 정의하고 범위에 포함된 분석 대상 정보시스템 세부 구성 현황, 응용 기능, 시스템 간 연계, 업무 지원 정도 등을 상세하게 분석합니다.

해당 정보시스템 대상으로 정보시스템 정의서를 작성합니다. 정보시스템 정의서를 작성하는 이유는 무엇을 하는 시스템이며, 개발 언어와 프레임워크 등 개발 및 운영에 관한 정보를 한눈에 파악하기 위함입니다. 따라서 정보시스템 정의서의 주요 내용은 시스템명, 구축 목적, 주요 기능, URL, 개발 연도, 최근 업그레이드 연도, 개발 언어, 개발 프레임워크명, 시스템 유형(C/S, 웹 등), 구축 방법·업체, 관리주체 부서·담당자, 운영기관부서·담당자, 운영체제, DBMS, 수요자·사용자 등으로 자세한 정보가 포함될 수 있도록 내용을 포함하여 작성합니다. 분석 대상 시스템이 여러 개인 경우에는 개별 정보시스템별 정의서를 작성합니다.

[표 11] 정보시스템 정의서(예시)

시스템명	• OOO시스템	URL	• http://
구축 목적	• OOO업무처리 및 OOO업무를 지원하고 관리하기 위함	주요기능	• OOO관리 • OOO관리 • OOO관리
개발년도	• 2000년	최근 업그레이드 년도	• 2012년
개발언어	• JAVA, JSP	개발프레임 워크명	• OOO 프레임워크
시스템 유형	• Web	구축방법/ 업체	• 외주용역
관리주체/ 부서/담당자	• OOO 부서/OOO 담당자	운영기관/ 부서/담당자	• OOO 부서/OOO 담당자
운영체제 (OS)	• Windows 7	관련규정	• OOOO
DBMS	• Oracle 10g	수요자명	• OOO

2.2.2.2 정보시스템 응용 기능 구성 분석

분석 대상 정보시스템의 응용 기능을 체계적이고 상세하게 파악하기 위해 응용 기능 분할도를 작성합니다. 응용 기능 분할도 작성 시 응용 기능을 1레벨, 2레벨, 3레벨 등 계층적으로 구성하고 마지막 하위 기능에 대해 어떤 역할을 수행하고 있는지 주요 기능을 기술합니다.

[그림 24] 정보시스템 응용 기능 구성도(예시)

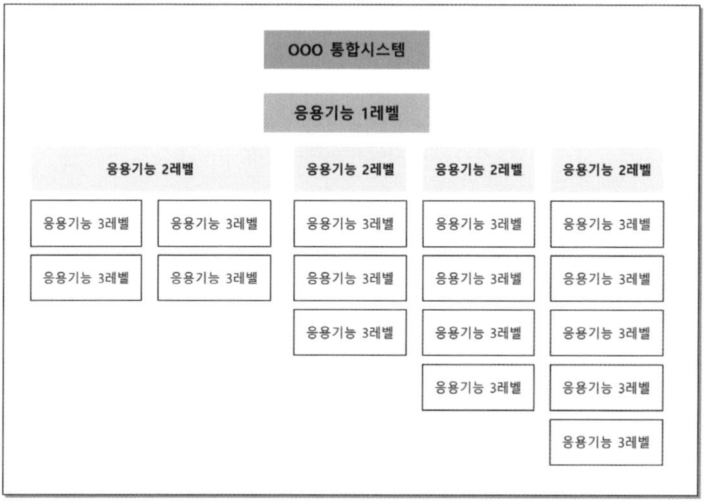

정보시스템 응용 기능 분석의 주요 관점은 다음과 같습니다.

- 요구사항 충족 여부

시스템이 무엇을 할 것인가입니다. 즉 애플리케이션 기능이 시스템의 의도된 목적과 시스템이 제공해야 하는 특정 기능을 충분히 제공하는지 체크합니다. 사용자가 요구하는 내용들이 다 포함되어 있는지 그리고 전문가 관점에서 시스템 운영에 필요한 기능들이 다 포함되어 있는지를 확인하는 것입니다.

- 업무 지원 충족 여부

주요 업무 프로세스들이 응용 시스템을 통해 얼마만큼 지원을 받고 있는지에 대한 정도를 확인하기 위해 정보시스템 업무 커버리지 분석을 수행하기도 합니다. 주요 업무 기능 모델을 기준으로 시스템 지원 정도를 확인하는데, 업무 기능과 시스템을 매트릭스로 구성하여 업무 기능별 시스템 지원 여부를 체크하여 업무를 중심으로 시스템 지원을 받지 못하는 업무 영역 및 부족한 부분을 확인할 수 있습니다. 기능들이 그룹핑되어 모듈화될 수 있는 영역들이 발생하면 이를 지원할 필요 정보시스템 모듈을 도출할 수 있습니다. 규모가 커지면 별도의 하위 정보시스템으로 구성할 수 있습니다. 이러한 과정을 거쳐 향후 목표모델 수립 시 해당 업무를 지원하는, 또는 다른 업무 기능과 통합하여 업무를 지원할 수 있는 정보시스템 구축 등 정보시스템 측면의 개선 기회를 도출합니다.

- 시스템 연계·통합 가능 여부

애플리케이션 기능 분석을 통해 다른 시스템과의 인터페이스 및 통합 지점을 고려합니다. 이는 정보시스템이 데이터를 원활하게 교환하고 조직의 기술 환경 내에서 다른 애플리케이션 또는 데이터베이스와 연계하여 업무를 효율적으로 지원할 수 있는 환경을 제공할 수 있는지를 살펴봅니다.

2.2.2.3 정보화 서비스 분석

서비스 개선 관점에서 정보시스템이 제공하는 서비스 현황 분석을 수행합니다. 또한, 정보시스템이 제공하는 서비스의 유형 및 유형별 현황을 살펴보고 서비스 처리 단계별 기능 현황을 정리하고 분석합니다. 예를 들어 온라인 서비스의 경우, 서비스 신청, 처리, 처리 결과가 어떤 절차와 기능 그리고 기술로 제공되는지 살펴봅니다. 이때 서비스별로 사용자 불편사항, 편의성 개선사항, 서비스 연계 상황, 기술지원 제약사항 등을 식별하여 주요 이슈 및 문제점을 도출합니다.

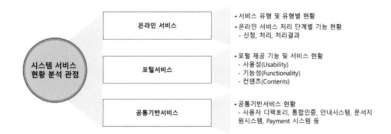

포털서비스인 경우는 메인·서브 화면, 웹 표준화 및 접근성, 이용자 분석 등의 사용성 분석과 로그인 및 회원 관리 기능, 검색 및 부가서비스, 통계 및 운영 관리 기능 등의 기능성 그리고 포털이 제공하는 콘텐츠 구성 및 배치 등의 콘텐츠 관리서비스를 분석하여 주요 이슈 및 문제점을 도출합니다.

정보시스템의 기반 서비스인 경우 사용자 관리(계정 관리, 디렉토리 서비스 등), 다른 여러 사이트를 개별로 접속해야 하는 불편함이 있는지 (통합 인증 여부) 등 문제점 및 개선사항을 도출하여 정리합니다.

또한, 최근에는 ChatGPT와 같이 생성형 AI 서비스를 활용하려는 방안 모색이 증가하고 있어 정보시스템 현황 분석 시 AI 서비스를 활용할 수 있는 방안 고려도 필요합니다. 예를 들어 업무 과정에서 문서·자료 검색 및 요약 등의 서비스가 필요한 경우, 기획서 작성 작업(PPT, 워드 등), SWOT 분석 등의 전략 수립 작업도 ChatGPT가 제공 가능합니다. 또한, 디자인 작업, 회의 내용을 텍스트로 전환하고 요약하는 작업, 그리고 신문 스크랩 등 단순하고 반복적인 업무 등은 AI 서비스를 활용하면 업무의 자동화 및 효율성이 증대될 수 있습니다. 따라서 조직 내 업무 분석을 면밀히 하여 어느 영역에서 AI 서비스가 적용될 수 있을지에 대해 검토하는 것이 필요합니다.

2.2.3 시사점 도출 및 정보시스템 개선 방향 도출

해당 사업 정보시스템의 구성도, 응용 기능 분석, 정보시스템 연계 현황, 업무 커버리지 분석, 주요 이슈 및 문제점 분석 등을 통해 정리된 주요 이슈와 문제점을 종합 분석하여 목표 정보시스템 구축을 위한 주요 시사점을 도출합니다.

예를 들어 동일 업무 기능이 다른 정보시스템에서도 발생하는 중복업무, 이중작업 또는 업무 이원화, 필요한 기능이 제공되지 않는 기능 제공 미흡, 검색 및 조회 불편함, 필요 정보화 서비스 부재, 시스템 미연동에 따른 업무처리 불편함 또는 수작업, 단순반복업무 문제 등 관련 이슈 및 문제점을 도출하여 정리합니다. 그리고 어떻게 개선하면 좋을지에 대해 IT 컨설턴트의 고민과 아이디어를 정리하고 현업담당자들의 의견을 수렴하여 시사점으로 정리합니다. 이를 통해 정보시스템 기능과 서비스에 대한 개선 기회와 개선 방향성을 도출합니다.

2.3 데이터 현황 분석

데이터 현황 분석 단계에서는 데이터 측면에서 무엇이 문제이고 어떻게 개선해야 할지를 고민하는 단계입니다. 즉 해당 사업의 분석 대상 업무 및 정보시스템 관련 데이터 구조와 표준화, 품질 현황, 데이터베이스 구성 등을 분석하고 주요 시사점을 정리합니다.

[그림 26] 데이터 현황 분석 상세 프레임워크(예시)

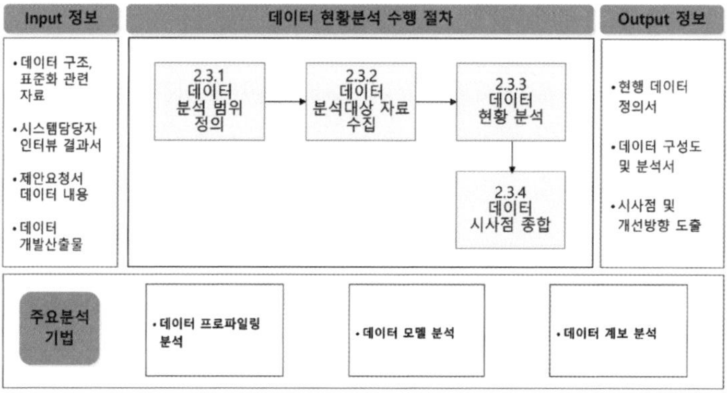

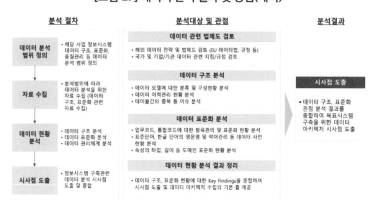

[그림 27] 데이터 분석 절차 및 방법(예시)

2.3.1 데이터 분석 범위 정의

해당 사업의 특성과 범위에 맞추어 데이터 구조, 표준화, 품질 관리 체계 분석 등 데이터 분석 범위와 대상을 정의합니다.

2.3.2 자료 수집

데이터 관련 개발산출물, 기업·기관의 데이터 지침·규정·매뉴얼 등 자료를 수집하여 분석합니다. 또한, 현황 파악을 위해 DBMS 목록, 데이터 모델 관리 현황, 데이터베이스·테이블·칼럼 정의서, 공통코드, 대내외 인터페이스 등 관련 자료를 수집, 분석합니다.

2.3.3 데이터 현황 분석

데이터 분석 대상에 해당하는 영역의 데이터 모델 분석, 데이터 표준 분석, 데이터 관리체계 분석 등 데이터 현황 분석을 수행합니다. 사업의 범위에 따라 현황 분석 범위는 달라질 수 있습니다.

[표 12] 데이터 분석 주요 내용 및 분석 관점(예시)

구분	분석 내용	주요 분석 관점(체크 항목)
데이터 모델	• DBMS 구성 현황 • 데이터 모델 관리/구조 • 데이터 이력 관리 현황	업무에 필요한 데이터가 누락 없이 충분히 관리되고 있는가? 데이터 정합성이 관리되고 있는가? 데이터를 불필요하게 중복 관리하고 있는가? 데이터의 이력을 조회할 수 있는가? 신규/변경 요건이 있을 때, 신속하고 유연하게 대응할 수 있는 구조인가?
데이터 표준 및 메타데이터	데이터 관리에 필요한 표준 및 명명 규칙(단어, 용어, 도메인, 코드 등)	데이터값을 관리하기 위한 표준과 규칙이 있는가? 정의된 규칙과 표준에 맞게 속성, 데이터 관련 요소가 정의되어 있고 그에 맞는 데이터가 관리되고 있는가? 메타데이터 관리 시스템 지원 현황은?
데이터 관리체계	데이터 관리 원칙/지침 조직 및 관리 프로세스, 시스템 지원 여부 등	데이터를 안정적으로 유지, 개선하기 위한 원칙, 지침, 관리기능, 프로세스, 데이터 관리 조직 및 인프라가 구성되어 있는가?

2.3.3.1 데이터 모델 현황 분석

해당 사업의 데이터를 통합적으로 파악하기 위해 데이터의 최상위 집합인 주제 영역을 정의합니다. 주제 영역은 업무에서 관리하고자 하는 데이터 집합들의 그룹으로, 업무 동질성이 높은 데이터들로 구성됩니다. 그리고 주제 영역별 관리하고 있는 데이터 그룹에 대한 설명을 기술하여 데이터 구성에 대해 고객 및 사용자가 쉽게 이해할 수 있도록 정리합니다.

[그림 28] 전사 차원 데이터 주제 영역 구성도(예시)

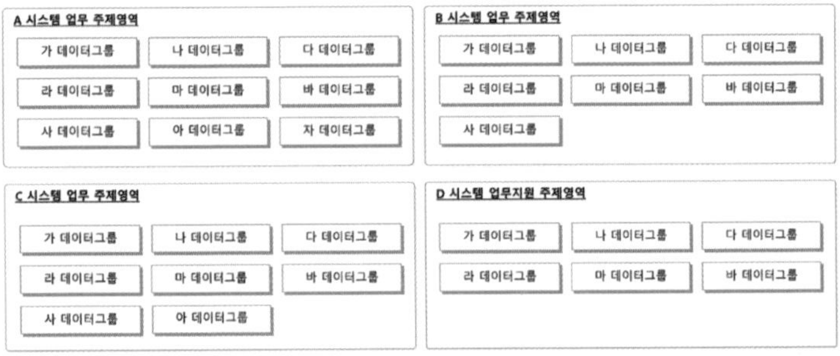

위의 [그림 28] 데이터 주제 영역 구성도(예시)는 시스템별로 가, 나, 다 등 동일한 주제 영역이 중복적으로 구성되어 있음을 보여줍니다. 시각화 작업을 통해 데이터가 어떻게 구성되어 있는지를 확인하고 문제점을 식별할 수 있도록 도와줍니다. 이러한 경우 데이터 정합성 저하가 우려되고, 전사 차원의 통합적 데이터 파악이 어려울 수 있습니다. 전사 차원에서 데이터의 중복 관리를 피하고 효율적으로 활용하기 위해 중복 데이터를 별도로 관리하는 방안과 개별 시스템에서는 고유의 데이터만 관리하여 서로 데이터를 조인하거나 병합할 수 있는 구조로 구성하는 방안을 고려하는 것이 필요합니다.

다음으로는 데이터 주제 영역에서 업무 영역에 따른 하위 데이터 그룹별 핵심 데이터를 분류한 개념 데이터 모델을 정의합니다. 개념 데이터 모델은 업무를 지원하는 개념적 수준의 정보로써 해당 업무를 지원하기 위해 어떠한 데이터가 있는지, 어떻게 구성되어 있는지를 한눈에 파악하기 위하여 데이터 그룹과 개념 데이터로 구성하여 정리합니다. 그리고 개념 데이터별 정의 및 개념 데이터에서 관리하는 상세 데이터를 기술하여 세부적으로 데이터 구성에 대해 정리하여 향후 개선 방안을 위한 준비 작업을 합니다.

[그림 29] A 시스템의 가 데이터 그룹의 개념 데이터 모델(예시)

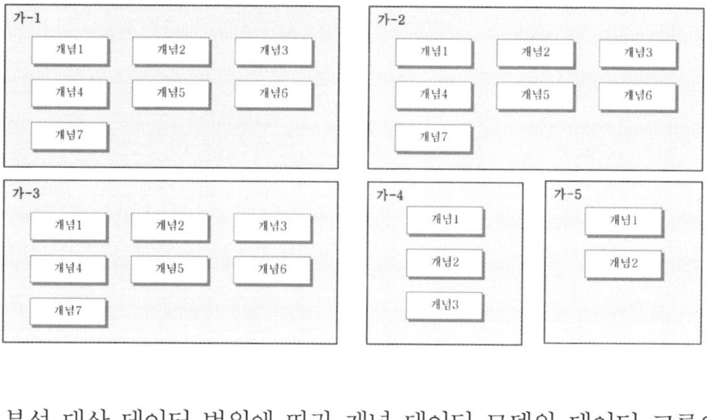

분석 대상 데이터 범위에 따라 개념 데이터 모델의 데이터 그룹의 테이블 개수, DB 사용량, 데이터 건수 등을 파악하고 연도별 자료의 증가 건수와 증가율을 파악하여 특이사항을 분석합니다.

분석사항 예시

▸ 데이터 분류 현황

사용하지 않는 주제 영역 식별, 주제 영역별 관리 테이블 건수의 과다 정도, 주제 영역 분류 세분화 정도 등을 분석하여 개선 기회를 식별하도록 합니다. (일반적인 주제 영역별 적정 테이블 수는 20~30개를 기준으로 고려되고 있음)

▸ 데이터 모델 현행화

• 데이터 논리모델 관리 여부

– 논리모델은 데이터 간의 관계를 통해 업무를 파악하는 기본적인 설계도로 관리가 필요하나 현실적으로 전담인력 및 관련 시스템의 관리 부족으로 많은 조직에서 관리가 안 되는 경우가 많습니다.

• ERD 현행화 여부

– ERD 현행화가 되어있지 않으면 프로그램 변경 또는 신규 개발 시 데이터 파악이 힘들고 물리모델과의 불일치가 발생할 수 있습니다. 데이터 파악을 위해 수작업 또는 리버스 엔지니어링을 통해 ERD를 생성하는 등 많은 시간과 노력이 별도로 투입되어야 합니다.

▸ 시스템 간 데이터 중복 관리 여부

서로 다른 데이터 주제 영역과 데이터 그룹에서 동일한 테이블명이 존재하고, 각 테이블을 구성하는 속성 또한 동일한 경우는 데이터의 관리가 어려워지게 되고 향후 데이터 활용성이 저하될 수 있습니다. 따라서 이에 대한 개선 방안을 고민하고 제시하는 것이 필요합니다.

▸ 데이터 이력 관리

이력 관리를 별도 테이블로 또는 자체 테이블로 관리하는지 또는 안 하고 있는지 여부를 파악합니다. 데이터 이력 관리를 지원하지 않는 경우 현업담당자들이 업무 수행 시 예전 기록들을 활용하기 어려워 수작업 또는 별도의 작업을 통해 관리해야 하기 때문에 업무의 비효율성이 발생하기도 합니다.

데이터 모델 분석 기법

데이터 모델 분석은 데이터 모델 내에서 데이터 엔터티의 구조, 관계 및 특성을 평가하는 데 사용되는 기술입니다. 조직의 비즈니스 요구사항과 데이터 모델의 효율성 및 조정을 평가하는 것을 목표로 합니다. 다음은 예제와 함께 데이터 모델 분석 방법에 대한 자세한 설명입니다.

예: 데이터 모델을 사용하여 제품 재고 및 판매 데이터를 분석하려는 소매 조직을 고려하십시오. 데이터 모델은 "제품", "범주", "공급자" 및 "판매" 같은 엔터티로 구성됩니다. 데이터 모델 분석의 목표는 데이터 모델 내의 구조와 관계를 평가하는 것입니다.

◇ 엔터티 관계 검토
데이터 모델에서 엔터티 간의 관계를 검사합니다. 엔터티를 연결하는 기본 키-외래 키 관계를 식별합니다. 예를 들어 데이터 모델에서 "제품" 엔터티에는 기본 키 "ProductID"가 있고 "Sales" 엔터티에는 둘 사이의 관계를 설정하는 외래 키 "ProductID"가 있음을 확인합니다.

◇ 엔터티 속성 평가
각 엔터티와 관련된 속성을 분석합니다. 속성이 관련성이 있고 적절하게 정의되었으며 필요한 정보를 정확하게 나타내는지 확인합니다. 예를 들어 "제품" 엔터티에서 "제품 이름", "단가", "수량 InStock" 및 "카테고리 ID"와 같은 특성을 찾을 수 있습니다. 이러한 특성이 필요한 정보를 캡처하고 조직의 데이터 요구사항과 일치하는지 평가합니다.

◇ 카디널리티 및 선택성 평가
엔터티 간 관계의 카디널리티(일대일, 일대다, 다대다) 및 선택성(필수 또는 선택)을 평가합니다. 카디널리티와 옵션이 관계의 특성을 정확하게 나타내는지 확인합니다. 예를 들어 데이터 모델에서 "제품"과 "카테고리" 간의 관계는 일대다로 정의되어 단일 카테고리에 여러 제품이 있을 수 있음을 확인합니다.

◇ 데이터 무결성 제약조건 분석

데이터 모델에 적절한 데이터 무결성 제약조건이 포함되어 있는지 확인합니다. 데이터 무결성과 일관성을 보장하는 기본 키 제약조건, 고유 제약조건, 외래 키 제약조건 또는 기타 제약조건이 있는지 평가합니다. 예를 들어 데이터 모델에서 "제품" 엔터티의 "제품 ID" 특성에 대한 기본 키 제약조건을 찾아 각 제품에 고유한 식별자가 있는지 확인할 수 있습니다.

◇ 정규화 평가

데이터 모델의 정규화 수준을 평가합니다. 정규화는 중복을 제거하고 데이터 무결성을 보장하기 위해 데이터를 구성하는 프로세스입니다. 데이터 모델이 중복 데이터 제거 및 종속성이 제대로 표시되는지 확인하는 것과 같은 정규화 원칙을 준수하는지 분석합니다. 쿼리 성능을 최적화하거나 특정 비즈니스 요구사항을 수용하기 위해 비정규화 기술이 적용되었는지 평가합니다.

◇ 비즈니스 규칙 및 유효성 검사 고려

비즈니스 규칙 및 데이터 유효성 검사를 포함하기 위해 데이터 모델을 검토합니다. 데이터 모델이 비즈니스 논리를 시행하는 데 필요한 필수 규칙, 제약조건 또는 계산을 캡처하는지 분석합니다. 예를 들어 데이터 모델에서 제품의 "단가" 특성이 음수일 수 없도록 하는 유효성 검사 규칙을 찾을 수 있습니다.

◇ 확장성 평가

데이터 모델의 확장성을 평가합니다. 데이터 모델이 새로운 엔터티, 속성 또는 관계 추가와 같은 미래의 비즈니스 요구사항을 수용할 수 있는지 고려합니다. 데이터 모델 설계가 성능 저하 없이 더 많은 양의 데이터를 처리할 수 있는 확장성을 지원하는지 분석합니다.

◇ 개선 영역 식별

분석을 기반으로 데이터 모델을 개선하거나 최적화할 수 있는 영역을 식별합니다. 여기에는 엔터티 관계 개선, 누락된 특성 추가, 중복 특성 제거 또는 데이터 무결성 제약조건 강화가 포함될 수 있습니다.

데이터 모델 분석을 통해 조직은 데이터 모델이 기본 비즈니스 요구사항을 정확하게 나타내고 데이터 관리 및 분석을 위한 견고한 기반을 제공하는지 확인할 수 있습니다. 철저한 분석을 수행함으로써 조직은 데이터 모델의 개선이 필요한 부분이나 격차를 식별하고 데이터 품질, 무결성을 향상시키기 위해 필요한 조정을 할 수 있습니다.

2.3.3.2 데이터 표준화 분석

데이터 표준 현황 분석은 데이터를 누구나 같은 의미로 이해하고 동일한 방법으로 사용함으로써 데이터를 일관되게 사용하고 있는지를 조사, 분석하기 위해 수행합니다.

조직 차원의 코드 표준화가 이루어지지 않으면, 데이터 연계 활용 시, 별도의 코드 정보에 대한 매핑 정보를 관리해야 하고, 코드값이 추가되거나 변경, 삭제 시 일괄 적용이 어렵고, 매핑 정보까지 지속적으로 보완해야 하는 등 데이터 관리가 복잡해지고 활용성이 저하되는 문제점이 발생합니다.

데이터 표준 분석은 주로 테이블 컬럼의 영문·한글 이름 그리고 코드명·코드값 등이 유일한 의미로 사용되는가, 컬럼의 데이터 타입(데이터 유형, 길이 등과 기본값, 허용값·범위 등)이 유일한 형식으로 정의되어 있는가에 대해 살펴보고 이에 대한 문제점을 확인하고 개선기회를 식별합니다.

분석사항 예시

▸ 데이터 표준 관리 및 준수 현황

– 컬럼 한글명은 동일하나 컬럼 영문명이 상이하게 기술되어 있는 경우, 컬럼 한글명과 영문명이 동일하게 기입되어 있으나 데이터 타입 또는 길이가 상이한 경우, 동일한 속성 정보에 대해 데이터 타입, 길이 등 일관성이 미흡한 경우 등 이슈 및 문제점을 식별합니다.

– 코드키, 코드 설명, 코드값, 코드명 등에서 코드값은 상이하나 코드명이 동일한 경우, 또는 코드값은 동일한데 자릿수가 다른 경우, 코드명이 상이한 경우 등의 이슈 및 문제점을 식별합니다.

[그림 30] 코드값 표준화 현황 분석 및 개선 방향(예시)

국가 코드 사용 현황		
DB 구분	코드 값	코드명
"A" DB	KOR	한국
"B" DB	100	한국
"C" DB	A001	대한민국

국가 코드 표준화	
코드 값	코드명
KOR	한국
USA	미국
:	:

위 [그림 30]과 같이 한국에 대한 코드값과 코드명이 개별 데이터베이스에서 상이한 경우 하나의 코드값과 코드명으로 통일, 표준화하는 것이 필요합니다. 또한, 코드의 변경 관리 및 이력 관리에 대해서도 메타데이터 관리시스템을 통해서 유지 관리 될 수 있도록 개선 방향성을 도출합니다.

데이터 표준 분석 방법

데이터 표준 상태 분석은 조직 또는 특정 데이터 세트 내의 데이터 표준 준수 수준을 평가하는 데 사용되는 방법입니다. 여기에는 데이터가 명명 규칙, 서식 지정 지침, 데이터 정의 및 데이터 품질 요구사항과 같은 확립된 표준을 준수하는지 여부를 평가하는 작업이 포함됩니다. 이 분석은 데이터 품질 및 상호운용성을 개선하기 위해 해결해야 하는 격차, 불일치 및 비준수 문제를 식별하는 데 도움이 됩니다.

다음은 데이터 표준 상태 분석을 수행하기 위한 단계별 절차입니다.

◇ 데이터 표준 정의
따라야 할 데이터 표준을 명확하게 정의하는 것부터 시작하십시오. 여기에는 데이터 구조에 대한 표준, 명명 규칙, 데이터 유형, 코딩 체계 및 조직이나 산업에 특정한 기타 관련 지침이 포함될 수 있습니다.

◇ 데이터 수집
분석하려는 데이터 세트를 수집합니다. 이는 데이터베이스, 스프레드시트 또는 관련 데이터가 포함된 기타 소스일 수 있습니다.

◇ 데이터 요소 식별
데이터 표준에 따라 데이터 세트 내에서 특정 데이터 요소를 식별합니다. 분석 및 보고에 중요한 필드, 열, 속성 또는 변수가 될 수 있습니다.

◇ 규정 준수 평가
확립된 데이터 표준에 대해 각 데이터 요소를 평가합니다. 여기에는 데이터가 정의된 명명 규칙, 서식 규칙 및 데이터 정의를 따르는지 확인하는 작업이 포함됩니다. 또한, 데이터값이 허용 가능한 범위 내에 있는지 또는 지정된 코드 또는 분류를 준수하는지 확인하십시오.

◇ 비준수 문서화
분석 중에 발견한 모든 비준수 문제를 식별하고 정리합니다. 표준을 충족하지 않는 특정 데이터 요소를 문서화하고 누락된 값, 일관되지 않은 형식 또는 잘못된 데이터 유형과 같은 비준수 특성을 기록합니다.

◇ 심각도 결정

데이터 품질, 데이터 통합 및 다운스트림 프로세스에 미치는 영향을 기준으로 각 비준수 문제의 심각도를 평가합니다. 문제를 심각도 높음, 중간, 낮음으로 분류합니다.

◇ 해결 우선순위 지정

심각도와 데이터 품질 및 운영에 대한 잠재적 영향을 기준으로 비준수 문제의 우선순위를 지정합니다. 이는 문제를 해결해야 하는 순서를 결정하는 데 도움이 됩니다.

◇ 실행 계획 개발

비준수 문제를 수정하는 데 필요한 단계를 설명하는 자세한 실행 계획을 작성합니다. 관련 이해관계자에게 책임을 할당하고 해결 일정을 지정합니다.

◇ 시정 조치 이행

식별된 각 비준수 문제에 대해 작업하여 조치 계획을 실행합니다. 여기에는 데이터값 업데이트, 데이터 구조 수정, 데이터 입력 프로세스 개선 또는 표준 준수를 보장하기 위해 데이터 사용자에 대한 교육 제공이 포함될 수 있습니다.

◇ 검증 및 모니터링

수정 조치가 구현되면 데이터 표준에 대해 데이터 세트를 검증하여 규정 준수를 보장합니다. 지속적인 데이터 관리 프로세스 중에 데이터 표준 준수를 지속적으로 모니터링하여 시간이 지남에 따라 데이터 품질이 유지되는지를 확인합니다.

◇ 데이터 표준화 분석 예시

의료 기관에서 환자 기록 데이터베이스의 데이터 표준 상태를 분석하려고 한다고 가정해 보겠습니다. 그들이 정의한 데이터 표준에는 환자 속성에 대한 표준화된 명명 규칙, 균일한 날짜 형식 및 의학적 상태에 대한 일관된 코딩 체계가 포함됩니다.

분석 중에 일부 환자 기록에 "생년월일" 및 "성별"과 같은 필수 속성값이 누락되어 있음을 발견했습니다. 또한, 일부 레코드는 MM/DD/YYYY를 사용하고 다른 레코드는 YYYY-MM-DD를 사용하여 날짜 형식의 불일치를 확인합니다. 또한, 의학적 상태에 대한 코딩 체계가 기록마다 다르기 때문에 데이터를 집계하고 분석하는 데 어려움이 있음을 확인합니다.

심각도 및 영향 평가를 기반으로 규정 미준수 문제의 우선순위를 지정합니다. 누락된 값과 일관되지 않은 날짜 형식은 심각도 중간으로 분류되는 반면 코딩 체계 불일치는 심각도가 높은 것으로 간주됩니다.

그런 다음 조직은 데이터 관리팀에 책임을 할당하는 실행 계획을 만듭니다. 누락된 데이터를 검증 및 업데이트하고, 모든 기록에 일관된 날짜 형식을 적용하고, 의학적 상태에 대한 코딩 체계를 조화시키는 프로세스를 설정합니다.

시정 조치를 구현한 후 데이터베이스를 재분석하여 데이터 표준 준수 여부를 확인합니다. 조직은 정확하고 표준화된 환자 기록을 유지하기 위해 정기적으로 데이터 품질과 표준 준수를 지속적으로 모니터링합니다.

2.3.3.3 데이터 관리 현황 분석

데이터 관리 분석은 데이터를 관리하기 위한 조직, 시스템 지원, 지침·프로세스 등 체계를 분석, 정리하는 것입니다. 조직의 데이터 관리 원칙·지침 문서화 정도, 데이터 관리 기능(표준·구조·품질 관리 등)을 지원하는 시스템 지원 유무(품질관리시스템, 메타데이터 관리시스템, 흐름관리시스템 등), 프로세스(표준 등록·변경, 모델 정의·변경, 흐름 정의·변경, 품질 관리 프로세스 등) 문서화 및 시스템 지원 정도, 전담조직 구성 및 역할을 조사하여 체계적으로 수행되고 관리되고 있는지를 살펴보고 발견된 문제점과 이슈에 대한 개선 기회를 식별합니다.

예시로 데이터 품질 및 데이터 통합 기능을 개선하기 위해 데이터 관리 체계를 분석하려는 조직의 경우를 생각해 볼 수 있습니다. 데이터 관리 시스템 품질 분석을 통해 조직이 생산하는 제품 이름에 불일치가 있고, 고객 기록에 누락된 값이 있고, 거래 데이터에 중복 항목이 있음을 발견합니다. 또한, 시스템이 다양한 소스의 데이터를 통합하는 데 어려움이 있어 분석 및 보고가 지연된다는 사실을 발견했습니다.

이러한 결과를 바탕으로 조직은 개선 방안을 수립합니다. 불일치를 해결하기 위해 데이터 정리 프로세스를 구현하고, 누락된 값을 방지하기 위해 유효성 검사 규칙을 개발하고, 중복 항목을 제거하기 위해 중복 제거 메커니즘을 설정하는 데 우선순위를 둡니다.

변경사항을 구현한 후 회사는 데이터 관리 시스템의 품질 관리 체계를 수립하고 모니터링해 데이터 불일치 감소, 누락된 값의 감소, 데이터 통합 및 보고 일정의 개선을 분석하여 개선의 영향을 평가합니다.

[참고: ChatGPT 답변]
데이터 아키텍처 현황 분석 방법 및 데이터 아키텍처 분석 기법

데이터 아키텍처 분석에는 조직 내 데이터 구조, 품질, 액세스 가능성 및 정렬 평가 작업이 포함됩니다. 다음은 데이터 아키텍처를 분석하는 데 도움이 되는 단계입니다.

◇ 데이터 소스 식별
조직 내 다양한 데이터 소스를 식별합니다. 여기에는 데이터베이스, 데이터 웨어하우스, 데이터 레이크, 외부 데이터 소스 및 데이터가 저장되는 기타 리포지토리가 포함됩니다. 고객 데이터, 트랜잭션 데이터, 운영 데이터 또는 분석 데이터와 같이 수집되는 데이터 유형을 결정합니다.

◇ 데이터 모델 검토

기존 데이터 모델 또는 데이터 스키마를 검토하여 데이터 엔터티 간의 논리적 조직 및 관계를 이해합니다. 비즈니스 요구사항을 나타내고 데이터 무결성을 보장하는 데 있어 데이터 모델의 효율성과 일관성을 분석합니다.

◇ 데이터 품질 평가

수집 및 저장되는 데이터의 품질을 평가합니다. 데이터의 정확성, 완전성, 일관성, 타당성, 적시성 등의 요소를 분석합니다. 데이터 기반 의사결정 또는 비즈니스 운영에 영향을 미칠 수 있는 데이터 품질 문제 또는 불일치를 식별합니다.

◇ 데이터 거버넌스 평가

조직 내에서 시행 중인 데이터 거버넌스 사례 및 정책을 평가합니다. 데이터가 분류, 액세스, 공유 및 보호되는 방식을 분석합니다. 데이터 거버넌스 표준, 데이터 관리 역할 및 데이터 수명 주기 관리 사례 준수 여부를 평가합니다.

◇ 데이터 통합 분석

다양한 소스 및 시스템에서 데이터가 통합되는 방식을 분석합니다. 추출, 변환, 로드(ETL) 프로세스 또는 데이터 통합 플랫폼과 같은 데이터 통합 프로세스 및 메커니즘의 효율성을 평가합니다. 데이터 가용성 또는 안정성에 영향을 줄 수 있는 데이터 통합의 문제 또는 병목 현상을 식별합니다.

◇ 데이터 보안 검토

조직 내에서 데이터를 보호하기 위해 마련된 보안 조치를 평가합니다. 액세스 제어, 암호화 방법, 데이터 개인 정보 보호 정책 및 데이터 보호 규정 준수를 평가합니다. 데이터 보안을 강화할 수 있는 취약성 또는 영역을 식별합니다.

◇ 데이터 접근성 평가

조직 내 다양한 이해관계자의 데이터 접근성을 분석합니다. 데이터 검색 속도, 데이터 검색 방법, 데이터 문서화 및 셀프서비스 기능과 같은 요소를 고려하십시오. 데이터에 효과적으로 액세스하고 활용하는 데 방해가 되는 장애물을 식별합니다.

◇ 데이터 아키텍처 정렬 고려

데이터 아키텍처와 조직의 비즈니스 목표 및 요구사항의 정렬을 평가합니다. 데이터 아키텍처가 조직의 데이터 기반 이니셔티브 및 전략적 목표를 지원하는지 분석합니다. 데이터 아키텍처를 조정해야 할 수 있는 격차나 정렬 오류를 식별합니다.

◇ **데이터 거버넌스 및 관리 도구 검토**

데이터 거버넌스, 데이터 관리 및 데이터 분석에 사용되는 도구 및 기술을 평가합니다. 데이터 아키텍처 목표를 지원하는 이러한 도구의 효율성과 유용성을 분석합니다. 데이터 관리 기능을 개선하기 위한 격차 또는 기회를 식별합니다.

◇ **사용자 피드백 요청**

데이터 분석가, 비즈니스 사용자와 같은 데이터 사용자로부터 피드백을 수집합니다. 데이터 액세스, 데이터 품질 및 데이터 아키텍처와 관련된 경험, 과제 및 요구사항을 이해합니다. 피드백을 통해 개선이 필요한 영역을 식별합니다.

◇ **결과 문서화**

식별된 강점, 약점, 권장사항 및 개선 영역을 포함하여 분석 결과를 문서화합니다. 시각적 표현, 다이어그램 및 명확한 설명을 사용하여 분석을 효과적으로 전달합니다. 이 문서는 향후 토론, 의사결정 및 데이터 아키텍처에 대한 잠재적인 변경사항에 대한 참조 역할을 합니다.

데이터를 효과적으로 관리하고 비즈니스 목표에 맞게 조정하려면 다양한 이해관계자와의 협업이 필요할 수 있습니다. 강력하고 최적화된 데이터 아키텍처를 유지하려면 정기적인 평가와 지속적인 개선 노력이 필요합니다.

데이터 아키텍처 분석 기법은?

데이터 아키텍처를 분석하는 방법에는 여러 가지가 있습니다. 일반적으로 사용되는 몇 가지 방법은 다음과 같습니다.

◇ **데이터 프로파일링**

데이터 프로파일링에는 데이터의 구조, 내용 및 품질 분석이 포함됩니다. 데이터 소스를 이해하고, 데이터 패턴을 식별하고, 데이터 품질 문제를 평가하고, 데이터 내에서 이상 또는 불일치를 발견하는 데 도움이 됩니다.

◇ **데이터 매핑**

데이터 매핑은 서로 다른 시스템, 데이터베이스 및 애플리케이션 간의 데이터 흐름 및 변환을 문서화하는 프로세스입니다. 여기에는 원본 및 대상 데이터 요소, 해당 관계 및 데이터 변환 규칙을 식별하는 작업이 포함됩니다. 데이터 매핑은 데이터 통합을 이해하고 데이터 흐름의 간격이나 불일치를 식별하는 데 도움이 됩니다.

◇ 데이터 계보 분석

데이터 계보 분석은 전체 수명 주기 동안 데이터의 이동 및 변환을 추적합니다. 데이터의 출처, 변환 및 대상을 이해하고 데이터 추적성을 보장하며 데이터 계보 격차 또는 문제를 식별하는 데 도움이 됩니다.

◇ 데이터 모델 분석

데이터 모델 분석에는 논리적 및 물리적 데이터 모델 검토가 포함됩니다. 데이터 엔터티의 구조, 관계 및 특성을 이해하는 데 도움이 됩니다. 데이터 모델을 분석하여 효율성을 평가하고 비즈니스 요구사항에 부합하며 개선이 필요한 영역을 식별할 수 있습니다.

◇ 데이터 거버넌스 평가

데이터 거버넌스 평가는 조직 내에서 데이터를 관리하기 위한 프로세스, 정책 및 통제를 평가합니다. 여기에는 데이터 거버넌스 프레임워크, 역할 및 책임, 데이터 관리 관행 및 데이터 규정 준수 분석이 포함됩니다. 이 분석은 데이터 거버넌스를 강화하기 위한 격차 또는 기회를 식별하는 데 도움이 됩니다.

◇ 데이터 아키텍처 검토

데이터 아키텍처에 대한 포괄적인 검토에는 데이터 통합, 데이터 스토리지, 데이터 보안, 데이터 액세스 및 데이터 품질과 같은 다양한 측면을 분석하는 작업이 포함됩니다. 데이터 아키텍처와 비즈니스 목표의 정렬 평가, 강점과 약점 식별, 개선을 위한 권장사항 제공이 포함됩니다.

◇ 데이터 보안 분석

데이터 보안 분석은 데이터 자산을 보호하기 위해 구현된 보안 조치를 평가하는 데 중점을 둡니다. 데이터 액세스 제어, 암호화 메커니즘, 데이터 개인 정보 보호 정책 및 데이터 보호 규정 준수 분석이 포함됩니다. 이 분석은 취약성 또는 데이터 보안을 강화할 수 있는 영역을 식별하는 데 도움이 됩니다.

◇ 데이터 성능 분석

데이터 성능 분석은 데이터 로드, 쿼리 및 보고와 같은 데이터 관련 프로세스의 성능을 평가합니다. 여기에는 데이터 검색 속도, 쿼리 최적화, 인덱싱 전략 및 리소스 활용 분석이 포함됩니다. 이 분석은 데이터 성능을 최적화할 수 있는 영역을 식별하는 데 도움이 됩니다.

◇ 데이터 통합 분석

데이터 통합 분석은 다양한 소스의 데이터를 통합하기 위한 프로세스와 메커니즘을 평가합니다. 여기에는 데이터 통합 도구, 데이터 변환 프로세스, 데이터 동기화 및 서로 다른 시스템 간의 데이터 일관성 평가가 포함됩니다. 이 분석은 데이터 통합 개선을 위한 과제 또는 기회를 식별하는 데 도움이 됩니다.

◇ 이해관계자 인터뷰 및 설문 조사

인터뷰 및 설문 조사를 통해 데이터 아키텍처와 관련된 통찰력, 피드백 및 요구사항을 수집하는 데 도움이 됩니다. 사용자 관점을 이해하고 문제점을 식별하며 데이터 아키텍처 분석을 위한 귀중한 의견 및 정보를 수집/식별하는 데 도움이 됩니다.

이러한 방법은 데이터 아키텍처 분석의 특정 요구사항과 목표에 따라 개별적으로 또는 조합하여 사용할 수 있습니다. 조직의 상황에 맞게 분석 접근 방식을 조정하고 분석팀의 전문성을 고려하는 것이 필수적입니다.

2.3.4 시사점 도출 및 종합

데이터 구조, 표준화, 관리체계 등 각각의 분석 결과를 종합하여 공통과 개별적인 영역에서 식별된 이슈와 문제점을 그룹핑하여 정리합니다. 그룹핑된 이슈와 문제점을 어떻게 해결하면 좋을지에 대한 내용을 데이터 아키텍처 시사점으로 정리하고 개선 방향성을 도출합니다.

2.4 인프라 아키텍처 분석

인프라 아키텍처 분석 단계에서는 업무, 응용 기능 및 서비스, 데이터를 지원하는 하드웨어, 소프트웨어 현황 자료를 수집하여 인프라 구성 및 성능, 용량, 필요 솔루션 측면에서 이슈 및 문제점을 분석합니다.

[그림 31] 인프라 분석 상세 프레임워크(예시)

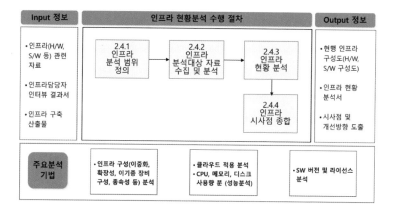

[그림 32] 인프라 분석 절차 및 방법(예시)

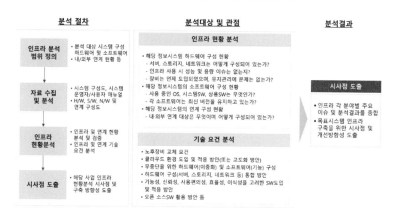

2.4.1 인프라 분석 범위 정의

해당 사업의 특성과 범위에 맞추어 하드웨어, 소프트웨어, 네트워크, 보안 등 인프라 구성 내용과 클라우드 적용 등 분석 범위와 대상을 정의합니다.

2.4.2 자료 수집 및 분석

분석 범위에 따라 해당 사업 관련 하드웨어, 소프트웨어, 네트워크, 보안 및 연계 구성도, 클라우드 적용 환경 자료를 수집해 분석합니다.

2.4.3 인프라 아키텍처 현황 분석

인프라 아키텍처 현황 분석 대상은 사업 범위에 따라 다르지만 주로 하드웨어(H/W), 소프트웨어(S/W)를 중심으로 수행합니다.

최근에는 주로 클라우드로 구성되고 있어 기존 인프라의 자원효율성, 사용률 분석, 서버 이중화, 성능 등에 대한 이슈가 상대적으로 줄어들고 있습니다. 아직 클라우드로 전환되지 않은 인프라에 대해 클라우드 구축 방안에 대해 컨설팅을 제공하는 사업도 별도로 수행되고 있습니다. 특히, 공공 영역에서는 공공기관 정보화 사업 추진 시 클라우드 도입을 우선하여 검토하는 것을 강력하게 추진하고 있습니다.

2.4.3.1 하드웨어 분석

하드웨어 분석은 수집된 자료를 분석하여 용도별 하드웨어 구성도를 작성하고 서버, 스토리지 구성, 사용 현황 및 사용률을 정리하여 증설이 필요한지 또는 활용성이 적은 서버 대상 최적화가 필요한지 등을 검토하여 개선 기회를 식별합니다.

[그림 33] 하드웨어 구성도(예시)

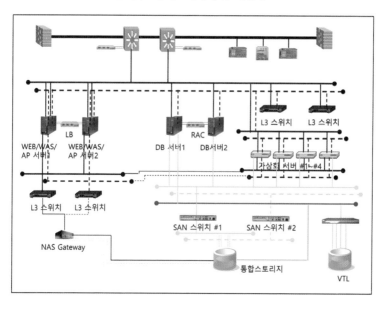

[그림 34] 하드웨어(서버) 분석 관점(영역) 및 주요 내용(예시)

하드웨어(서버) 분석 영역		목 적	분석 주요 내용
자원 효율성	자원 증가 추세 노후화 분석	물리적 자원 통합 효과 극대화	• 연도별 물리 서버, 논리 서버의 도입 현황 및 노후화 상태 분석 • 소형, 중형 대형 서버의 분포 비율 분석 • 기술지원 중단(End-of-Service)된 O/S 상태 분석
	자원 성능 / 사용율 분석	자원 효율성 제고 자원 동적 할당	• 서버 자원 연간 평균 사용율, 최고 사용율 분석 • 평균 사용율 과부하 서버 및 최고 사용율 과부하 서버 분석
업무 안정성 업무 성능	장애 현황 분석	장애 포인트 감소 및 예방	• 장애 현황 분석(2~3년 기간) • 업무 복잡성 증가 및 장비 노후화로 인한 장애 증가 현황 분석
	업무 이중화 분석	업무 이중화 안정성 확보	• DB, Web, WAS, App 서버의 이중화 현황 분석 • 업무별 서버 이중화 정도 분석

하드웨어 분석 상세화를 위해 OS, CPU, 메모리, 도입 연월, 설치장소 등 세부 내용을 검토합니다. 기업·기관의 인프라가 클라우드 환경으로 구성된 경우에는 가상화(VM-Virtual Machine) 환경 구성과 컨테이너 환경 등을 살펴보고 최적화 방안을 검토하는 것이 필요합니다.

[표 13] 서버 분석 항목 및 분석 내용(예시)

분석 항목	분석 내용
서버명	기업·기관에서 사용하고 있는 서버명
OS	유닉스, 윈도우, 리눅스 등
설치 CPU 수	설치된 CPU 수량 확인
CPU 사용률	CPU 평균 및 최대치 사용률 분석을 통해 자원 활용 최적화 검토
메모리 용량	설치된 메모리 용량
메모리 사용률	메모리 평균 및 최대치 사용률 분석을 통해 자원 활용 최적화 검토
이중화 여부	서버 이중화 여부 검토(가용성)
도입 연월	서버 노후화 여부 확인
설치 장소	설치 장소 파악(공동활용 전산센터, 기업·기관 내 전산실, 다른 건물 등)

기존에는 하드웨어 성능 분석을 위해 서버 CPU, 메모리, 디스크 사용률을 검토하여 사용량이 많이 증가하는 Peak 시점에 인프라 지원이 가능한 상황인지 부족한 환경인지를 파악하여 인프라 증설을 검토하였습니다. 최근 클라우드 환경에서는 클라우드가 제공하는 scale-up, scale-out 서비스를 통해 확장성과 성능상의 이슈가 많이 해결되고 있습니다.

[표 14] scale-up, scale-out 서비스 개념

구분	scale-up	scale-out
기본 개념	서버 자체의 사양을 증가시키는 방법	비슷한 사양의 서버를 여러 대 두어 확장하는 방법
확장성	CPU, RAM 추가 등으로 서버 성능을 확장. 성능 확장에 한계가 존재함	여러 서버로 나누어 성능을 확대하는 것으로 지속적 확장 가능
장애	한 대의 서버에 부하, 장애 발생 시 장애영향도가 증가할 수 있음	한 대의 서버에 부하, 장애 발생 시 다른 서버가 역할 수행으로 장애영향도 적음

또한, 서버 현황 분석을 통해 서버 자원 증가 및 노후화 여부, 서버 자원 용량과 운영체제의 기술 지원 수준, 장애 현황, 이중화를 통한 가용성, 유지보수 및 운영 지원 등에 대해서 조사하여 개선 기회를 식별합니다.

스토리지의 경우는 다음과 같이 기종명, 유형, 용도, 운영 형태, 총저장 용량과 사용 용량 등 스토리지 자원의 효율적 활용, 관리 효율성에 대해 분석하여 개선 기회를 도출합니다.

[표 15] 스토리지 분석 항목 및 분석 내용

분석 항목	분석 내용
기종명	스토리지 제품명
유형	블록 스토리지, 파일 스토리지, 오브젝트 스토리지 등 유형 분석
용도	데이터 저장, 백업, 공유 등 목적 분석
운영 형태	독립 운영(개별시스템 사용), 공동 사용(여러 시스템 공유 등)
총저장 용량	총 구축 용량
사용 용량	구축 용량 대비 사용 용량 분석(여유율 분석)

2.4.3.2 소프트웨어 분석

소프트웨어 분석은 해당 사업의 목적과 사용자들의 요구사항에 맞는 기능과 서비스 제공을 위해 필요한 소프트웨어를 식별하고 기존 소프트웨어의 문제점과 이슈를 분석하는 것입니다. 이를 위해 소프트웨어 구성 및 제품 현황을 분석합니다. 구체적으로 웹(WEB) 서버, 웹 애플리케이션 서버(WAS-Web Application Server), DBMS, 운영체제(OS) 등 시스템 S/W와 검색, 리포팅툴, 데이터 분석 등 상용 S/W 등의 구성 및 사용 현황을 조사, 분석합니다.

S/W 분석의 관점은 소프트웨어 구성과 소프트웨어 제품의 도입 현황(시스템 S/W, 상용 S/W와 오픈소스 S/W 여부, S/W 버전, 라이선스 현황과 도입 금액 등)을 검토하여 해당 기업·기관의 상황에 맞게 구성 및 도입되어 있는지를 확인, 검토합니다.

[그림 35] 소프트웨어 구성도(예시)

웹서버1	웹서버2	웹서버3
WEB서버 솔루션	WEB서버 솔루션	WEB서버 솔루션
OS	OS	OS

WAS서버1	WAS서버2	WAS서버3
APM 솔루션	APM 솔루션	APM 솔루션
WAS 솔루션	WAS 솔루션	WAS 솔루션
OS	OS	OS

DB서버1	DB서버2	검색서버1
DB 성능관리	DB 성능관리	검색솔루션-1
DBMS 솔루션	DBMS 솔루션	OS
DB 클러스터	DB 클러스터	검색서버2
백업/스토리지 관리	백업/스토리지 관리	검색솔루션-1
OS	OS	OS

[표 16] 소프트웨어 분석 관점 및 주요 내용(예시)

구분	분석 관점	분석 내용
S/W 구성	S/W 아키텍처	- 중앙집중 구성과 분산 구성 방식 검토 - S/W 아키텍처 구성 방식 검토 • 클라이언트-서버(2tier) • 웹(WEB) 서버-웹 애플리케이션 서버(WAS) -DB 서버(3tier) 구성 여부 → 응답 속도, 대량 서비스/업무 처리 등 고성능 구성 방안 검토
	이중화 구성	WEB, WAS, DBMS(시스템 S/W) 등 주요 서버 이중화 구성 여부 → 이중화 구성을 통한 시스템 안정성 확보 여부 검토

	상용 여부	상용 S/W, 오픈소스 S/W 여부 (상용의 경우 S/W 종속성 등 검토) - 상용 S/W 유형은 보안, 리포팅 툴, 백업, 시스템 관리, DB 모니터링, WAS 모니터링 등 유형 분류 - 특정 솔루션이 많은 경우 특정 벤더에 종속되어 유지보수 비용 증가 또는 다른 제품으로 변경에 어려움 존재
S/W 제품 현황	버전	S/W 버전 조사를 통해 버전 업그레이드 필요 대상 및 기술 지원 서비스가 종료된 대상 현황 등 파악
	라이선스 수	현재 및 향후 다른 서버 설치 시 변경되는 라이선스 수 확인 (라이선스별로 향후 서버 통합/이관 또는 추가 도입 시 라이선스별 재사용 또는 설치 비용 계산 필요)
	도입 금액	구축비 및 운영비 분석을 통해 비용 절감 효과 분석에 활용

2.4.3.3 연계 현황 분석

내·외부 시스템 간 연계 현황을 송수신, 연계 업무, 방법, 주기, 처리 건수, 데이터양, 소요 시간 등 측면에서 분석합니다.

연계 현황 분석 시 데이터 처리(데이터 중복 처리, 대용량 데이터 처리 등), 연계용이성(연계 프로그램 개발에 소요되는 자원 최소화, 업무 변경 시 신속한 연계 처리 지원 등), 연계 인터페이스(연계 방법의 구성과 비율, 연계 방법별 장단점 분석, 이기종 시스템 간 연계 등), 연계 표준화, 연계 관리에 따른 소요 자원, 연계 모니터링(장애 포인트 파악 등) 등을 파악하여 이슈와 문제점을 도출하고 이를 해결할 개선 기회를 도출합니다.

[표 17] 연계 분석 항목 및 분석 내용(예시)

분석 항목	분석 내용
연계 시스템	해당 정보시스템과 연계된 내·외부 정보시스템명(송·수신 여부)
연계 정보	정보시스템 간 연계 시 연계 정보(업무 및 데이터)
연계 방법	FTP, EAI, ESB, DB link, CDC 등 연계 방법 식별
연계 주기	년, 분기, 월, 일 등 주기 및 연계 횟수(필요 시 소요 시간도 조사)
처리 건수	연계 시 처리되는 건수 또는 변동분

2.4.4 시사점 도출 및 종합

하드웨어, 소프트웨어, 연계 현황 분석 결과를 종합하여 목표시스템 구축을 위한 인프라 아키텍처 시사점을 도출하고 개선 방향성을 정리 하여 향후 목표모델 수립 시 수행할 과제의 방향성을 정리합니다.

[참고: ChatGPT 답변]
인프라 아키텍처 분석 방법 및 절차

인프라 아키텍처 분석에는 시스템의 하드웨어 및 소프트웨어 구성 요소를 평가하는 체계적인 접근 방식이 포함됩니다. 다음은 이러한 분석을 수행하기 위한 자세한 방법 및 절차와 예입니다.

◇ **분석 목표 정의(Define the Analysis Goals)**
분석의 목적을 명확하게 설정합니다. 예를 들어 목표는 성능 병목 현상을 식별하거나 보안 취약점을 평가하거나 확장성 옵션을 평가하는 것일 수 있습니다.

◇ 정보 수집(Gather Information)

인프라 아키텍처의 관련 문서, 다이어그램 및 사양을 수집합니다. 여기에는 시스템 다이어그램, 네트워크 토폴로지, 하드웨어 사양, 소프트웨어 설명서 및 구성 파일이 포함될 수 있습니다.

◇ 구성 요소 식별(Identify the Components)

인프라의 주요 구성 요소를 식별하는 것부터 시작하십시오.

하드웨어: 서버, 네트워크 장치, 스토리지 시스템, 로드 밸런서, 방화벽 등

소프트웨어: 프런트엔드 애플리케이션, 백엔드 서비스, 데이터베이스, 운영 체제, 미들웨어 등

◇ 상호 작용 및 종속성 이해(Understand Interactions and Dependencies)

구성 요소가 상호 작용하고 서로 의존하는 방식을 분석합니다.

하드웨어: 서로 다른 하드웨어 구성 요소 간의 연결 및 종속성을 식별합니다. 예를 들어 서버는 스토리지 시스템에 의존하여 데이터에 액세스할 수 있습니다.

소프트웨어: 소프트웨어 구성 요소가 통신하고 데이터를 교환하는 방법을 결정합니다. 예를 들어 프런트엔드 애플리케이션은 백엔드 서비스에 API 호출을 할 수 있습니다.

◇ 하드웨어 인프라 평가(Evaluate Hardware Infrastructure)

인프라를 지원하는 하드웨어 리소스를 평가합니다. 다음 측면을 고려하십시오.

서버 아키텍처: 서버의 유형 및 사양을 식별합니다. 물리적 머신인지 가상 머신인지, 처리 능력, 메모리 용량, 스토리지 용량 및 네트워크 기능을 확인합니다.

네트워크 아키텍처: 토폴로지, 스위치, 라우터, 로드 밸런서 및 방화벽을 포함한 네트워크 인프라를 분석합니다. 이중화, 확장성이 구현되었는지 평가합니다.

스토리지 인프라: 디스크 드라이브, SAN(Storage Area Network) 또는 클라우드 기반 스토리지와 같은 스토리지 시스템을 평가합니다. 용량, 성능 특성, 데이터 보호 메커니즘 및 확장성 옵션을 고려하십시오.

◇ 소프트웨어 아키텍처 분석(Analyze Software Architecture)

소프트웨어 구성 요소의 설계 및 구조를 평가합니다. 다음 요소를 고려하십시오.

애플리케이션 설계: 프런트엔드 및 백엔드 애플리케이션의 아키텍처를 평가합니다.

MVC(Model-View-Controller) 또는 마이크로서비스 아키텍처와 같은 디자인 패턴을 찾습니다. 구성 요소가 구성되는 방식, 외부 라이브러리 또는 프레임워크 사용을 검사합니다.

데이터베이스 설계: 데이터베이스 스키마, 인덱싱 전략, 정규화 및 비정규화 기술을 평가합니다. 데이터베이스 관리 시스템(DBMS) 및 해당 구성 옵션의 선택을 고려하십시오.

미들웨어 및 통합: 메시지 대기열, 캐싱 시스템 또는 API 게이트웨이와 같은 인프라에서 사용되는 모든 미들웨어 구성 요소를 분석합니다. 이러한 구성 요소가 시스템의 서로 다른 부분 간의 통신 및 통합을 용이하게 하는 방법을 이해합니다.

◇ 성능 및 확장성 평가(Assess Performance and Scalability)
인프라의 성능 및 확장성 측면을 평가합니다. 다음을 고려하세요.
성능 분석: 프로파일링 도구 및 모니터링 시스템을 사용하여 성능 병목 현상을 식별합니다. 응답 시간, 처리량, 리소스 활용도 및 대기 시간과 같은 요소를 분석합니다. 예를 들어 데이터베이스 쿼리가 너무 오래 걸리거나 네트워크 대역폭이 성능을 제한하고 있음을 식별할 수 있습니다.

확장성 분석: 증가하는 부하를 처리할 수 있는 인프라의 능력을 평가합니다. 수평적 확장(서버 추가) 또는 수직적 확장(하드웨어 리소스 업그레이드)을 고려하십시오. 자동 확장 그룹과 같은 클라우드 기반 확장 메커니즘이 있는지 평가합니다.

◇ 보안 평가(Evaluate Security)
인프라에 구현된 보안 조치를 평가합니다. 다음을 고려하세요.
액세스 제어: 사용자 인증 및 권한 부여 메커니즘을 평가합니다. RBAC(역할 기반 액세스 제어) 또는 기타 액세스 제어 모델이 사용되는지 평가합니다.
데이터 보호: 전송 중이거나 저장된 민감한 데이터에 사용되는 암호화 메커니즘을 분석합니다. 적절한 암호화 프로토콜, 해싱 및 키 관리 방식이 구현되었는지 평가합니다.

보안 취약성: 취약성 검색 또는 침투 테스트와 같은 보안 테스트를 수행하여 인젝션 공격, 교차 사이트 스크립팅 또는 안전하지 않은 구성과 같은 잠재적인 약점을 식별합니다.

2.5 선진 사례 분석

선진 사례 분석의 목적은 Best Practice를 보유한 또는 우수한 수준의 경쟁력을 가진 동종업체의 IT 전략, IT를 활용한 업무 운영, 우수 서비스 제공 현황 등을 파악하여 해당 사업에 어떻게 적용할 것인지를 참조하기 위함입니다.

우수 기업·기관의 추진 계획(기간, 예산, 추진 과제 내용 등), 추진 과정의 성공 요소와 실패 요인을 살펴보고 해당 사업과 비교를 통해 차이와 원인을 다양한 측면에서 명확히 이해합니다. 해당 사업 추진 시 우수 사례를 적용 및 활용함으로써 경쟁력 확보 및 시행착오로 인한 손실을 최소화할 수 있습니다.

[그림 36] 선진 사례 분석 상세 프레임워크(예시)

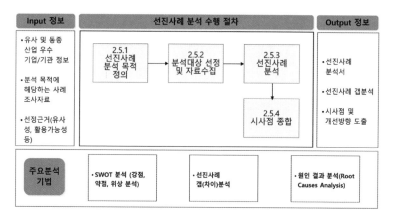

[그림 37] 선진 사례 분석 절차 및 방법(예시)

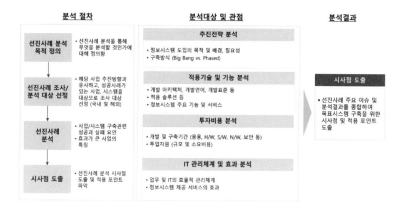

2.5.1. 선진 사례 분석 목적 정의

해당 사업 및 조직의 산업 특성과 도입하고자 하는 기술 특성을 고려하여 선진 사례 분석 목적 및 관점을 도출합니다. 예시로 인공지능 서비스 도입 관련 과제가 있다면 관련 산업 분야에서 인공지능 시스템을 실제 활용한 구축 사례와 성공 사례, 해외 유사 기관은 어떤 업무에 인공지능 서비스를 적용하였고, 어떤 서비스를 구축하여 제공하고 있는지, 그리고 투자 규모 정도 등의 분석 관점을 도출합니다.

2.5.2 분석 대상 기업·기관 사례 선정 및 자료 수집

선진 사례 분석 목적 및 관점이 수립되면 이를 기반으로 해당 산업 분야에서 Best Practice를 보유한 국내외 기업·기관들의 참고할 만한 사례 리스트들을 조사하여 정리합니다. 조사된 국내외 기업·기관 사례 리스트를 대상으로 선정 근거(사업의 유사성, 규모 및 시기 적정성, 사례 활용 가능성 및 우수성 등)를 고려하여 구체적인 선진 사례 분석 대상 및 영역을 선정합니다.

2.5.3 Best Practice 사례 분석

분석 대상으로 선정된 기업·기관들의 사례들을 대상으로 해당 기술을 적용한 서비스 및 업무 제공 현황 및 성과, 주요 문제점 및 이슈 해결 사례, 주요 고려사항 등을 분석하여 성공 포인트, 사업 추진 시 주의사항들에 대해 분석을 수행합니다.

선진 사례 분석 시 비교를 통해 해당 사업의 방향성이 좀 더 명확해지는 경우가 많은데, 이때 비교 대상을 명확히 하는 것이 중요합니다. 예로 동일한 시스템에 대한 투자 규모와 기간인지, 아니면 A사례는 통합시스템이고 해당 사업은 일부분의 정보시스템인데 이를 비교하는지 등에 대해 명확히 정의하고 비교하는 것이 필요합니다.

또한, 2000년도 초반에는 선진 사례 분석에는 국내 사례보다는 해외 사례가 우선 고려되었으며, 주로 미국, 영국, 유럽 등의 사례가 기본적으로 고려되었습니다. 최근에는 국내 IT 위상이 높아짐에 따라 해외 사례에 대한 의존도가 많이 낮아지고 있으며, 국내에서도 Best Practice 사례가 많아짐에 따라 국내 사례 분석도 증가하고 있습니다.

그리고 선진 사례 효과를 정량적으로 제시하는 것이 중요합니다. 해당 선진 사례에서 정보시스템 구축 또는 서비스 제공에 따라 어느 정도의 효과를 거두었는지를 수치(금액, 절감 시간, 고용 효과 등)로 정리하면 이해도 빠르고 향후 해당 사업에서 비교도 용이해질 수 있습니다.

2.5.4 시사점 도출 및 종합

동종업체·기관의 활동 및 운영상의 우수성을 확인하고 이를 해당 기업·기관의 활동, 운영에 반영하기 위한 시사점을 도출합니다. 특히, 선진 사례 분석 결과와 해당 사업 간 차이가 발생하는 포인트를 업무, 기술, 자원 등으로 식별하여 이에 대한 혁신 또는 Catch-up 전략 수립에 활용할 수 있습니다.

선진 사례 분석 방법 및 절차

모범 사례 분석 방법 및 절차는 기존 프로세스를 평가하고 개선 영역을 식별하며 업계 표준 및 벤치마크를 기반으로 최적의 사례를 권장하는 데 사용되는 체계적인 접근 방식입니다. 모범 사례 분석을 수행하기 위한 단계별 절차는 다음과 같습니다.

◇ 분석 목표 정의(Define the Analysis Objectives)
분석의 목적을 명확하게 설정합니다. 평가하고 개선하려는 특정 영역 또는 프로세스를 식별합니다. 예를 들어 고객서비스 관행, 공급망 관리 또는 소프트웨어 개발 방법론을 분석할 수 있습니다.

◇ 관련 정보 수집(Gather Relevant Information)
분석 중인 프로세스 또는 영역과 관련된 모든 관련 문서, 데이터 및 정보를 수집합니다. 여기에는 프로세스 문서, 정책 및 절차, 성능 메트릭, 고객 피드백, 업계 지침 및 모범 사례 프레임워크가 포함될 수 있습니다.

◇ 기존 프로세스 및 문서 검토(Review Existing Processes and Documentation)
분석 중인 영역과 관련된 현재 프로세스, 절차 및 문서를 분석합니다. 명확성, 효율성 및 조직 목표 및 업계 표준과의 일치성을 평가합니다. 차이나 불일치를 식별합니다.

◇ 이해관계자 인터뷰 및 설문 조사 실시(Conduct Stakeholder Interviews and Surveys)
프로세스 또는 분석 중인 영역과 관련된 주요 이해관계자를 대상으로 인터뷰, 설문 조사 또는 워크숍을 실시하여 다양한 수준의 이해관계자로부터 통찰력, 관점 및 피드백을 수집합니다. 이를 통해 고객의 경험, 과제 및 기대치를 이해하는 데 도움이 됩니다.

◇ 업계 모범 사례에 대한 벤치마크(Benchmark Against Industry Best Practices)
분석 중인 프로세스 또는 영역과 관련된 업계 모범 사례, 표준 및 벤치마크를 조사하고 식별합니다. 현재 관행을 이러한 벤치마크와 비교하여 개선이 필요한 부분과 영역을 식별합니다. 예를 들면 ISO 표준, 산업 협회 지침 또는 인정된 프레임워크가 있습니다.

◇ **성능 지표 및 KPI 분석(Analyze Performance Metrics and KPIs)**
현재 성공을 측정하거나 진행 상황을 추적하는 데 사용되는 성과 메트릭 및 핵심 성과 지표(KPI)를 평가합니다. 관련성, 효율성 및 조직 목표와의 정렬을 평가합니다. 성과 측정의 차이 또는 개선 기회를 식별합니다.

◇ **강점과 약점 식별(Identify Strengths and Weaknesses)**
기존 관행 또는 프로세스의 강점과 약점을 분석합니다. 조직이 뛰어난 영역과 개선이 필요한 영역을 식별합니다. 효율성, 품질, 고객 만족도, 비용 효율성 및 규정 준수와 같은 요소를 고려하십시오.

◇ **권장사항 개발(Develop Recommendations)**
분석을 기반으로 프로세스 또는 관행을 개선하기 위한 일련의 권장사항을 개발합니다. 이러한 권장사항은 구체적이고 실행 가능해야 하며 업계 모범 사례와 일치해야 합니다. 잠재적 영향과 실행 가능성에 따라 권장사항의 우선순위를 지정합니다.

◇ **협업 및 공감대 확보(Collaborate and Gain Buy-in)**
주요 이해관계자, 의사결정자 및 관련 팀에 분석 결과 및 권장사항을 제시합니다. 공동 토론에 참여하여 질문과 우려사항을 해결하고 피드백을 기반으로 권장사항을 구체화합니다. 성공적인 구현을 위해 이해관계자의 동의와 지원을 구하십시오.

◇ **구현 계획 개발(Develop an Implementation Plan)**
권장 변경사항을 구현하는 데 필요한 단계, 리소스 및 일정을 간략하게 설명하는 세부 계획을 만듭니다. 진행 상황을 모니터링하기 위한 책임, 이정표 및 메트릭을 정의합니다. 잠재적인 문제, 위험 및 완화 전략을 고려합니다.

◇ **구현 및 모니터링(Implement and Monitor)**
구현 계획을 실행하여 권장 변경사항을 실행합니다. 진행 상황을 모니터링하고 변경 사항의 영향을 추적하며 필요에 따라 조정합니다. 피드백을 수집하고 구현된 모범 사례의 효율성을 평가합니다.

◇ **지속적인 개선(Continuously Improve)**
프로세스와 관행을 정기적으로 검토하고 업데이트하여 지속적인 개선 문화를 조성하십시오. 피드백을 구하고, 성능을 모니터링하고, 최신 모범 사례 및 업계 동향에 대한 최신 정보를 얻으십시오. 경쟁력과 효율성을 유지하기 위해 관행을 지속적으로 개선하고 최적화합니다.

이 모범 사례 분석 방법 및 절차를 따르면 조직은 개선 영역을 식별하고 업계 표준에 부합하며 프로세스 및 사례를 최적화하여 더 나은 결과와 향상된 성과를 달성할 수 있습니다.

2.6 현황 분석 시사점 종합 및
개선 기회·개선 과제 도출

현황 분석 단계에서 수행했던 업무 및 정보화 현황(데이터와 인프라 포함), 요구사항 분석, 선진 사례 분석 등 분야·영역별 시사점의 유사한 내용을 그룹핑하고 종합하여 개선 기회를 도출합니다. 개선 기회 도출 시 현황 분석에서 제시된 이슈와 문제점 해결 방안들을 고려하여 개선 기회로 제시하는 것이 필요합니다.

그리고 제시된 개선 기회에 대해 유사한 내용을 그룹핑하고 종합하여 업무의 효율화와 극대화를 위하여 개선 기회를 활용할 수 있는 구체적인 방안으로서의 개선 과제를 도출하고 이를 목표모델 수립 단계에서 활용합니다.

[그림 38] 시사점 종합 및 개선 기회·개선 과제 도출 프레임워크(예시)

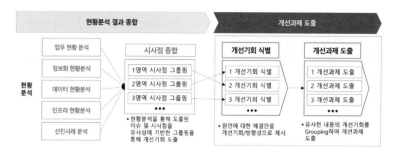

아래 [그림 39]는 좀 더 상세하게 현황 분석 단계에서 정리된 문제점 및 이슈에 대한 원인을 종합하여 시사점을 도출하고 이를 기반으로 개선 기회를 도출하여 개선 과제를 도출하는 과정을 시각적으로 보여줍니다. 개선 과제가 도출되면 현황 분석 단계가 완성되었다고 볼 수 있으며, 목표모델 수립 단계에서 어떤 내용으로 과제를 수행할 것인가에 대해서 풀어나갈 수 있습니다.

[그림 39] 시사점 종합 및 개선 기회·개선 과제 도출 과정 상세(예시)

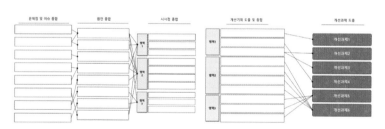

시사점 종합 및 개선 기회 도출 템플릿 예시   개선 과제 도출 템플릿 예시

3. 목표모델 수립

목표모델 수립 단계에서는 정보화 비전, 전략, 개선 과제를 체계적으로 정리한 정보화 비전 체계도를 수립하고 이를 정보화(시스템) 측면에서 달성한 모습인 목표모델 개념도를 정리하여 해당 사업의 목표모델 청사진을 제시합니다.

이후에는 목표모델 청사진을 추진하기 위한 세부 방안을 수립하는데, 개선 과제별로 환경 및 현황 분석 시 제시된 이슈, 문제점을 해결하고 이해관계자들의 다양한 요구사항을 충족시킬 수 있도록 분야별, 영역별로 개선모델의 개선 방안을 구체적으로 수립합니다. 구체적인 개선모델 수립 내용은 향후 추진 비용과 일정 등 이행계획을 수립하기 위한 근거자료로 활용됩니다.

[그림 40] 목표모델 수립 프레임워크(예시)

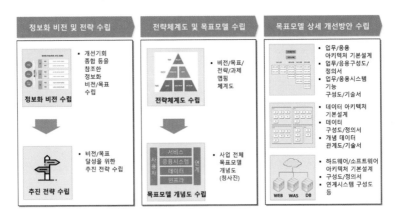

[그림 41] 목표모델 수립 상세 프레임워크(예시)

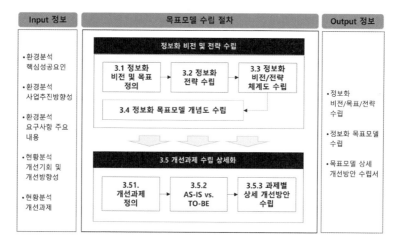

3.1 정보화 비전·목표 수립

비전은 기업·기관이 미래에 달성하고자 하는 미래상을 의미합니다. IT 컨설팅에서는 기업·기관의 경영 비전에 따라 정보화를 통해 미래에 달성하고자 하는 정보화 미래상, 즉 정보화 비전을 수립합니다. 비전의 실현은 보통 3~5년 또는 길게는 10년 이상인 장기적 기간을 염두에 두고 있으며, 조직에서 계획하고 수행하는 크고 작은 정보화 사업들은 전사 차원의 정보화 비전과 연계되어 사업의 목표와 범위를 설정하고 실행되는 것이 필요합니다. (부서 차원의 사업은 부서 정보화 비전과 연계되고, 부서 정보화 비전은 전사 차원의 정보화 비전과 연계되는 체계로 구성되는 것이 이상적입니다.)

3.1.1 비전·목표 수립 방법

정보화 비전·목표는 환경 분석의 핵심 성공 요인과 추진 방향성 그리고 현황 분석을 통해 도출된 단계별, 영역별 주요 키워드를 활용하여 수립합니다. 즉 정보화를 통해 어떤 모습으로 가고자 하는가?, 지향하는 목표는? 등에 대해 고민하여 도출된 핵심 키워드를 경영 비전과 전략과 연계될 수 있도록 핵심 문구와 지향점이 표현될 수 있도록 융합 및 조합하여 정보화 비전과 목표를 수립합니다. 이때 3개 정도의 비전·목표 안(案)을 도출하여 주요 이해관계자 대상으로 선호도 조사 및 의사결정자의 의견 수렴을 통해 해당 사업의 방향성에 부합하는 최적 안을 선정하기도 합니다.

[그림 42] 정보화 비전 및 목표 수립 방안(예시)

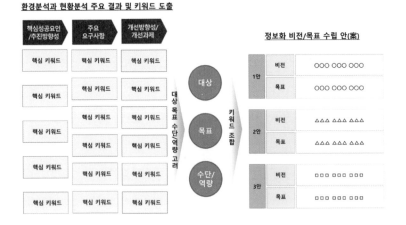

3.2 정보화 전략 수립

정보화 비전과 목표가 수립되면 이를 달성하기 위한 정보화 전략을 수립합니다. 정보화 전략은 환경 및 현황 단계에서 분석된 현재의 위치를 바탕으로 해당 사업의 정보화 비전 및 목표를 달성하기 위한 실행 가능한 방향을 구체적으로 설정하는 것입니다. 이를 위해 핵심 성공 요인, 요구사항, 개선 방향 등을 고려하여 목표에 도달하기 위한 추진 방향을 핵심 문구로 정리하여 도출하는 것입니다. IT 컨설턴트는 조직 내부적으로 사업 전개 가능성, 필요한 자원, 실행 난이도 등을 검토하여 해당 조직 및 사업에 최적화된 전략을 수립합니다.

[그림 43] 정보화 전략 수립 방법

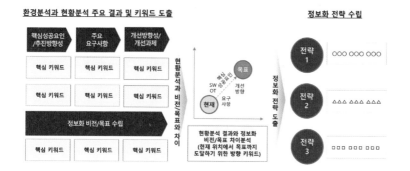

정보화 전략이 수립된 이후에는 현황 분석에서 도출된 개선 과제들을 맵핑하여 전략 방향에 균형적으로 연계되어 있음을 검증합니다. 또한, 핵심 성공 요인과의 맵핑을 통해 정보화 전략 계획 수립의 실효성을 체크하여 전략 수립의 타당성을 확보합니다.

3.3 정보화 비전·전략 체계도 수립

정보화 비전·목표, 전략을 수립하고 도출된 개선 과제를 전략과 연계하여 전략별로 개선 과제가 배치되고 비전·목표부터 개선 과제까지 연결되어 비전·목표가 구체적이면서 실행 가능한 액션플랜으로 정리되었습니다. 이를 체계적으로 정리하여 조직 내 이해관계자들과 공유할 수 있도록 정보화 전략 체계도를 수립합니다.

[그림 44] 정보화 비전·전략 체계도(예시)

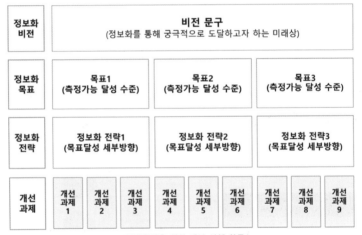

정보화 전략 체계도는 정보화 비전부터 목표 그리고 목표와 연계된 전략, 그 전략과 연계된 정보화 전략별 개선 과제들을 맵핑하여 한눈에 해당 사업 또는 세부 과제들을 파악할 수 있도록 지원합니다. 위의 정보화 전략 체계도는 예시로 목표의 개수, 전략과 개선 과제의 개수

는 해당 사업 또는 조직의 환경에 따라 달라질 수 있습니다. 또한, 내부 공표와 공유를 위해서는 색상과 입체감 등 디자인을 다양하게 적용하여 표현할 수 있습니다.

기업에서 정보화 비전, 목표 및 전략을 수립하기 위한 방법과 절차

기업에서 정보화 비전, 목표 및 전략을 수립하려면 기술 이니셔티브를 전체 비즈니스 목표와 일치시키는 체계적인 접근 방식이 필요합니다. 구체적인 방법과 절차는 조직에 따라 다를 수 있지만 관련된 단계의 예는 다음과 같습니다.

◇ 현재 상태 평가
조직의 기존 기술 인프라, 시스템, 프로세스 및 리소스에 대한 포괄적인 평가를 수행하여 시작합니다. 정보화 현황과 관련된 강점, 약점, 기회, 위협을 파악합니다.

◇ 비전 정의
고위 경영진 및 부서장을 포함한 주요 이해관계자와 협력하여 정보화에 대한 명확하고 매력적인 비전을 정의합니다. 이 비전은 기술이 조직의 장기 전략 목표를 가능하게 하고 지원하는 방법을 명시해야 합니다.

◇ 전략적 목표 설정
비전을 바탕으로 조직이 정보화를 통해 달성하고자 하는 구체적이고 측정 가능한 목표를 설정합니다. 이러한 목표는 보다 광범위한 비즈니스 목표와 일치해야 하며 운영 효율성 개선, 고객 경험 향상, 혁신 추진 또는 시장 범위 확장과 같은 영역에 초점을 맞춰야 합니다.

◇ 갭 분석 수행
갭 분석을 수행하여 현재 상태와 원하는 미래 상태 사이의 갭을 식별합니다. 이러한 격차를 해소하고 전략적 목표를 달성하는 데 필요한 기술, 인프라, 기술 및 리소스를 결정합니다.

◇ 구현 로드맵 개발

정보화 전략을 구현하기 위한 단계, 이정표 및 일정을 개략적으로 설명하는 자세한 로드맵을 만듭니다. 이 로드맵에는 우선순위가 지정된 이니셔티브, 리소스 할당 및 서로 다른 프로젝트 또는 이니셔티브 간의 종속성이 포함되어야 합니다.

◇ 이해관계자 참여

직원, 고객 및 외부 파트너를 포함하여 프로세스 전반에 걸쳐 주요 이해관계자를 참여시킵니다. 정보화 전략에 대한 동의와 약속을 보장하기 위해 그들의 의견과 참여를 구하십시오.

◇ 리소스 할당

전략을 구현하는 데 필요한 예산, 인적 자원 및 기술 투자를 결정합니다. 정보화 이니셔티브의 구현 및 지속적인 유지 관리를 지원하기 위해 적절한 리소스가 할당되었는지 확인합니다.

◇ 진행 상황 모니터링 및 평가

정보화 이니셔티브의 진행 상황과 효과를 측정하기 위한 핵심 성과 지표(KPI)를 설정합니다. 결과를 정기적으로 모니터링 및 평가하고 필요에 따라 조정하여 정의된 목표를 달성합니다.

◇ 혁신 문화 조성

혁신, 협업 및 지속적인 개선을 장려하는 문화를 조성합니다. 직원들이 새로운 기술을 수용하고 혁신적인 솔루션을 탐색하며 변화하는 시장 상황에 적응하도록 격려하십시오.

◇ 검토 및 반복

정보화 전략과 진화하는 비즈니스 요구사항 및 기술 발전에 대한 조정을 정기적으로 검토합니다. 전략이 적절하고 효과적인지 확인하기 위해 필요에 따라 조정하고, 목표를 구체화하고, 로드맵을 업데이트하십시오.

이 예는 일반적인 지침이며 구체적인 방법과 절차는 각 기업의 고유한 요구사항과 상황에 따라 다를 수 있습니다.

3.4 정보화 목표모델 개념도 수립

해당 사업의 정보화 비전·전략 체계도가 수립되면 이를 좀 더 구체적으로 달성하기 위한 정보화 목표모델 개념도를 작성합니다. 목표모델 개념도는 해당 사업의 정보화 추진 방향의 청사진으로 해당 사업을 통해 달성하고자 하는 미래상을 정보화 목표모델로 개념화하여 표현한 것입니다. 주요 사용자와 채널이 포함되고 주요 응용시스템과 기능·서비스, 데이터·인프라, 관리체계 등이 한눈에 파악될 수 있도록 정보시스템을 빅 픽처로 표현하여 모델을 수립합니다.

[그림 45] 정보화 목표모델 개념도(예시)

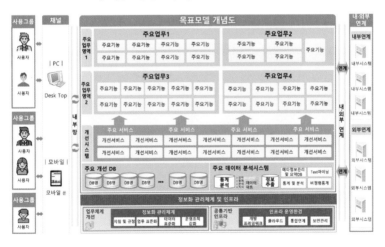

정보화 목표모델 개념도를 통해 해당 사업이 미래에 도달하고자 하는 모습, 즉 정보화 청사진을 제공합니다. 정보화 청사진은 주요 이해관계자와 의사결정자들에게 향후 어떤 서비스와 시스템 구성을 통해

해당 사업의 목표를 달성할 수 있겠구나 하는 생각을 가질 수 있도록 포괄적이면서도 명확하게 제시할 수 있어야 합니다.

3.5 개선 과제 목표모델 수립 상세화
– 개선 과제별 개선 방안 수립

개선 과제 목표모델 수립 상세화 단계에서는 정보화 비전·전략 체계도와 정보화 목표모델에 따라 상세하게 개선 과제 수행 방안을 수립합니다.

먼저 개괄적으로 과제 정의를 통해 어떤 과제인지, 그리고 무엇을 하는 과제인지에 대해 정리합니다. 그리고 AS-IS vs. TO-BE 정의를 통해 현황 분석의 이슈 및 문제점이 개선 과제를 통해 어떻게 개선되는지를 기존 대비 차이를 비교하여 쉽고 명확하게 파악할 수 있도록 정리합니다.

3.5.1 개선 과제별 과제 정의

과제 정의 단계에서는 현황 분석을 통해 도출한 개선 과제에 대해 좀 더 구체적으로 내용을 정리합니다. 즉 개선 과제명, 과제 유형, 개선 과제 추진을 위한 배경 및 필요성, 수요 대상자, 적용 기술, 관련 세부 과제 및 내용, 고려사항 및 기대효과를 정의하여 과제 개선 방안 수립에 대한 이해도와 공감대를 형성하고 과제 추진에 대한 근거를 제시합니다.

[그림 46] 개선 과제 정의서(예시)

개선과제	OOOO		관련 조직	▪ 주관 부서 : ▪ 협업 부서 :
과제 설명	과제에서 추진하려고 하는 내용을 간략하게 요약하여 정리			

개선내용	▪ 주요 과제 내용1
	  - 주요 과제 내용1의 상세
	▪ 주요 과제 내용2
	  - 주요 과제 내용2의 상세
	▪ 주요 과제 내용3
	  - 주요 과제 내용3의 상세
		현황 및
		이슈
			▪ 과제 수행을 통해 해결하려고 하는 주요 현황 이슈 및 문제점 기술	

고려사항	▪ 과제 수행시 전제조건 또는 과제 추진 시나 그 이후 고려할 사항들에 대해 기술	기대효과	▪ 과제 수행을 통해 달성하고자 하는 효과를 기술 ▪ 정량적 효과를 기술할 수 있으면 과제 추진 동력이 강화될 수 있음	

3.5.2 AS-IS vs. TO-BE

과제 정의가 완료되면 과제별로 개선을 통해 달성하고자 하는 목표 모습을 AS-IS vs. TO-BE 비교를 통해 쉽게 이해할 수 있도록 제시합니다. 개선 과제별 AS-IS vs. TO-BE 비교를 통해 기존에 어떤 이슈와 문제점이 있고 개선되어야 하는 포인트가 무엇인지를 제시하고 향후에는 어떻게 이슈와 문제점이 해결되고 개선될 수 있는지를 핵심 포인트로 제시하여 고객이 쉽고 명확하게 한눈에 파악할 수 있도록 정리합니다.

[그림 47] AS-IS vs. TO-BE 비교(예시)

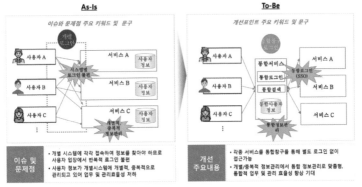

3.5.3 개선 과제별 상세 개선 방안 수립

개선 과제별 상세 개선 방안 수립 단계에서는 개선 과제별로 해당 이슈 및 문제점에 대해 좀 더 자세하고 구체적으로 정리하고, 단기 또는 중장기적으로 적용 가능한 방안을 검토하여 제시합니다.

예를 들어 서비스·업무 절차 관련 주요 이슈 및 문제점에 대해 서비스 제공 방식 및 접근 채널, 그리고 업무 절차의 단계 단순화, 통합화, 자동화 등 개선 포인트에 대해 자세히 설명자료를 준비합니다. 이때 세부적으로 몇 가지의 방안이 도출될 수 있습니다. 서비스 및 업무 절차를 개선하기 위한 방안에 대해 방안1, 방안2 등 몇 가지 방안을 제시하고 방안별 내용과 장·단점 등 세부 방안별로 비교 검토를 통해 해당 사업과 조직의 상황에 맞는 최적의 방안을 검토합니다.

필요하면 사례 분석 및 적용 가능 기술 또는 솔루션 분석을 수행하여 구체적인 측면에서 적용 가능성을 제시합니다. 관련 시스템이 필요한 경우 시스템 구축을 위한 기능을 도출하고 기능 구조도 및 기능 정의서를 작성하여 향후 시스템 구축을 위한 세부 방안을 제시합니다. 솔루션 도입이 필요한 경우에는 해당 솔루션에 대한 기능, 구성, 적용 사례, 세부 사양 등에 대해 타 솔루션과 비교 검토를 진행합니다. 해당 솔루션을 어떻게 적용할 수 있는지에 대한 구체적인 모습과 방안에 대해 설명자료와 적용 근거를 작성하여 제시할 수 있어야 합니다.

개선 과제별로 주요 이슈와 문제점에 대해 정보기술 활용 등을 통해 개선 방안이 수립되었으면 이를 고객 또는 주요 이해관계자들 대상으로 해결 방안 내용을 설명하고 설득하는 작업(리뷰)을 진행합니다. 이때 고객이 원하는 방향과 맞지 않는 경우 협의를 통해 수정보완 작업이 발생하기도 합니다. 또는 IT 컨설턴트가 놓치고 있던 점이 제시되는 경우 기존 해결 방안을 검토하여 재작업을 하기도 합니다. 가끔 고객과 의사소통이 잘 안 되어 고객의 상황과 맞지 않는 해결 방안이 제시되는 경우 재작업 시간과 노력이 추가로 소요되어 프로젝트 일정 관리에 리스크 요인으로 작용하기도 합니다. 그래서 고객과 지속적이고 긴밀한 의사소통을 통해 고객의 요구사항을 제대로 이해하고 문제 해결을 위한 고려 요소를 충분히 검토하는 것이 중요합니다. 또한, IT 컨설턴트의 전문성을 추가하여 고객이 생각하는 그 이상의 해결 방안을 제시하여 고객 만족도를 높일 수 있는 개선 방안이 도출될 수 있도록 노력하는 것이 필요합니다.

고객과 협의를 통해 상세 개선 방안이 확정되면 다음 단계는 개선 과제별 정성적·정량적 기대효과를 정리하여 과제 수행의 근거를 제시하고, 다음 단계인 이행계획 수립 단계에서 효과 분석을 위한 자료로 활용됩니다.

또한, 사업에 따라 다르지만 대체로 개선 과제들을 추진하기 위해서는 시스템 구축을 위한 솔루션 도입이 필요하며, 이를 설계하기 위해서는 인프라 아키텍처 기본 설계 수립 과정이 필요합니다. 보통은 인프라 아키텍트(TA-Technology Architect)가 이 작업을 수행하는데, 개선 과제별 담당자가 인프라 아키텍트와 같이 개선 과제별로 필요한 솔루션과 하드웨어와 소프트웨어 구성 및 상세 사양을 정리해 두면 인프라 아키텍처 구성 시 통합적이고 효율적으로 작업이 가능합니다.

해당 사업에서 정리된 개선 과제 전체를 수행하기 위해 향후 3년에서 5년간 어느 정도의 인프라 장비가 필요한지, 장비별로 어느 정도의 CPU, 메모리, 디스크 용량이 필요한지에 대해 용량 산정, 인프라 구성 등의 작업이 필요합니다. 이를 위해 개선 과제에서 수행되는 업무량, 데이터양, 필요한 솔루션과 소프트웨어 등에 대해 인프라 아키텍처 설계 담당자와 협의 및 의사소통이 원활하게 진행되는 것이 필요합니다. IT 컨설턴트는 이러한 작업이 본인들의 작업이 아니라고 생각할 수 있습니다. 그래서 사업 초반 또는 개선 과제 작성 시 각자 역할에 대해 역할과 책임(R&R)을 명확히 정의하고 추진하는 것이 필요합니다. 이러한 협의가 없이 인프라 아키텍트 단독으로 기본 설계를 수립하게 되면 용량 산정 등 기본 설계 수립 시 오류가 발생하거나 작업 기간이 늘어나는 등 어려움이 발생할 수 있습니다. (※ 개선 과제별 담당자들이 작업의 난이도가 높고 업무량이 많은 경우 인프라 구성 방안까지 협의 및 의사소통하기가 어려운 경우가 있습니다. 그래서 인프라 아키텍트가 개선 과제별로 담당자들과 통합적으로 또는 일일이 협의하여 인프라 아키텍처를 구성하기도 합니다.)

지금까지 설명한 내용을 도식화하여 정리한 것이 [그림 48]의 개선 과제별 상세 개선 방안 수립 절차입니다. 주요 개선 과제는 업무 절차 개선 등 업무·서비스 관련, 정보시스템 구축 등 정보시스템 관련, 데이터 구조·표준화·품질 관리 등 데이터 관련, 클라우드 등 인프라 측면에서 개선 내용을 정리하는 과제들입니다. 이러한 과제들을 작업하기 위해서는 좀 더 기술 중심적이고 전문적인 작업이 필요합니다. 또한, IT 컨설턴트 간 협업과 의사소통 강화를 통해 목표모델 전체 모습과 유기적으로 연결되고 연계될 수 있도록 PM 또는 영역별 리더들이 각 팀에서 서로가 어떻게 작업하고 있는지 확인하면서 진행하는 것이 필요합니다.

[그림 48] 개선 과제별 상세 개선 방안 수립 절차(예시)

[그림 48] 개선 과제별 상세 개선 방안 수립 절차(예시)

과제 상세 개선방안 수립 절차	상세 개선방안 수립 대상 및 관점

주요 이슈/문제점별 개선안 모색	• 현황분석에서 도출된 주요 이슈/문제점별 개선안 모색 (내부논의, 관련 사례분석, 전문가 의견 청취 등)
개선방안 정리 및 대안 비교검토	• 현황분석에서 도출된 주요 이슈/문제점별 개선방안 정리 • 개선방안 비교검토 • 내부 리뷰 및 피드백
개선방안 고객검토 및 확정	• 주요 이슈/문제점별 개선방안 보완 및 방안비교 • 고객검토 및 피드백을 통해 개선방안 확정
개선방안별 기대효과 및 인프라 협의	• 개선방안별 정성적/정량적 기대효과 정리 • 개선방안별 인프라(H/W, S/W 등) 적용 협의

업무/서비스 관련 개선방안
• 업무/서비스 기능 및 수행방식 측면 개선
• 업무/서비스 절차 측면 개선

정보시스템 관련 개선방안
• 화면(UI·인터페이스) 및 개발 프레임워크 개선
• 정보시스템 응용 기능 및 아키텍처 개선
• 솔루션 도입 및 적용 검토 (인공지능, 빅데이터, 클라우드 등)

데이터 관련 개선방안
• 데이터 구조 개선
• 데이터 표준화 및 품질관리 개선
• 데이터 통합관리 및 활용성 개선

인프라 관련 개선방안
• 하드웨어(H/W), 소프트웨어(S/W) 구성
• 클라우드 적용 및 고도화 방안
• 정보시스템 연계 및 관리체계 개선

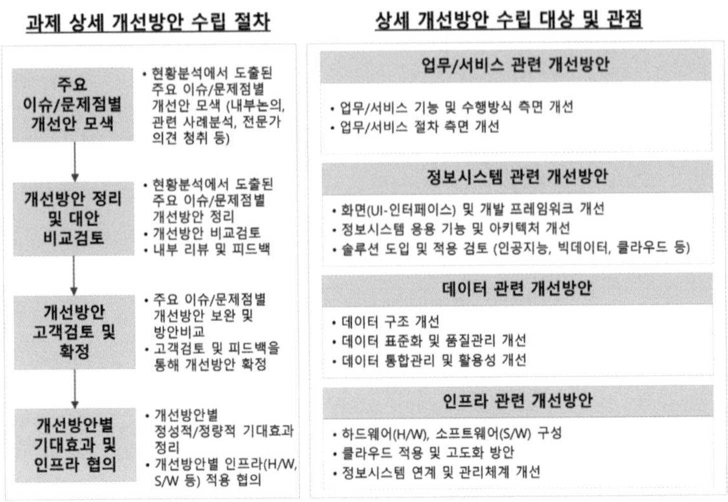

현황 분석 단계에서 도출된 개선 과제를 주요 과제별로 그룹핑하거나 업무, 정보시스템, 데이터, 인프라 영역별로 그룹핑 및 정리하여 개선 방안을 수립합니다. 여기서는 업무, 정보시스템, 데이터, 인프라 영역별로 설명해 드리겠습니다.

3.5.3.1 업무 영역(Business Architecture) 상세 개선 방안 수립

해당 사업의 업무 영역 개선 방안 수립 주요 내용은 업무 모델링이며, 업무 모델링 주요 대상은 기능, 프로세스 개선을 통한 업무 수행 방식의 개선입니다. 현황 분석에서 업무 영역 관련 분석을 통해 도출된 업무기능과 프로세스상의 주요 이슈와 문제점에 대한 개선 방향과 사용자들의 요구사항에 근거하여 개선 업무 기능을 도출하여 필요한 업무 기능 구조 및 프로세스 개선 모델을 설계하는 과제입니다.

TO-BE 개선 업무 기능 구조 도출

업무 기능 개선은 현황 분석과 요구사항에 기반하여 요구(개선, 추가 등)되는 업무를 도출하고 이를 그룹핑 및 연계, 대·중·소로 분류 및 상세화하여 정리합니다. 그리고 세분화된 업무 기능들을 업무 기능 구성도로 정리하여 기존 기능에서 추가되거나 통합되어 새롭게 정의되는 기능들을 식별하여 신규 업무 기능으로 도출합니다. 이때 기존 업무의 추가, 개선, 통합 등의 특징들을 같이 정리합니다. 도출된 신규 업무 기능을 군집화하고 계층화하여 정리합니다.

[그림 49] 개선 업무 기능 구조 도출 방법(예시)

TO-BE 업무 프로세스 개선 정의

TO-BE 업무 프로세스 개선은 기존 업무 프로세스 대비 업무 절차 간소화, 업무 생략, 업무 간 연계 등의 작업을 통해 업무 프로세스 개선 작업안을 제시합니다. 아래 [그림 50] 업무 프로세스 개선 사례와 같이 기존 수작업, 수기 결재, 엑셀 작업을 시스템을 매개로 업무가 생략되고 엑셀 작성 및 보고 작업 등이 시스템 조회로 간소화되며 또한 정보 연계로 업무가 연계되어 데이터 손실 및 수기 입력 오류의 가능성도 적어질 수 있음을 알 수 있습니다.

해당 업무 프로세스를 사용하는 사용자들의 범위가 넓고 많다면 그만큼 업무 절차 개선을 통한 기대효과가 커질 수 있습니다.

[그림 50] 업무 프로세스 개선(예시)

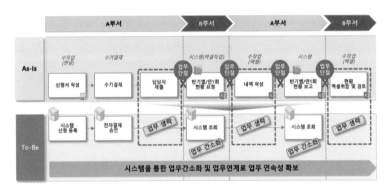

[표 18] 프로세스 개선 기법

구분	설명
동기화	• 업무 처리 과정에 있어 순차적 처리로 인한 지연(시간 및 인적 요소)를 제거 • 예시: 전자결재의 도입을 통한 결재 과정의 대기 시간 절감 또는 효율적 활용
제거	• 여러 단계를 거치며 처리되는 또는 중복적으로 발생하는 프로세스에서 불필요한 중간 과정을 제거 • 예시: 통합정보시스템을 활용하여 부서 내, 부서 간의 다단계 업무 처리의 중간 단계를 제거하여 시간 절감 및 효율성 향상

통합	• 프로세스 처리 과정에 있어 복수의 업무 처리를 통합 형태의 업무 처리로 변경 • 예시: 통합정보시스템을 활용하여 여러 부서에서 개별적으로 수행되는 공통적 업무를 통합지원으로 통합·단일화 또는 엑셀 등의 수작업과 시스템 등록 등의 중복작업을 통합시스템 기능 개선을 통해 해결
단순화	• 유사 업무를 단지 목적의 차이로 인하여 중복 관리되고 있는 경우 하나의 업무로 단순화하여 개선 • 예시: 각 부서에서 내부 관리용으로 중복적으로 수행되는 작업 중 하나를 폐지하고 통합정보시스템을 활용하여 공동 조회
연결	• 업무 간의 연결 처리가 단절되거나 미흡한 과정을 연계하여 원활한 흐름을 가질 수 있도록 개선 • 예시: 통합정보시스템 또는 시스템 연계를 통해 프로세스상 업무 연계를 지원함으로써 한 부서의 작업 결과가 타 부서의 업무에 자동으로 연계

3.5.3.2 정보시스템 영역 상세 개선 방안 수립

정보시스템 영역 개선 방안은 업무 개선을 지원할 수 있는 정보시스템 기능과 서비스 지원체계를 구성하는 것입니다.

예로 현황 분석을 통해 기존의 업무별로 분산되어 운영되고 있는 외부 사용자 홈페이지를 통합하여 서비스 창구를 단일화하여 사용자 편의성과 운영 관리성 개선을 추진하는 경우 정보시스템 영역의 주요 개선 모델은 다음과 같이 제시될 수 있습니다.

[그림 51] 정보시스템 TO-BE 목표 개념도 예시

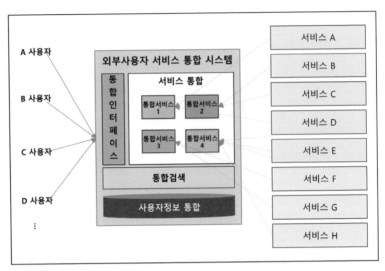

기존 개별 시스템에 각각 접속하여 정보를 찾아야 하므로 사용자 입장에서 개별적이고 반복적으로 로그인해야 하는 불편함이 있으며, 기업·기관 입장에서는 사용자 정보가 개별적, 중복적으로 개별 시스템에서 관리되고 있어 사용자 정보 수정 및 활용을 위해서는 중복 및 이중 작업 등의 비효율적 업무 및 관리로 불편함이 존재하였습니다.

이를 통합창구를 통해 별도 로그인 없이 한 번의 로그인으로 모든 업무를 처리할 수 있도록 지원하고 사용자 정보 통합 관리로 개별·중복적 관리에서 통합·맞춤형 관리로 업무 효율성이 증대될 수 있도록 개선 방안을 수립하여 제시합니다.

TO-BE 응용 아키텍처 개선 정의

정보시스템 목표 개념도가 수립되면 이를 구축하기 위한 세부 방안을 수립합니다. 예를 들어 서비스 통합 시스템을 구축하기 위한 방안으로는 서비스 전체 통합 방안과 인터페이스만 통합하는 방안으로 나누어 볼 수 있겠습니다.

[그림 52] 응용 아키텍처 개선 방안별 검토(예시)

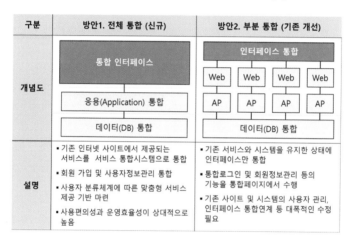

방안별 비교를 통해 IT 컨설턴트 내부적으로 추진 방안을 선정하고 주요 이해관계자, 고객과 협의를 통해 방안을 확정하도록 합니다. 그리고 이후 선정된 방안에 대해 좀 더 자세히 세부 방안을 수립합니다.

이때 예시로 인터페이스(User Interface) 개선 방안, 콘텐츠 관리 방안, 메뉴 구성 방안, 통합검색 서비스 제공 방안, 그리고 24×365(24시간 365일) 온라인 서비스 제공 방안 등 세부적인 서비스 개선 방안을 수립하여 정보시스템 구축 방안을 수립합니다.

24 X 365 온라인 서비스 개선 방안 상세(예시)

여기서는 예시로 24 X 365 온라인 서비스 확대 제공 방안에 대해서만 간략하게 소개하도록 하겠습니다.

24 X 365 온라인 서비스 확대를 위해서 기존 방문을 통해서만 가능한 서비스, 온라인 처리가 가능하지만 한정된 시간에만 가능한 서비스 그리고 한정된 분야와 대상으로 처리한 온라인 서비스 대상을 검토하여 24시간 365일 처리가 가능한 온라인 서비스 제공 방안을 수립합니다.

예로 기존에는 서비스 처리를 위해서는 방문을 통해서 처리해야 하거나 온라인 서비스로 처리하더라도 결과처리가 실시간이 아닌 몇일 또는 그 이상의 시간이 소요되어 사용자 입장에서 불편함이 존재하던 서비스 대상으로 우선 개선 방안을 수립합니다.

그리고 연간 많이 발생하는 서비스 대상으로 온라인 서비스 우선 고려 대상을 검토하고, 발생 건수가 상대적으로 적은 서비스는 점차 확대하는 방안으로 검토하는 것이 필요합니다.

서비스 제공 방식에서도 예로 기존 C/S(Client/Server) 방식에서 웹서비스 방식으로 전환하여 프로그램 다운로드 및 사용자 PC 환경에 따른 오류 발생 등 불편사항 감소 및 서비스 실시간 처리 등의 서비스 개선이 가능하도록 방안을 수립합니다.

세부 구축 방안에서도 웹페이지로 구성하는 방안과 포틀릿 기반의 포털로 개발하는 방안으로 구분하여 구축 방안을 검토할 수 있습니다.

[표 19] 인터페이스 세부 구축 시 고려사항(예시)

방안1) 웹페이지로 개발	방안2) 포틀릿 기반 포털로 개발
· 페이지의 작은 변경사항이 발생할 경우 전체 페이지에 대한 수정이 필요 · 모든 사용자에게 동일화면 제공	· 페이지의 수정이 발생하는 포틀릿만 수정 가능 · 사용자가 자유롭게 콘텐츠 및 화면 구성 가능

온라인 서류 제출 시 신청 서식 내에 구비서류 첨부 필드를 넣어 여러 개의 파일을 동시에 첨부하는 방안을 고려할 수 있습니다. 이때 대용량 종이 형태의 서류를 스캔화한 이미지 형태 파일, 대용량 디지털 사진 및 이미지 형태 파일 등 사용 가능한 다양한 방식을 제공하여 사용자의 편의성을 제고하는 것이 중요합니다. 온라인 서류 제출을 효율적으로 저장하고 관리하기 위해서 DBMS에서도 표준 포맷으로 변환, 압축하여 저장할 수 있도록 기능을 고려합니다.

[표 20] 온라인 서류 제출 세부 구축 시 고려사항(예시)

고려사항	대응 방안
· 온라인 서비스 확대에 따라 용량이 큰 구비서류나 다수의 구비서류 첨부 요구 · 대용량 업로드 시 예상되는 끊김 현상 대응 필요 · 모바일 서비스 등 사용자의 온라인 서비스 편의성 향상 방안 제공 고려 필요	· 대용량 파일 첨부 솔루션 도입을 통하여 대용량 파일을 첨부할 수 있는 기능 제공 (솔루션 필요) · 업로드 끊김 현상 시 자동복구 및 이어받기 기능 제공 (솔루션 필요)

위의 온라인 서비스 확대 제공 방안 수립을 통해 관련 기능을 도출합니다. 이러한 기능은 정보시스템 구축 시 어떤 기능들로 개발되어야 하는지를 알 수 있으며, 생성, 수정, 업데이트, 삭제 등 상세 레벨로까지 기능을 정의하여 구축 시 개

발 범위와 소요 예산 산정의 근거를 제공할 수 있습니다.

[표 21] 정보시스템 필요 기능 도출(예시)

구분	상위 기능	기능명	기능 설명
사용자	온라인 서비스 신청	대용량 구비서류 첨부	구비서류 첨부 시 대용량 구비서류를 업로드할 수 있는 기능
		문서 변환, 압축 저장	업로드한 구비서류를 변환이 불가능한 표준 문서 또는 표준 이미지 포맷으로 변환 압축하여 시스템 DB에 저장하는 기능
처리 담당자	처리	대용량 구비서류 열람	처리담당자가 포털에서 제공하는 뷰어를 통해 구비서류를 열람할 수 있는 기능

최근에는 인공지능을 활용한 지능형 서비스(ChatGPT 지능형 검색, 프로세스 자동화 – RPA-Robotic Process Automation)와 (빅)데이터 분석 활용 등에 대한 수요가 증가하고 보편화되고 있어 정보시스템 개선 방안 수립 시 인공지능과 데이터 분석 활용을 조직의 정보시스템 기능 및 서비스에 어떻게 적용할 것인가가 중요한 이슈로 부각되고 있습니다.

최근 생성형 AI를 활용하여 기업 업무 효율성을 제고하기 위한 서비스를 모색하고 있습니다. 기획안과 마케팅 전략 등 아이디어나 내부 문서 초안을 만들어 주는 서비스도 고려되고 있습니다. 고품질의 이미지도 자동으로 빠르게 생성하여 홍보 또는 마케팅 등 실무에서 사용 가능한 수준으로 생성해 주기도 합니다. 또한, 고객지원을 위해 생성형 AI 서비스를 통해 간단한 업무를 수행하고 복잡한 업무는 뒤에서 사람이 지원하는 형태로 적용하기도 합니다. 다음은 ChatGPT가 제안하는 기업 업무에 생성형 AI 서비스 적용 방안입니다. 참고하시면 좋을 것 같습니다.

[참고: ChatGPT 답변]
기업·기관 업무에 생성형 AI 서비스 적용 방안

생성형 AI 서비스는 기업의 다양한 시나리오에서 혁신적인 솔루션을 제공하고 프로세스를 효율화하는 데 큰 도움이 될 수 있습니다. 이를 적용하는 몇 가지 방법은 다음과 같습니다:

① 콘텐츠 생성: 생성형 AI는 블로그 글, 소셜 미디어 업데이트, 제품 설명을 포함한 마케팅 자료를 만들 수 있습니다. 보고서, 제안서 또는 내부 문서 작성에도 도움을 줄 수 있습니다.

② 디자인과 창의성: AI는 시각화와 디자인, 로고, UI/UX 요소 생성을 돕는 데 사용될 수 있습니다. 새로운 제품이나 서비스에 대한 아이디어 제시나 프로토타입 작성에도 도움을 줄 수 있습니다.

③ 고객 지원: 생성형 AI가 제어하는 챗봇은 고객 문의를 처리하고 지원하며 일반적인 문제를 해결할 수 있어, 더 복잡한 작업을 위해 인력을 활용할 수 있습니다.

④ 데이터 분석과 통찰력: AI 알고리즘은 방대한 데이터 집합을 분석하여 통찰력을 도출하고 패턴을 식별하며 예측하는 데 도움을 줄 수 있어, 다양한 부서의 의사결정 프로세스를 지원할 수 있습니다.

⑤ 개인화와 추천: 생성형 AI는 데이터 분석을 기반으로 개인의 선호도에 맞는 제품, 서비스 또는 콘텐츠를 추천함으로써 사용자 경험을 개인화할 수 있습니다.

⑥ 교육과 훈련: AI가 제공하는 시스템은 상호 작용형 학습 모듈, 퀴즈 또는 시뮬레이션을 생성하여 직원의 기술과 지식을 향상시키는 데 활용될 수 있습니다.

⑦ 워크플로우 자동화: AI는 데이터 입력, 일정 관리, 이메일 정리 등의 반복적인 작업을 자동화하여 직원이 더 가치 있는 작업에 집중할 수 있도록 도와줄 수 있습니다.

⑧ 위험 관리와 규정 준수: AI는 방대한 데이터에서 잠재적인 위험을 식별하고 불규칙성을 탐지하여 규정 준수를 모니터링하는 데 도움이 될 수 있습니다.

⑨ 자연어 처리(NLP) 응용: NLP 기반 AI는 회의록 작성, 문서 번역, 내용 요약, 감정 분석 등을 수행하여 문서 작업 지원을 통해 의사소통과 이해를 돕습니다.

⑩ 사이버 보안: AI는 잠재적인 위협을 식별하고 공격 패턴을 분석하며 적극적인 방어 메커니즘을 실행함으로써 사이버 보안 수준을 향상시킬 수 있습니다.

기업 환경에서 생성적 AI를 도입할 때 윤리적 측면, 잠재적인 편향성, 데이터 프라이버시 우려사항을 고려하는 것이 중요합니다. 정기적인 모니터링, 윤리적 가이드라인 준수 및 투명성 확보는 이러한 기술을 책임 있고 효과적으로 활용하는 데 필수적입니다.

3.5.3.3 데이터 영역 상세 개선 방안 수립

데이터 영역 개선 방안 수립은 데이터 현황 분석을 통해 도출된 이슈와 문제점, 요구사항 등에 대해 데이터 구조·모델, 품질 측면의 개선 또는 해결 방안을 수립하여 데이터 아키텍처 목표모델을 수립합니다.

TO-BE 데이터 모델 통합 방안

데이터 모델 통합 관련 개선 방안 수립 시에는 데이터 현황 분석을 통해 도출된 문제점, 즉 예시로 기존 시스템 중심의 데이터 주제 영역 구성에서 향후 데이터 업무 영역 중심의 데이터 모델 구성으로 개선 방안을 수립할 수 있습니다. 아래 [그림 53] 주제 영역 구성 개선 방안과 같이 기존 개별 시스템별로 동일 데이터 영역이 구성되어 데이터 중복과 데이터 정합성의 이슈가 발생하여 이를 해결하기 위해 개별 시스템 차원이 아닌 전사 차원의 통합된 뷰를 제공하는 방향, 즉 업무 중심 데이터 모델 통합 방안을 수립하여 데이터 모델 개선 방안을 제시할 수 있습니다.

[그림 53] 주제 영역 구성 개선 방안(예시)

AS-IS 주제 영역 구성도   TO-BE 주제 영역 구성도

조직의 데이터 통합 방안을 고려할 때 아래 [그림 54]와 같이 동일한 데이터 영역이 다수의 시스템에 중복되어 있어 데이터 정합성 확보가 어려운 경우 데이터 모델 통합을 통해 데이터 정합성 확보가 가능할 수 있습니다. 또한, 개별 업무 중심의 데이터 구성을 사용자 중심의 데이터 통합을 통해 사용자에게 다양한 서비스 제공이 가능하며, 사용자가 쉽게 서비스에 접근할 수 있어 사용자 만족도를 높일 수 있는 방향으로 개선 방안을 제공할 수 있습니다.

[그림 54] 데이터 통합 구성 방안(예시)

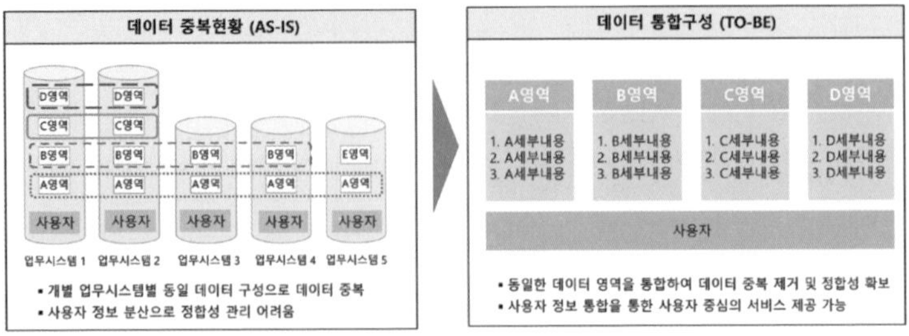

데이터 중복현황 (AS-IS)

D영역	D영역
C영역	C영역
B영역	B영역	B영역	B영역	E영역
A영역	A영역	A영역	A영역	A영역
사용자	사용자	사용자	사용자	사용자

업무시스템 1 업무시스템 2 업무시스템 3 업무시스템 4 업무시스템 5

- 개별 업무시스템별 동일 데이터 구성으로 데이터 중복
- 사용자 정보 분산으로 정합성 관리 어려움

데이터 통합구성 (TO-BE)

A영역	B영역	C영역	D영역
1. A세부내용	1. B세부내용	1. C세부내용	1. D세부내용
2. A세부내용	2. B세부내용	2. C세부내용	2. D세부내용
3. A세부내용	3. B세부내용	3. C세부내용	3. D세부내용

사용자

- 동일한 데이터 영역을 통합하여 데이터 중복 제거 및 정합성 확보
- 사용자 정보 통합을 통한 사용자 중심의 서비스 제공 가능

데이터 모델 분류(예시)

[그림 55] 데이터 모델 분류

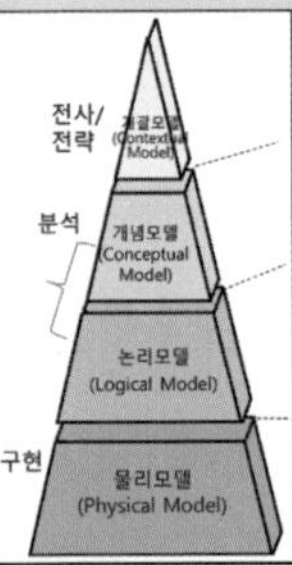

데이터 모델 분류		관리목적	관리대상	모델 정의단계	주요 산출물
전사/전략 (Context Model) 분석	개괄모델	• 개괄모델은 기업/기관 시스템의 전체 데이터 구조를 분류하여 전사의 모든 업무를 한눈에 파악할 수 있게 함 • 의사결정자들이 이해할 수 있는 뷰 제공	• 주제영역	• ISP	• 데이터 구성도
개념모델 (Conceptual Model)	개념모델	• 개념모델은 핵심 데이터 구조를 도출하고 세부적인 데이터 구성 파악 • 업무 요건 변경에 취약하지 않은 데이터 구조를 세울 수 있게 함	• 주제영역 • 핵심엔티티 • 핵심관계	• ISP • ISMP • (구축사업) 분석 단계	• 개념데이터 관계도
논리모델 (Logical Model)	논리모델	• 논리 데이터 모델은 전체 데이터 구조에서 가장 핵심을 이루는 모델 • 비즈니스 정보 구조, 규칙 등 표현으로 데이터 중복성 및 무결성 관리 가능 • 현업이 이해할 수 있는 모델	• 주제영역 • 엔티티 • 관계 • 속성	• ISMP • (구축사업) 분석/설계 단계	• 논리 데이터 모델 (논리 ERD)
구현 물리모델 (Physical Model)	물리모델	• 물리 데이터 모델은 논리모델을 특정 DBMS로 설계(데이터 형태, 길이, 영역값, 저장공간, 방법 등) • 데이터를 저장할 수 있는 물리적 스키마	• 테이블 • 관계 • 컬럼	• (구축 사업) 설계 단계 • (구축사업) 개발/구현 단계	• 물리 데이터 모델 (물리 ERD) • DBMS 파일, 속성 정의

IT 컨설팅에서는 주로 현행 데이터 분석을 통해 문제점을 파악하고, 전략 목표 및 추진 과제 수립을 위한 To-Be 목표 데이터 모델을 정의하는 것이 주요 업무로 고려되고 있습니다. IT 컨설팅 단계에서는 전사 차원의 전략적 접근 방법으로 개괄/개념 모델 정의를 통해 기존의 데이터 분류체계의 개선 또는 기존의 분류체계가 아닌 새로운 개념의 데이터 설계 사상을 반영하여 모델을 정의합니다.

논리모델의 경우는 구축사업 단계에서 IT 컨설팅에서 도출된 전략 목표 및 추진 과제를 이행하기 위한 업무 분석, 요건 정의를 통해 목표시스템을 상세화/구체화하는 작업으로 진행됩니다. 시스템 구축을 위해 세부 개발 내용을 정리하고 확정해야 하기 때문에 구축 사업 범위의 모든 업무 분석 및 요건 정의가 완료된 시점에서 논리모델이 도출됩니다. 그리고 논리모델을 기반으로 물리모델을 설계한 뒤 시스템 구축 작업으로 진행됩니다.

일반적으로 IT 컨설팅에서는 개발/구축 사업 수준의 상세 업무 분석 작업을 수행하지 않기 때문에 논리모델은 도출되지 않는 것이 일반적입니다. 그러나 사업의 규모나 범위에 따라 또는 구축 사업의 일부분으로 IT 컨설팅이 포함되어 있는 경우 상세 업무 분석 작업을 수행하고 IT 컨설팅의 데이터 아키텍트가 논리모델까지 수립하는 경우도 있습니다.

TO-BE 데이터 표준 관리 방안

개선 방안 수립 과제 내용 중 데이터 표준 관리 내용이 포함되어 있는 경우에는 시스템별로 산재해 있는 데이터 정보 요소의 명칭, 정의, 형식, 규칙 등에 대해 원칙을 수립합니다. 그리고 이를 전사적으로 적용하고 지속적으로 관리할 수 있도록 용어, 단어, 도메인, 코드 등 영역별 표준화 개선 방안을 수립합니다.

아래 [그림 56] 데이터 표준 관리 개선 방안 예시처럼 현황 분석을 통해 현재 기업·기관에서 업무시스템별로 개별적으로 데이터 표준 관리를 하고 있거나 표준화가 거의 되어있지 않은 경우, 그리고 중요한 개별 시스템 차원에서만 메타데이터 관리를 하고 있는 경우가 많습니다. 이러한 경우 전사 차원의 데이터 표준 관리체계를 수립하여 일관성 있는 데이터 표준을 수립하고 유지할 수 있도록 개선 방안을 제시하는 것이 필요합니다. 또한, 데이터 표준 관리 지원을 위한 통합 메타데이터 관리시스템을 구축하여 데이터 표준 관리 업무를 지원할 수 있습니다.

[그림 56] 데이터 표준 관리 개선 방안(예시)

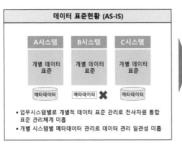 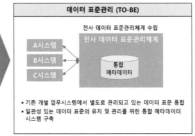

데이터 표준화의 경우 데이터 표준화와 품질 관리 사업만 별도로 발주되어 진행되는 경우가 많습니다. 데이터 표준화 작업은 개별 시스템에서 사용되고 있는 데이터를 모두 검토하고 정리하여 단어, 용어, 도메인, 코드 표준화 방안을 수립하기 때문에 많은 시간과 노력이 투입되고 비용도 IT 컨설팅보다 훨씬 많은 예산이 책정되는 경우가 많습니다. 따라서 IT 컨설팅에 포함하여 진행되는 경우 IT 컨설팅 범위와 사업비 내에서 데이터 표준화 작업이 가능한지에 대해 충분하게 사전 검토와 고객과 구체적이고 명확한 과업 범위 협의가 필요합니다.

[표 22] 데이터 표준 관리 요소 예시

요소	설명	구성 요소	설명	예시
단어	업무 용어를 구성하기 위한 의미 있는 최소 단위 (정보시스템에서 사용하고 있는 용어를 단어로 분할하여 도출)	표준단어	용어를 구성하는 최소단위	고객 주소
		금칙어	표준으로 정의되지 않은 단어	손님, 집 주소
		동음이의어	동일한 단어의 뜻이 상이한 경우	손/수(手)
		이음동의어	상이한 단어의 뜻이 같은 경우	이메일/전자우편
도메인	도메인은 유사한 유형의 데이터를 그룹화하여 해당 그룹에 속하는 데이터의 유형과 길이를 정의한 것(정보시스템에서 사용하고 있는 컬럼명의 용어명과 도메인 타입, 길이 등을 정리하여 도메인명을 도출하고 타입은 최대치로 산정하여 정리)	도메인그룹	데이터 특성에 따라 성격이 비슷한 도메인들을 그룹화하여 관리하는 단위	금액, 수량, 시간 등
		도메인명	용어에서 사용되는 데이터 성격을 그룹화한 것	금액 도메인 그룹: 금액, 세금, 총액 등 시간 도메인 그룹: 연월일, 받기, 분기 등
		인포타입	용어가 가질 수 있는 데이터 타입과 길이	연월일(CH8: CHAR(8))
코드	정보시스템별로 사용되고 모든 코드들을 수집하여 동일 코드를 파악하고 통합하여 표준 코드를 정의	코드 도메인	유효한 데이터값을 가지는 도메인으로 데이터 타입과 크기, 기타속성을 포함함	코드 도메인명 / 식별자 / 길이 / 물리명 — 국가코드 / 82 / 2 / CN.CD
		코드값	용어에서 사용되는 데이터 성격을 그룹화한 것	코드 도메인명 / 코드값 / 코드값명 — 통화코드 / KRW / 한국원
용어	모든 현행 용어를 수집하고 표준 단어 사전, 표준 도메인 사전, 표준 코드 등을 참조하여 현행 용어에 대한 표준 용어를 도출	표준한글명	데이터 의미를 나타내는 명칭	고객ID
		표준영문명	단어 영문약어 조합	CUST_ID

최근 (빅)데이터 분석 활용, 생성형 AI에 대한 관심이 증가하면서 데이터에 대한 관심도 같이 증가하고 있습니다. 데이터 분석 활용과 생성형 AI 서비스의 근간은 데이터이기 때문입니다. 따라서 기존의 정형 데이터뿐만 아니라 AI 서비스에 주로 사용되는 비정형 데이터 관리 방안 수립에 대한 관심도 증가하고 있습니다. 블로그, SNS 등의 텍스트(문서 포함), 사진·이미지·그림, 동영상 등 비정형 데이터 활용을 통해 콘텐츠 생성, 디자인 생성, 데이터 분석을 통한 추천 서비스 등 다양한 영역에서 새로운 서비스를 창출하기 때문입니다. 기업·기관에서 이러한 비정형 데이터를 어떻게 수집·정제·저장·분석 활용을 할 것인가에 관해 관심이 높아지고 있습니다. 다음은 ChatGPT가 제시하는 비정형 데이터 관리 방안입니다. 참고하시면 도움이 될 것입니다.

[참고: ChatGPT 답변]
비정형 데이터 표준화 방안

비정형 데이터 표준화는 데이터의 접근과 활용을 쉽게 하기 위해 여러 단계와 고려사항이 필요합니다. 다음과 같은 방법으로 비정형 데이터를 표준화할 수 있습니다.

◇ 데이터 프로파일링과 이해
우선 비정형 데이터를 이해합니다. 어떤 종류의 데이터인가요? 텍스트, 이미지, 비디오 등인가요? 구조, 패턴 및 내용을 분석합니다.

◇ 주요 엔터티 식별
데이터 내에서 중요한 요소를 결정합니다. 텍스트의 경우 이름, 날짜, 위치 또는 특정 키워드와 같은 엔터티를 식별할 수 있습니다. 이미지나 비디오의 경우 객체 인식이나 분류를 포함할 수 있습니다.

◇ 정규화와 태깅
데이터에 태그나 메타데이터를 적용하여 구조화하고 검색 가능하게 만듭니다. 데이터 형식을 정규화하고 다양한 소스 간의 일관성을 보장합니다.

◇ 자연어 처리(NLP) 또는 AI 모델 활용

텍스트 기반의 비정형 데이터에서 정보를 추출하고 의미를 도출하기 위해 NLP나 다른 AI 모델을 활용합니다. 이러한 모델은 엔터티 인식, 감정 분석, 요약 등에 도움을 줄 수 있습니다.

◇ 스키마 개발

표준화된 데이터 요소를 분류하고 구성하는 스키마나 데이터 모델을 생성합니다. 이 스키마는 쿼리와 분석을 용이하게 할 것입니다.

◇ 데이터 정리와 풍부화

데이터에서 불일치, 오류 또는 관련 없는 정보를 제거합니다. 관련 정보, 문맥 또는 추가 메타데이터를 정리하여 데이터를 풍부화합니다.

◇ 기존 시스템과의 통합

표준화된 데이터가 기존 데이터베이스나 시스템과 원활하게 통합될 수 있도록 보장합니다. 호환성과 상호 운용성은 중요한 고려사항입니다.

◇ 검증과 품질 보증

표준화된 데이터의 정확성, 완전성 및 일관성을 보장하기 위해 데이터를 검증합니다. 품질 확인 및 보증 조치를 시행합니다.

◇ 문서화와 거버넌스

표준화된 데이터 프로세스, 스키마 및 가이드라인을 문서화하여 차후 참조용으로 저장합니다. 데이터 품질 및 규정 준수를 유지하기 위한 거버넌스 정책을 수립합니다.

◇ 지속적인 개선

데이터 표준화는 지속적인 과정입니다. 변화하는 데이터 요구사항과 진화하는 기술에 적응하기 위해 표준을 지속적으로 개선하고 업데이트합니다.

비정형 데이터의 표준화는 기술, 도메인 지식 및 데이터 관리 전문성의 결합이 필요한 복잡한 작업입니다. 기계 학습 알고리즘, NLP 모델 및 데이터 관리 플랫폼과 같은 도구가 이 프로세스에서 중요한 역할을 합니다.

3.5.3.4 인프라 영역 상세 개선 방안 수립

인프라 아키텍처 개선은 크게 하드웨어와 소프트웨어 구성에 대한 개선 방안을 수립하는 것입니다. 하드웨어는 정보시스템과 데이터 구축 시 필요한 웹(WEB) 서버, 웹 애플리케이션 서버(WAS), DB 서버 그리고 개별 애플리케이션 서버 등과 스토리지 구성 방안을 수립하는 것입니다. 그리고 이에 대한 용량산정을 통해 서버 사이징(크기)을 정하는 작업이 있습니다.

소프트웨어는 WEB, WAS, DBMS 등 시스템 소프트웨어와 메일, 검색, 리포팅 툴, 모니터링 솔루션 등 상용 소프트웨어 등에 대한 구성 방안 수립, 이에 따른 수량과 라이선스 적용 방안을 수립하는 작업을 수행합니다.

인프라 설계 시 중요한 항목으로 기술 선택과 호환성, 가용성과 성능, 비용과 자원 최적화, 확장성 등을 고려하여 설계합니다.

[표 23] 인프라 아키텍처 수립 시 고려사항

고려사항	주요 내용
기술 선택과 호환성 (Technology Selection and Compatibility)	적절한 기술 스택을 선택하고, 서로 호환성이 있는 시스템 구축 - 하드웨어, 소프트웨어, 클라우드 서비스 등을 포함.
가용성(Availability)	지속적이고, 안정적인 서비스를 위한 가용성 보장 - 이중화 등

성능(Performance)	시스템의 사용자 응답 시간 보장 위해 일정 성능 보장 - 성능 중심 아키텍처, 고속처리, 신뢰성 등
비용과 자원 최적화(Cost and Resource Optimization)	인프라 비용을 최적화하고, 자원을 효율적으로 사용할 수 있는 방안 - 클라우드, 온프레미스, 혹은 하이브리드 솔루션 선택 등
확장성(Scalability)	사용자의 증가나 응용 플랫폼 컴포넌트의 증가에 대비한 확장성 보장 - 수직/수평 확장 등

TO-BE 하드웨어 구성 방안

하드웨어 구성 방안 수립 시에는 최신 하드웨어 기반 컴퓨팅, 스토리지, 네트워크 환경, 통합 관리 환경 및 향후 확장성 등을 고려한 최적의 인프라 구성 방안을 마련하는 것이 필요합니다. 기본적으로 WEB·WAS·DB 서버, 연계 서버 및 응용 서비스 안정성을 위한 이중화 및 영역별 서버 분리 구성 등을 고려하여 TO-BE 하드웨어 구성 방안을 수립하는 것이 필요합니다.

아래 하드웨어 구성도 예시와 같이 L4 스위치를 통한 웹 서버 부하 분산, WEB-WAS-DB 서버의 3티어(Tier) 구성 및 이중화로 가용성 및 안정성 확보 등 하드웨어 구성 개선 방안을 수립하여 제시할 수 있습니다.

[그림 57] 하드웨어 구성도(예시)

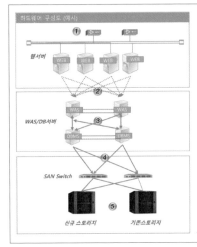

하드웨어 구성 특징 (예시)

❶ L4 스위치를 이용하여 웹 서버의 부하 분산

❷ 웹 서버와 WAS 서버, DB 서버를 분리하여 각각 DMZ와 내부망에 배치함으로써 보안성 향상 및 속도 향상

❸ WAS/DBMS 클러스터 및 서버 HA(High Availability) 구성에 의해 장애 시 상호 fail-over 수행

❹ SAN Switch 이중화를 통해 I/O(Input/Output) 경로에 대한 고가용성 확보 및 부하 분산

❺ 기존 스토리지 재활용 및 신규 스토리지 증설을 고려한 스토리지 구성

최근에는 인프라 자원 활용 극대화 및 최적화를 위해 클라우드 기반 인프라 아키텍처를 구성하는 경우가 많아지고 있으며 기본이 되고 있습니다. 공공 분야에서는 IT 컨설팅 수행 시 또는 구축 사업 시 클라우드 도입을 우선 검토하는 것을 권고하고 있으며, 공공클라우드지원센터(www.cpcp.or.kr)에서는 공공 부문 민간 클라우드 도입을 위한 컨설팅 방법론까지 제공하고 있습니다.

또한, 클라우드 기반 인프라 아키텍처 구성 시 기존에 많이 사용하던 가상화(Virtual Machine) 방식과 컨테이너(Container) 방식에 대한 고려를 통해 기업·기관에 맞는 방식들을 고민하고 있습니다. 최신의 기술을 적용하는 것이 필요한지 아니면 기존의 기술을 계속적으로 유지하고 활용하는 것이 맞는지에 대해 기업·기관 담당자들이 고민하고 있어 IT 컨설턴트들이 해당 기업·기관 업무 상황을 검토하여 해당 기업· 기관에 맞는 방안을 제시하는 것이 필요합니다. 아래는 가상화 방식과 컨테이너 방식 비교를 통해 해당 기업에 맞는 방식이 어떤 것인지 고 려할 수 있습니다.

[표 24] 클라우드 구성시 가상화(VM)와 컨테이너 방식 비교(예시)

	VM(가상화-Virtual Machine)	컨테이너(Container)
장점	완전한 격리: 각 VM은 독립된 운영 체제(OS)와 환경을 제공하여 애플리케이션 간 완전한 격리를 제공합니다. 다양한 운영 체제: 다양한 운영 체제를 실행할 수 있어 호환성이 요구되는 환경에서 유용합니다. 보안: 격리된 환경으로 인해 높은 보안 수준을 유지할 수 있습니다.	가벼움과 빠른 시작: 호스트 운영 체제를 공유하며 필요한 요소만 포함하기 때문에 시작 시간이 빠르고 경량화되어 있습니다. 자원 효율성: 컨테이너는 공통 운영 체제를 공유하여 자원을 더 효율적으로 활용합니다. 확장성 및 유연성: 빠른 배포와 스케일링이 가능하여 동적인 환경에 적합합니다
단점	자원 소모: 각 VM은 자체 운영 체제를 실행하므로 가상화 오버헤드가 발생하고, 자원 사용량이 높을 수 있습니다. 시작 시간과 무게: VMs는 시작하는 데 시간이 오래 걸리고, 무겁고 용량이 큰 경우가 있어 더 많은 디스크 공간과 메모리를 필요로 합니다.	보안성: VM에 비해 완전한 격리가 아니기 때문에 보안 측면에서 조심해야 합니다. 하지만 이는 컨테이너 관리 및 보안 솔루션을 통해 보완할 수 있습니다. 호스트 운영 체제 종속성: 호스트 운영 체제와 호환되어야 하므로, 호스트와 컨테이너 간 호환성이 중요합니다.

클라우드 구성 시 또한 통합 모니터링, 기존 레거시와 연계 방안, 스토리지·네트워크 가상화 고려, 표준화된 인터페이스 등을 고려하여 설계하는 것이 필요하며, 기업·기관에서 자체 클라우드 시스템 구축과 외부 클라우드 센터 서비스를 이용할 것인가에 따라 구축 방안과 소요 비용도 다르게 산정될 수 있어 조직의 상황과 목적 그리고 예산에 맞

게 방안을 수립하는 것이 필요합니다.

하드웨어 용량 산정

일반적으로 규모 산정을 위한 기준으로 전체 사용자 수, 동시 사용자 수를 고려하여 CPU, 메모리, 시스템 OS 영역 디스크, 응용프로그램 영역 디스크, 스토리지·백업 영역의 규모를 산정합니다. 하드웨어 용량 산정 결과에 따라 필요한 서버의 대수가 산정되고 관련 소요 비용도 산정될 수 있어 인프라 아키텍처 방안 수립 과정에서 용량 산정은 중요한 작업 중의 하나입니다. 용량 산정 관련 자세한 내용은 인터넷 또는 공공 분야의 해당 지침 또는 자료를 참조하실 수 있습니다.

참고로 공공 분야에서는 TTA '정보시스템 하드웨어 규모 산정 지침', 클라우드 가상머신 서비스 카탈로그 기준, 국가정보자원관리원의 설계 등급(가, 나, 다급)에 따라 사전 정의된 용량을 기준으로 규모를 산정하는 방식 등을 고려하여 하드웨어 규모를 산정합니다.

TO-BE 소프트웨어 구성 방안

TO-BE 소프트웨어 구성 방안은 하드웨어에 탑재되어 운영되는 소프트웨어 구성 및 도입 대상 소프트웨어를 구성 및 배치하는 작업입니다. 응용 및 데이터 개선 방안 및 아키텍처 수립 시 필요한 소프트웨어가 도출될 수 있으며, 인프라 아키텍트가 개선 과제 담당자들과 협의하면서 업무 및 시스템 관리 등 필요한 소프트웨어를 도출하기도 합니다.

WEB·WAS·DBMS 등 기본적인 시스템 소프트웨어부터 응용서비스 제공에 필요한 검색, 챗봇, 그룹웨어, 포털, 리포팅 툴, 응용 및 데이터 보안, 클라우드 관리, 모니터링, 연계 솔루션 등의 상용 소프트웨어를 식별하여 TO-BE 소프트웨어를 도출하고 이중화와 서버 대수와 스펙 등을 고려하여 소프트웨어 수량과 라이선스를 산정하여 상세 구성 방안을 수립합니다.

소프트웨어의 구성 방안 수립 시 고려할 사항은 다음과 같습니다.

첫째, 유사 소프트웨어의 비교 평가(성능, 기능, 가격 등)를 통해 조직 환경에 맞는 최적의 소프트웨어를 식별하는 것이 필요합니다. 최소 2~3개 유사 소프트웨어의 상세 기능 및 성능, 레퍼런스 등을 확인하여 해당 조직에 적용 시 리스크와 이점을 사전에 파악하는 것이 중요합니다.

둘째, 소프트웨어별 라이선스 정책에 따라 가격 차이가 발생하기 때문에 소프트웨어별 라이선스 정책을 정확하게 파악하는 것이 중요합니다. 사용기간(영구, 기간, 임시 라이선스), 사용기준(사용자 수, 사이트, 프로젝트, 서버 접속 라이선스 등), 공급형태(패키지, SaaS 라이선스 등), 공개 여부(상용, 프리웨어 등)에 따라 소프트웨어를 사용할 수 있는 가격이 다르므로 해당 소프트웨어 라이선스 정책을 정확히 파악하여 가격을 산정하는 것이 필요합니다.

셋째, 해당 소프트웨어의 유지보수 비율을 확인하는 것입니다. 정보시스템 구축 이후 대략 5년 동안 유지보수 비용이 어느 정도 소요되는지를 파악할 때 소프트웨어의 유지보수 비율에 따라 가격 차이가 크게 발생할 수 있기 때문입니다.

[그림 58] 소프트웨어 구성도(예시)

WEB	WAS	DB
Web S/W	WAS S/W	DBMS S/W
Backup Agent	리포팅 툴	DB 암호화(Plug-in)
접근제어 Agent	Backup Agent	Backup Agent
클라우드 보안 Agent	접근제어 Agent	접근제어 Agent
Linux	클라우드 보안 Agent	클라우드 보안 Agent
	Linux	Linux

연계	검색	메타데이터
ESB S/W	검색 S/W	MetaData S/W
WAS S/W	Backup Agent	Backup Agent
ESB Agent	접근제어 Agent	접근제어 Agent
Backup Agent	클라우드 보안 Agent	클라우드 보안 Agent
접근제어 Agent	Linux	Linux
클라우드 보안 Agent		
Linux		

소프트웨어 구성도는 해당 사업 또는 조직의 소프트웨어 구성을 한눈에 파악하기 위해서 작성되는데, 위의 소프트웨어 구성도 예시는 기본적인 WEB, WAS, DBMS 시스템 소프트웨어와 연계, 검색, 메타데이터 소프트웨어 구성을 보여줍니다.

TO-BE 연계 개선 방안

연계 방안 수립 단계에서는 업무, 정보시스템, 데이터, 인프라 개선 방안을 통해 연계가 필요한 대상(내외부 조직과 연계 대상 정보시스템 등)이 식별된 경우 어떻게 연계할 것인지에 대해 연계 방안을 수립합니다. 연계 개선 방안 수립 시 일반적으로 연계 정보 및 연계 대상 확대, 대용량 데이터의 전송을 고려하여 다양한 연계 방식을 수용하고 실시간으로 현황 관리 및 모니터링이 가능한 유연한 통합 연계체계를 설계하는 것을 목표로 합니다. 연계 아키텍처 방안은 다음과 같은 작업을 고려하여 수립합니다.

[표 25] 연계 아키텍처 수립 시 주요 고려사항(예시)

구분	주요 내용
통합 표준 연계 정의	·시스템 간 원활한 정보 연계와 연계자료의 신뢰성 및 안전성 확보를 위해 연계 원칙과 방향 수립 - 표준적, 단일한 연계기술 수립 - 연계대상 시스템 영향 최소화 - 안정성을 확보한 연계 방안 마련 - 확장 가능한 연계 기반 수립
다양한 연계 환경 (방식) 수용	·외부 기관의 시스템과 다양한 연계를 수용할 수 있는 체계 필요 - 다양한 어댑터, 프로토콜 지원, 압축/분할 전송, 암호화 전송 - 온라인/배치, DB/File 조합, 동기/비동기지원
연계 관리 및 모니터링	·연계 모듈 및 연계 데이터에 대하여 통합 운영 및 모니터링 환경을 제공 ·데이터의 연계 흐름을 실시간으로 추적할 수 있는 연계 현황 정보 제공

연계 방식(기술) 검토

기업·기관에서 많이 사용하고 있는 주요 연계 방식으로는 ESB, EAI, API, DB Link, Socket 방식이 있으며 해당 사업에 맞는 연계 방식을 고려하여 TO-BE 연계 방식을 구성하는 것이 필요합니다.

[표 26] 주요 연계 방식 비교(예시)

구분	ESB	EAI	API	DB Link	Socket
개념	물리적으로 분산된 서비스 component 들을 통합하여 연동할 수 있도록 표준화된 메시지 버스와 프로토콜을 이용해서 연동하는 방식	데이터를 교환하고 제공하는 서비스를 호출하여 기업 내 애플리케이션 간의 통신을 제공하는 방식	응용 프로그램 간 데이터 및 기능을 공유하기 위한 인터페이스	물리적으로 다른 위치에 있는 Database를 마치 자신의 Database내에 있는 것처럼 사용할 수 있도록 Link를 걸어 놓는 방식	두 프로그램이 서로 데이터를 교환할 수 있도록 양쪽에 생성되는 통신 단자로 서버와 클라이언트는 양방향 연결이 이루어지는 통신 방식
장점	• 표준 방식의 연계/F 지원 • 이기종시스템 간 데이터 교환 • 신뢰성, 확장성, 호환성, 안정성, 상호운용성 보장 • 기존 사용하던 연계 방식을 모두 수용 가능 • 연계에 따른 개발 비용 절감	• 자료의 정확성 보장 • 장애 발생 시 자동 복구 기능 제공 • 자료의 실시간, 배치전송 가능 • 다량 데이터를 다수기관에 동시 전송에 적합함	• 개발자들에게 소프트웨어 기능을 노출하여 상호작용할 수 있도록 지원 • 다른 서비스와의 연결성을 통해 메시지며, 외부 개발자들이 시스템에 접근하고 활용 가능	• 자료의 정합성 보장 • 온라인으로 연계처리 가능 • 송·수신용 프로그램이 별도 개발이 불필요 • 송·수신 및 DB 반영 여부 확인 가능	• DBMS와 관련 없이 자료 송·수신 가능 • 자료 정합성 보장 • 송·수신 및 DB 반영 여부 확인 가능
단점	• ESB 도입에 따른 초기 구축 및 유지보수 비용이 높을 수 있음 • 단일 장애 지점으로 작동하기 때문에 장애 발생 시 영향이 클 수 있음	• 시스템 간 호환성 문제가 발생할 수 있고, 변경 및 유지보수에 어려움이 있을 수 있음 • 복잡한 구축 과정과 시간이 소요될 수 있음	• API 업데이트 시 호환성 문제가 발생할 수 있으며, 보안 이슈 발생 가능 • 과도한 API 사용으로 인한 서버 부하 문제가 발생 가능	• 성능 저하나 부하 문제 발생 가능 • 데이터 무결성 및 관리 어려움 • 자료 전송과정의 데이터 보안이 미흡하여 별도 보안강화 필요	• 별도의 송·수신 모듈을 개발해야함 • 송·수신 오류 시 조치가 어려움

연계 대상 및 연계 정보 식별

대내외 연계 대상을 식별하고 어떤 데이터를 어떻게 연계할지에 대해 구체적으로 정리가 필요합니다. 대내외 조직, 연계 정보명, 상세 연계 데이터 정보, 대상 연계시스템, 연계 대상 기업·기관명, 연계 방식, 송·수신, 주기 등을 검토하여 연계 대상 범위를 정리합니다.

[표 27] 대내외 연계 대상 및 연계 정보 식별(예시)

구분	연계 정보명	상세 정보	연계 시스템	조직명	연계 방식	송/수신	주기
대외	○○○ 정보	주소 등	○○○ 시스템	○○○	Open API	수신	월
대내	○○ 정보	번호 등	○○ 시스템	○○ 사이트	DB	송신	수시
…	…	…	…	…	…	…	…

연계 서버 구성 방안 수립

연계 방식을 검토하여 해당 사업에 맞는 최적화된 연계 방식을 선정한 뒤 연계 데이터 형식, 데이터양, 연계 구성 방식, 다양한 연계 기술 적용 필요성 등을 고려하여 연계시스템 구성 방안을 수립합니다.

내부 연계 대상 시스템과 외부 연계 대상 시스템의 연계 방식을 최대한 수용하면서 표준 연계 체계를 구성하도록 수립합니다.

연계 시스템 구성은 내부 연계 및 외부 연계 서버(이중화)로 구성되며, Bus 방식, EAI 및 API 등 다양한 연계 방식을 수용할 수 있는 구조로 설계하는 것이 필요합니다.

[그림 59] 연계 서버 구성 방안(예시)

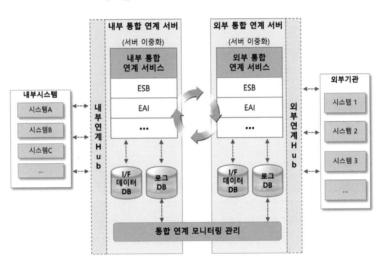

위의 연계 서버 구성 방안(예시)의 내용은 서버 장애 시 연계 데이터의 정합성 확보를 위해 통합 연계 서버를 이중화로 구현하고, 장애에 따른 Fail-over 처리가 수행될 수 있는 구조로 설계되었습니다. 데이터 유실 가능성 차단을 위해 외장 디스크인 연계 인터페이스(I/F) DB에 연계 대상 정보를 추가로 저장하는 구조입니다. 연계 대상 정보 처리 내역 및 비정상 처리 추적을 위해 연계 서비스에서 처리되는 모든 로그를 저장하고, 연계 처리 내역, 통계 정보, 연계 현황 관리 등의 모니터링 서비스를 제공하도록 구성 방안을 수립할 수 있습니다. 위의 모델은 하나의 예시로 조직의 환경 및 상황에 따라 연계 구성 방식은 다양하게 적용될 수 있습니다.

4. 이행계획 수립

이행계획 수립 단계에서는 목표모델 설계 결과 도출된 세부 개선 과제를 구축 사업에서 수행할 이행 과제로 전환하는 작업을 수행합니다. 정보시스템 구축 등 구축 사업 일정을 정리하기 위해 이행 과제 간 우선순위를 정리하고, 단년 사업이 아닌 경우 연도별 로드맵을 수립하여 연도별 추진 계획을 수립합니다. 또한, 이행 과제 추진을 위한 개발·하드웨어·소프트웨어 등 항목별 소요 예산과 규모를 산정합니다. 소요 예산이 산정된 이후 구축 사업 추진의 효과를 검토하기 위해 정성적·정량적 기대효과를 산정합니다. 이를 통해 비용 투자 대비 얻게 되는 기대효과를 검토하여 구축 사업의 투자 타당성을 평가합니다. 투자 타당성이 확보된 경우 고객 및 의사결정자들 대상으로 사업 추진의 타당성을 제시하여 구축 사업 추진을 위한 의사결정을 지원합니다.

[그림 60] 이행계획 수립 프레임워크(예시)

[그림 61] 이행계획 수립 상세 프레임워크(예시)

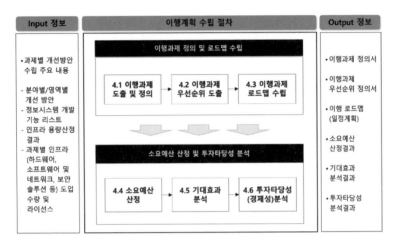

4.1 이행 과제 도출 및 정의

이행 과제 도출은 아래 [그림 62] 이행과제 도출 방안(예시)과 같이 먼저 목표모델 수립 단계에서 도출된 개선 과제와 세부 개선 과제를 대상으로 개선 과제의 특성과 상호 연관 관계를 파악합니다. 그리고 개별적으로 시스템 구축이 가능한 단위로 또는 별도의 사업으로 추진이 필요한 단위로(예로 UI/UX 등 컨설팅 사업 추진 단위, 데이터 정제·이관·표준화, 인프라 도입 등 구축 단위) 세부 개선 과제들을 연계 또는 통합하여 이행 과제를 도출합니다.

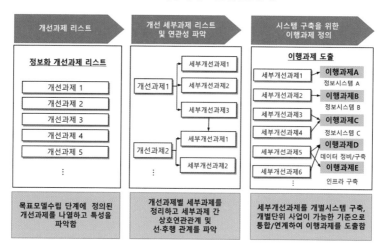

[그림 62] 이행과제 도출 방안(예시)

그리고 도출된 이행 과제를 대상으로 이행과제의 주요 내용을 정리합니다. 이행 과제 정의서 형태로 이행 과제별 이행 과제명과 과제 번호, 이행 과제 주요 추진 내용 그리고 추진 범위 및 고려사항 등을 정리합니다.

4.2 이행 과제 우선순위 도출

도출된 이행 과제를 대상으로 언제, 어떤 과제를 먼저 추진할지에 대해 계획을 수립하기 위해 우선순위를 선정하는 작업을 진행합니다. 조직 차원에서 중요하다고 생각하는 이행 과제를 중요성과 실현 가능성 등의 측면에서 점수화하여 평가하고 점수가 높은 순서대로 우선순위를 평가하는 방식입니다. 세부적으로는 중요성과 실현 가능성 등 평가 요소의 세부 항목을 정의하고 이에 대해 평가 배점과 기준을 설정하여 기준에 따른 과제별 우선순위를 평가하여 평가 결과를 바탕으로 추진 단계를 선정하는 절차로 진행됩니다. 아래 [표 28] 이행 과제 우선순위 평가체계가 실제적으로 IT 컨설팅 사업에서도 기본적으로 활용될 수 있는 예시 자료입니다.

[표 28] 이행 과제 우선순위 평가체계(예시)

척도	평가 요소	기준 및 설명	가중치	점수 척도
전략적 중요도	도입 시급성	· 향후 업무 혁신, 정보화 체계 수립을 위해 시급하게 추진해야 하는 정도 · 타 과제의 원활한 추진을 위해 시급히 진행해야 하는지 여부	60%	1: 매우 낮음 2: 낮음 3: 보통 4: 높음 5: 매우 높음
	업무 영향도	· 기존에 사용했던 정보시스템보다 업무에 편리하거나 효과적인 정도 · 과제 이행에 따라 사회적·경제적으로 예상되는 정량적, 정성적 파급 효과 평가	40%	
실행 가능성	기술 구현 가능성	· 적용 기술이 사업 목표 달성을 위한 필수 요소 여부 · 적용 기술의 적용 가능성 및 실용화 · 기술 성숙도, 개발·운영 용이성 평가	30%	1: 매우 낮음 2: 낮음 3: 보통 4: 높음 5: 매우 높음
	제도/문화 적용이성	· 사업 추진 및 신규 서비스 운영을 위한 조직 구성과 인력 확보 · 신규 서비스 시행을 위한 단계별 법/제도 정비	30%	
	투자 비용 조건	· 시스템 구축에 소요되는 비용 대비하여 나타나는 효과의 정도	40%	

이행 과제들을 우선순위 평가체계에 따라 중요도와 실행 가능성 등 기업에서 중요하다고 생각하는 척도를 선정하고 평가하여 점수를 산정합니다. 중요도와 실행 가능성 평가를 종합하여 두 값의 합계를 평균값으로 산정하여 해당 과제의 점수를 산정합니다. 이행 과제들의 개별 종합 점수를 산정한 뒤 값이 높은 과제들부터 우선순위를 산정하면 1순위부터 차례로 우선순위가 도출됩니다. (※ 참고로 이행 과제의 중요도와 실행 가능성 점수를 평가할 때 IT 컨설턴트의 생각과 함께 고객(이해관계자 포함)의 의견을 수렴하여 평가해야 합니다. 조직에서 중요하게 또는 시급하게 추진이 필요하다고 생각하는 과제가 있을 수 있어 고객의 의견을 포함하여 평가를 수행하는 것이 필요합니다. 또는 고객의 평가와 IT 컨설턴트의 평가를 개별로 수행한 뒤 결과를 합쳐 평가하는 방법도 가능합니다.)

개별 과제의 우선순위를 도출한 뒤 이를 의사결정자들이 좀 더 이해하기 쉽게 시각적으로 한눈에 파악할 수 있도록 포트폴리오 사분면 분석도(또는 우선순위 매트릭스 분석도)를 통해 표현하기도 합니다.

아래 포트폴리오 사분면 분석도는 평가 요소인 중요도와 실행 가능성을 기준으로 네 개의 분면으로 나누어 표현합니다. 중요도와 실행 가능성이 모두 높은 분면은 오른쪽 위에 위치하여 전략적 중요도도 높고 구현이 쉽고 상대적으로 짧은 시간 안에 가시적인 효과를 나타낼 수 있어 우선 투자 영역으로 식별될 수 있습니다. 해당 분면 이름을 지어 좀 더 쉽게 의사소통할 수 있습니다. 예로 Quick Win 또는 Top Priority 등으로 이름을 지어 해당 분면의 성격을 표현할 수 있습니다.

[그림 63] 포트폴리오 사분면 분석도(예시)

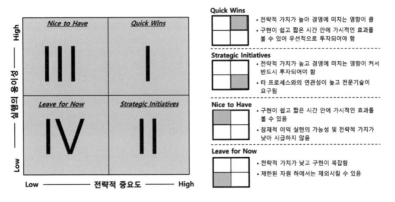

출처: 인터넷 자료(https://programmer-diary.tistory.com/9) 재구성

　　다음 분면은 전략적 중요도가 높지만 실행 가능성이 상대적으로 낮은 분면으로 오른쪽 아래에 위치한 두 번째 분면으로 투자 가치가 높지만 실행시 전문기술 적용과 성공의 불확실성, 전문가 확보 및 관리 등의 리스크가 있어 2번째 우선순위 대상으로 정의될 수 있습니다. 해당 분면의 이름도 Strategic initiatives 또는 Must Have's 등으로 표현할 수 있습니다.

　　그리고 세 번째 분면은 전략적 중요도는 낮지만 실행 가능성이 높은 분면으로 왼쪽 상단에 위치하고 있습니다. 세 번째 분면은 해당 과제들을 추진하면 좋지만 전략적 중요도가 상대적으로 낮아 시급성이 높다고 할 수 없습니다. 해당 분면의 이름은 Nice to Have 또는 Money Pits 등으로 표현할 수 있습니다.

그리고 마지막 분면은 전략적 중요도와 실행 가능성 낮은 분면으로 리스크가 큰 영역이라고 할 수 있습니다. 조직의 자원이 한정된 상황에서는 4번째 분면의 과제들은 추진계획에서 제외하는 것이 타당하다고 판단할 수 있습니다.

4.3 이행 과제 로드맵 수립

이행 과제 우선순위 도출을 통해서 추진 우선 대상 과제들을 파악할 수 있었습니다. 이를 일정 기간에 맞추어 추진할 수 있도록 일정 계획을 수립합니다. 과제 간 또는 프로젝트 간 선·후행 관계, 정보시스템 간 연계 및 업무 공백, 인프라 과제와 애플리케이션 구축과의 관계 등을 고려하여 단기, 중장기로 구분하거나 연도별로 해당 과제들을 배치 및 맵핑하여 일정 계획을 수립합니다.

[표 29] 일정 계획 수립 시 고려사항

구분	주요 고려사항 내용
과제 간 연관성 고려	이행 과제 간 선후행 관계, 구축 시 업무 공백 등 고려
시스템 간 연계 고려	시스템 간 인터페이스 및 구축 후 안정화 기간 등 고려
업무 공백 고려	신규 시스템 오픈 시점과 기존 시스템 지속가능한 기간, 기존 시스템 간 업무/데이터 이전 등 고려
인프라 지원 일정 고려	애플리케이션 개발 시 개발 및 운영 인프라 지원 일정 고려
사업 추진 방식	2~3년 중장기 사업인 경우 1개 업체가 2~3년 연속 사업으로 추진할지 매년 사업을 발주하는 개별 사업으로 발주할지에 대한 사업 추진 방식 고려

아래 [그림 64] 이행 과제 구축 로드맵(예시)은 로드맵을 추진 단계, 추진 목표, 추진 내용, 세부 이행 과제로 구분하고 정리하여 의사결정 자들에게 단계별로 어떤 목표로 어떤 과제들을 추진하여 진행하겠다는 계획을 한눈에 파악할 수 있도록 제시할 수 있습니다.

[그림 64] 이행 과제 구축 로드맵(예시)

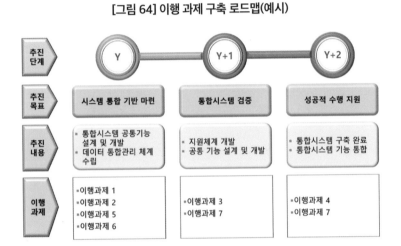

다음은 이행 과제 로드맵을 이행 과제별로 구체적인 일정에 맞추어 세부 일정 계획을 수립합니다. 아래 [그림 65] 이행 과제 구축 로드맵 상세에서 보시는 것 같이 이행 과제별로 선·후행 관계와 연관 관계를 고려하여 구축 사업의 분석·설계, 구현, 단위·통합 테스트 및 통합 운영 등 세부 내용을 월별 또는 분기별로 세부 일정을 계획하여 상세하게 로드맵을 수립합니다.

[그림 65] 이행과제 구축 로드맵 상세(예시)

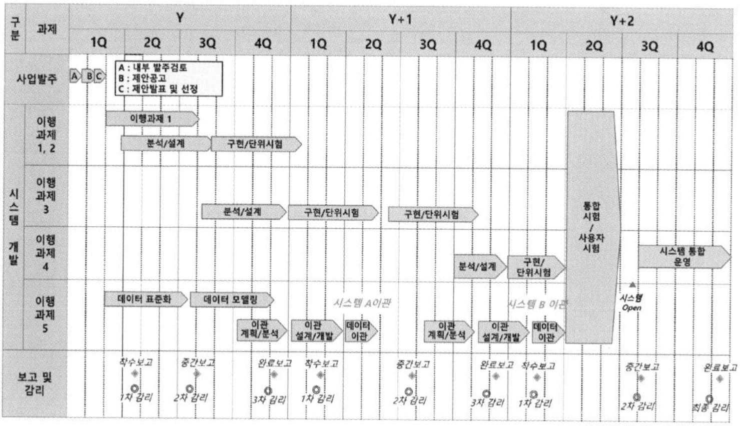

4.4 소요 예산 산정

소요 예산은 시스템 구축 관련 비용 항목을 분류하여 항목별로 비용을 산정합니다. 일반적으로 개발, 인프라, 기타 등의 비용 항목별로 소요 예산을 산정하여 항목별 합계를 통해 총 소요 예산을 산정합니다. 세부적으로는 이행 과제별 개별 단위로 애플리케이션과 소프트웨어 커스터마이징, 데이터베이스 구축비(데이터 입력, 데이터 정제·이관·표준화·품질 관리 등), 인프라(하드웨어, 소프트웨어) 도입 및 구축비, 기타(감리, PMO, 컨설팅 등)로 소요 예산 항목을 구분하여 정리합니다.

[그림 66] 소요 예산 산정 양식(예시)

소요 예산 총괄 양식 예시

이행 과제별 소요 예산 양식 예시

소요 예산 산정 방법은 예산 항목별로 다르게 산정할 수 있습니다. 먼저 애플리케이션 개발 비용은 기능점수(Function Point) 방식 또는 투입공수(Man/Month) 방식으로 산정됩니다. 기능점수 방식은 사용자 관점에서 측정된 소프트웨어 기능의 양으로서, 사용자에게 제공되는 소프트웨어 기능의 규모를 측정하는 단위입니다. (주: 기능점수 개념 및 산정 방식 등은 최신 소프트웨어 사업 대가 산정 가이드 또는 인터넷 검색을 통한 자료 참조)

목표모델 수립 시 개선 과제별로 도출된 기능들을 기준으로 기능점수를 산정합니다.

공공 분야에서는 애플리케이션 개발 비용은 기본적으로 기능점수 방식으로 산정하고 기능점수 방식으로 산정하기 어려운 경우(솔루션 커스터마이징 경우 등) 투입공수 방식으로 산정하도록 가이드하고 있습니다. 투입공수 방식은 개발분야별 투입 인력 수 X 투입 기간 X 개발 분야 역할별 단가를 통해 비용이 산정됩니다. 동일한 개발 기준과 기능 수를 기준으로 2~3개 개발업체의 견적서를 받아서 소요 예산을 산정하기도 합니다.

　다음 인프라 비용 산정은 주로 관련 전문업체의 견적을 통해 비용이 산정됩니다. 목표모델 수립 시 용량 산정을 통해 도입 또는 증설이 필요한 서버와 스토리지 그리고 개선 방안 수립을 통해 필요한 소프트웨어 식별 및 소프트웨어의 세부 스펙과 수량·라이선스 등이 산정되었고 이를 기준으로 하드웨어, 소프트웨어 업체에 견적서를 요청하여 비용을 산정하게 됩니다. 동일 스펙과 수량을 기준으로 2~3개 복수의 견적서를 요청하고 검토하여 비용을 산정하게 됩니다. 이때 소프트웨어는 라이선스의 기준, 즉 사용자 수, CPU 수, 서버 수 등에 따라 비용이 다르게 산정되어 정확한 확인이 필요합니다.

　클라우드 인프라 예산 수립 시 자체 클라우드 구축과 퍼블릭 클라우드 사용(리스) 등 클라우드 구축 방안에 따라 소요 비용이 크게 차이가 날 수 있습니다. 따라서 인프라 목표모델 설계 시 자체 클라우드와 퍼블릭 클라우드 사용 방향성(예상되는 소요 비용에 대한 대략적인 금액까지 검토하여)에 대해 먼저 명확히 정리하는 것이 필요합니다.

　참고로 자체 클라우드 환경 사용으로 개선 방안 및 설계를 한 뒤 예산 수립 시 비용이 조직에서 사용할 수 있는 금액보다 많이 산정되었다고 판단하여 프로젝트가 완료될 시점에 다시 외부 클라우드 센터의 클라우드 인프라를 리스하여 사용하는 방안을 다시 작업하여 관련 인프라 구성 및 소요 예산을 다시 산정하는 경우도 발생할 수 있습니다.

이런 경우 프로젝트 일정 관리 어려움 및 재작업이 발생하여 IT 컨설팅 수행 업체 및 인력의 경우 많은 어려움을 겪을 수 있습니다. 따라서 클라우드 관련 예산 수립 단계에서 자체 클라우드 방향이 100%라고 판단되지 않을 경우(그리고 금액이 크다고 판단되는 경우) 일정관리 및 재작업을 줄이기 위해서는 자체 클라우드 구축과 퍼블릭 클라우드 리스 소요 비용을 모두 산정하여 고객·이해관계자에게 선택할 수 있는 옵션을 제공하는 것도 고려하는 것이 필요하다고 생각됩니다.

이행 과제별로 개발(애플리케이션, 데이터 이관 및 표준화, 시스템 연계 등), 인프라(하드웨어, 소프트웨어 등), 기타(감리, PMO, 컨설팅 등) 등 소요 예산 항목별로 구분하여 소요 예산을 산정한 뒤 항목별 합계를 통해 총 소요 비용을 산정합니다. 총괄 비용과 항목별 상세 비용 그리고 개선 과제별 비용, 연도별 비용 등 다양한 측면에서 비용을 파악할 수 있도록 제시하고 총괄 비용부터 연도별 비용까지 합계 금액이 정확히 일치하도록 관리하는 것이 중요합니다. 여러 번의 수정작업을 하다 보면 금액의 일관성이 떨어지고 오차가 발생하여 소요 비용 산정의 신뢰성에 문제가 발생할 수 있어 담당자와 PM은 소요 비용 산정의 신뢰성 확보를 위해 꼼꼼히 체크할 필요가 있습니다.

소요 비용 산정결과는 기업·기관의 의사결정자, 주요 이해관계자들이 합리적으로 판단할 수 있도록 정확한 근거와 기준이 제시되어야 합니다. 또한, 항목별·과제별·세부 금액별 여러 측면에서 예산 내용을 제시하여 소요 비용 산정 결과에 대해 조직 차원에서 의사결정을 할 수 있도록 지원합니다.

4.5 기대효과 분석

기대효과 분석은 해당 사업을 통해 발생할 수 있는 정성적, 정량적 효과를 도출하는 것입니다. 정성적 효과 분석은 다양한 측면, 즉 재무·고객·인적 역량·업무 측면 또는 내부 업무담당자·외부사용자·사회 측면, 또는 대내외 효과 등 조직·사용자별로 얻을 수 있는 효과를 정리합니다. 예를 들어 고객 불만 건수 감소, 업무 지식 공유 확산, 단순·이중 작업 방지, 수작업 제거, 사용자 만족도 증가, 데이터 관리 편의성 및 품질 향상, 장애 건수 감소 기대, 기업·기관 이미지 제고 등 다양한 측면에서 해당 사업의 정성적 효과를 제시할 수 있습니다.

정량적 효과 분석은 발생하는 효과를 수치로 표현하고 이를 금액으로 환산하여 해당 사업을 통해 발생하는 효과를 즉각적·객관적으로 이해하고 판단할 수 있도록 측정 가능한 화폐 가치로 제시하는 것입니다. 예를 들어 기존 수작업이 업무의 50% 이상 비율에서 신규 시스템 구축으로 수작업 업무가 줄어들거나 없어진다면 업무의 건당 처리 비용, 또는 업무 시간 단축에 따른 정량적 효과 등에서 건당과 시간이라는 수치로 표현하고 이를 시간당 임금 또는 시간당 비용, 건당 비용으로 산정하여 절감되는 시간과 건수를 비용으로 환산하여 제시할 수 있습니다.

그리고 정량적 효과 분석을 위해서는 시간당 임금, 해당 연도 최저 임금, 수작업으로 손해·손실이 발생했던 금액 등 기준 및 근거 정보를 확보하고 정리하여 정량적 효과를 금액으로 산정하기 위한 기본 근거를 마련합니다.

[그림 67] 기대효과 산정 양식

기대효과 총괄 양식 예시   기대효과 산정 양식 예시

기대효과 분석을 효과적이고 정확하게 수행하기 위해서는 현황 분석과 목표모델 수립 단계에서 고객 불만 건수, 단순·이중작업 건수·비율, 수작업 건수·비율, 사용자 불만족 정도(비율), 장애 발생 건수 등 수치로 산정 가능한 자료와 데이터를 사전에 확보하는 것이 중요합니다. 기대효과 분석 단계에 와서 필요한 자료와 데이터를 확보하려고 하면 프로젝트 일정 관리에 영향을 미칠 수 있습니다. 또한, 데이터 확보 지연으로 정량적 효과 분석이 효과적으로 제시되기 어려울 수 있습니다. 따라서 PM 또는 해당 업무담당 IT 컨설턴트는 현황 분석과 목표모델 수립 단계 등 프로젝트 초반부터 정량적 효과 분석을 염두에 두고 자료와 데이터를 수집하고 관리하는 것이 중요합니다.

참고로 개선 방안 수립 시 개별과제 담당자들이 과제 개선 방안을 정리하면서 해당 과제를 추진하면 어떤 효과가 발생할 수 있음을 제일 잘 알 수 있습니다. 그래서 과제 정리 마지막에 해당 과제를 추진함에 있어 발생하는 효과를 정리하는 것이 기대효과 산정에 효율적일 수 있습니다. 그러나 현실적으로 개선 과제 담당자들이 납기에 맞추어 개선 방안을 수립하는 것이 쉬운 일이 아닙니다. 거기에 개선 과제별 정성적·정량적 기대효과를 작성하는 것은 큰 부담으로 다가올 수 있습니다. 따라서 이 부분은 사업 관리 측면에서 PM(프로젝트 관리자)과 개선 과제 담당자들이 협의를 통해 사업 특성에 따라 역할 분담을 정의하여 진행하는 방법도 고려할 필요가 있습니다.

4.6 투자 타당성 분석

투자 타당성 분석은 기대효과 분석을 통해 도출된 편익(Benefit)과 소요 예산 산정을 통해 도출된 소요 비용(Cost)을 기준으로 비용 대비 효과가 있는지, 투자를 통해 가치 창출이 되는지 등 경제성 분석을 수행하는 것입니다.

경제성 분석은 비용편익 비율(B/C ratio)이나 순현재가치(NPV), 내부수익률(IRR), 투자수익률(ROI) 등을 구하여 투자 타당성 여부를 확인합니다. 위의 네 가지 방법에 의한 판정 기준들은 각각 장단점을 가지고 있어 판정 결과를 모두 고려하여 의사결정을 할 수 있도록 지원하는 것이 필요합니다.

[표 30] 투자 타당성(경제성 분석) 항목

구분		산출식	개념 및 설명
비용편익비율	B/C ratio (benefit Cost Ratio)	$$\sum_{t=0}^{n}\frac{B_t}{(1+r)^t} \,/\, \sum_{t=0}^{n}\frac{C_t}{(1+r)^t}$$	• 총 편익과 총비용의 할인된 금액의 비율, 즉 미래에 발생할 비용과 편익을 현재가치로 환산하여 편익의 현재가치를 비용의 현재가치로 나눈 것을 말함 • 일반적으로 '비용편익 비율 >=1' 이면 투자에 대한 경제적 타당성이 있다고 판단함
순현재가치	NPV (Net Present Value)	$$NPV = \sum_{t=1}^{N}\frac{C_t}{(1+r)^t} - C_0$$	• 사업에 수반된 모든 비용과 편익을 기준연도의 현재가치로 할인하여 편익에서 비용을 차감한 값. • 현재가치로 할인 시 사회적 할인율 4.5% 적용 • '순현재가치 >=0' 이면 경제성이 있다는 의미임
내부수익률	IRR(Internal Rate of Return)	$$\sum_{t=0}^{n}\frac{B_t}{(1+R)^t} = \sum_{t=0}^{n}\frac{C_t}{(1+R)^t}$$	• 사업의 시행으로 발생하는 편익과 비용의 현재가치로 환산한 값이 같아지는 할인율 R을 구하는 방법으로 사업 시행으로 인한 순현재가치를 0으로 만드는 할인율임 • 내부수익률 >= 사회적 할인율(r) 이면 경제성이 있다고 판단함. (공공사업의 경우 일반적으로 4.5% 사회적 할인율 적용)
투자수익률	ROI(Return on Investment)	순이익/투자 비용 x 100	• 투자수익률은 투자로 인해 얼마를 벌었거나 잃었는지를 보여줍니다. • 이 수치를 파악하려면 벌어들인 총수익을 투자한 금액으로 나눠야 합니다. 그리고 백분율로 환산하기 위해 100을 곱합니다.

※ Bt: t 시점의 편익, Ct: t 시점의 비용, CO: 투자액, r: 할인율, n: 사업기간

아래 [그림 68]과 같이 신규 정보시스템 구축 사업의 투자 타당성 평가 결과를 정리하여 NPV, B/C Ratio IRR, ROI 등에 대해서 경제성 평가를 통해 사업 투자 타당성을 확보하였음을 제시할 수 있습니다. 또한, 투자 대비 효과가 언제 발생할 수 있는지를 투자 회수 기간 그래프로 도식화함으로써 직관적으로 파악할 수 있도록 제시하는 것이 필요합니다.

[그림 68] 투자 타당성 평가(예시)

투자 타당성 평가

평가지표	결과	평가기준
NPV (순현재가치)	1,500 (백만원)	0 보다 큰 경우 투자 가능
B/C Ratio (비용편익비)	1.1	1 보다 큰 경우 투자 가능
IRR (내부수익률)	20%	사전 정의한 최소 수입을 보다 큰 경우 (또는 사회적 할인율 기준)
ROI (투자수익률)	10%	양의 수익률인 경우 투자 가능

※ NPV, B/C Ratio, IRR, ROI 등 경제성 평가를 통해 OOO 시스템 구축 투자 타당성 확보

투자 회수 기간

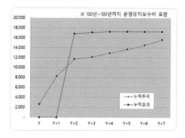

※ 'Y+2년에 투자 대비 높은 편익이 발생하여 0년 안에 투자 회수가 가능할것으로 판단됨

지금까지 IT 컨설팅 수행 방법에 대해 환경 분석, 현황 분석, 목표모델 수립, 이행계획 수립 등 수행 단계별로 어떤 절차와 내용으로 어떻게 수행하고 작업해야 하는지 상세하게 살펴보았습니다.

IT 컨설팅은 프로젝트별로 매번 다른 사업으로 수행 방법과 함께 IT 컨설팅 수행 내용에 따라 필요한 능력과 역량이 달라질 수 있습니다. 따라서 IT 컨설팅 사업마다 기업·기관의 상황에 따라 필요로 하는 지식과 스킬들이 달라질 수 있습니다. 이러한 상황이 IT 컨설팅의 복잡함과 어려움이 발생하는 이유이기도 합니다. 또한, IT 컨설턴트들이 꾸준히 공부하여 능력과 역량을 높여나가는 이유이기도 합니다. 다음 'PART 04'에서는 IT 컨설팅에서 필요한 역량과 능력에 대해 살펴보도록 하겠습니다.

PART 04

New chat

IT 컨설팅은
누가 하는 거예요?

지금까지 환경 분석, 현황 분석, 목표모델 수립, 이행계획 수립 등 IT 컨설팅 수행 방법을 최대한 현장에서 수행하고 있는 구체적인 모습 그대로 살펴보았습니다. 이러한 작업은 해당 사업 업무와 정보기술 분야별 전문성을 보유한 전문가 그리고 프로젝트 관리자 등 다양한 능력과 역량을 보유한 전문가들에 의해 수행되고 있습니다. IT 컨설팅을 수행하면서 매우 그리고 가장 중요하다고 느낀 점은 해당 사업의 세부 과제에 맞는 역량 있는 IT 컨설턴트를 확보하는 것이었습니다. 즉 해당 사업에 필요한 능력과 역량 있는 IT 컨설턴트를 어떻게 확보하는가가 성공적인 IT 컨설팅 사업 수행의 핵심 성공 요소라고 필자는 생각하고 있습니다.

이번 'PART 04.'에서는 IT 컨설팅 사업을 성공적으로 수행하기 위해 필요한 역량에 대해 살펴보도록 하겠습니다.

- 능력(ability)
개인이 특정 작업을 수행하는 데 필요한 기술이나 능숙함(언어 능력, 기술적인 능력, 수리 능력 등 일을 감당해 낼 수 있는 힘)

- 역량(competence)
능력을 어떻게 활용하고 발전시키며 다양한 상황에 적응하는 능력(주어진 상황에서 능력을 유연하게 활용하여 문제를 해결하고 성과를 내는 데에 관련된 능력으로 지식 X 스킬 X 태도*로 표현하기도 함)

---

* https://www.dentalarirang.com/news/articleView.html?idxno=30999 참조

– 역량 세부 항목

· 지식: 특정 분야에 대해 지속적으로 학습을 통해 해당 사업에 적용할 수 있는 세부적인 내용을 빠르게 파악하고 해당 사업에 맞게 적용할 수 있는 능력(기술적, 업계/업무/비즈니스 지식 등)

· 스킬: IT 컨설팅 사업을 폭넓고 깊게 수행하면서 IT 컨설팅을 효과적으로 수행할 수 있는 능력(글/말 표현, 도식화 능력부터 문제 해결, 커뮤니케이션, 납기와 품질을 효과적으로 관리할 수 있는 프로젝트 관리 능력까지)

· 태도: 성실하고 협력/협업하려는 의지 그리고 자신의 업무에 최선을 다하는 마음가짐

IT 컨설팅
역량 관련 자료 조사

IT 컨설팅 역량에 대해 기존 연구 자료 검토를 통해 좀 더 구체적
이고 체계적으로 살펴보도록 하겠습니다. IT 컨설팅 역량에 대해서
는 많은 자료가 발간되어 있지 않은데요, 그중에서도 「IT 컨설턴트
의 컨설팅 역량: 컨설턴트와 고객의 인식 차이를 중심으로」(2009) (출
처 – ScienceON 한국경영정보학회, 저자 – 박소현, 이국희), 「IT 컨설턴트
의 컨설팅 서비스 역량 평가모형 지표의 가중치 연구」(2015) (출처 –
Koreascience.kr, 한국IT서비스학회지, 저자 – 진승후, 김완기)에서 IT 컨설팅
역량 내용을 참고하여 살펴보도록 하겠습니다.

1. IT 컨설턴트 컨설팅 역량모델 분석

먼저 2009년 Information System Review에 게재된 「IT 컨설턴트의
컨설팅 역량: 컨설턴트와 고객의 인식 차이를 중심으로」라는 논문에

서는 아래 [표 31]과 같이 IT 컨설팅 역량을 ① 해당 분야 전문지식 ② 커뮤니케이션 능력 ③ 문제 해결 능력 ④ 프로젝트 수행 역량 ⑤ 자세 및 가치관 ⑥ 대인관계 등 6개 영역으로 분류하고 영역별 3개 세부 항목씩 총 18개 항목을 제시하였습니다.

[표 31] IT 컨설턴트의 컨설팅 역량모델

역량 구분	세부 항목	정의	고객 관점 역량 기대 수준
해당 분야 전문지식	IT 전문지식	정보기술 및 발전 동향에 관한 기술적 지식 (예: 정보시스템 구축, 운영, 관리 경험)	1
	경영지식	경영 활동 및 비즈니스 기능에 대한 지식 및 경험 (예: 재무, 마케팅, 전략, 인사 등)	
	고객사 이해	해당 고객사에 대한 이해, 식견, 경험 (예: 경영 목표, 사업 전략, 조직 문화, 경쟁 환경 등)	
커뮤니케이션 능력	대화	잘 듣고 적절하게 말하는 대화 능력 (예: 1:1 인터뷰에서 충실한 응답을 확보함)	2
	글쓰기	간결한 문장으로 논리적으로 표현하는 능력 (예: 중요한 시사점을 도출함)	
	프레젠테이션	여러 청중 앞에서 핵심 메시지를 전달하는 능력 (예: 적대적 질문에도 침착하게 대응함)	
문제 해결 능력	정확한 상황 파악	주변 상황에 대한 신속한 인식 능력 (예: 일부 정보를 토대로 전체 상황을 파악, 눈치)	3
	문제 발견	눈에 보이지 않는 문제를 발견하는 능력 (예: 치밀한 분석력, 넓은 통찰력)	
	창의적 해결 방안 제시	참신하고 창의적인 해결 방안을 제시하는 능력 (예: 고정관념이나 매너리즘에 빠지지 않음)	

	프로젝트 관리	프로젝트 관리 경험 및 지식 (예: 기획, 조직, 수행, 일정 관리, 위험 관리 등)	
프로젝트 수행역량	정보 수집	남들이 쉽게 찾지 못하는 정보를 폭넓고 깊이 있게 수집하는 능력 (예: Know Where)	4
	고객 관계	고객과 우호적 신뢰관계를 형성하는 능력 (예: 고객의 기대와 문화에 적응함)	
	성실 및 헌신	직무 수행 과정에서 헌신적이고 성실한 태도 (예: 개인적 희생이나 직무를 기꺼이 감당함)	
자세 및 가치관	책임의식	주어진 임무를 철저히 완수하고자 하는 자세 (예: 솔선수범, 산출물에 대한 책임의식 등)	5
	도전 및 발전	새로운 기회를 추구하고, 발전하려는 열정 (예: 끊임없이 배우고, 새로운 것에 도전함)	
	리더십	여러 사람을 리드하는 능력 (예: 방향제시, 동기부여, 추진력 등)	
대인관계	팀워크	팀원들과 잘 어울리고, 팀워크를 중시하는 자 세 (예: 상대방에 대한 배려, 협조 등)	6
	인적 네트워크	조직 내부 및 외부의 인적 네트워크 (예: 다양한 사람들과 두터운 친분 관계)	

출처: IT 컨설턴트의 컨설팅 역량: 컨설턴트와 고객의 인식 차이를 중심으로(2009)

그리고 IT 컨설팅 사업의 고객들이 생각하는 IT 컨설턴트에게 기대되는 컨설팅 역량 수준은 '해당 분야 전문지식', '커뮤니케이션 능력', '문제 해결 능력' 순으로 컨설팅 역량을 기대한다는 결과를 제시하였습니다.

2. IT 컨설턴트의 컨설팅
서비스 역량 가중치 연구모델 분석

그리고 2015년 한국 IT서비스 학회지에 게재된 「IT 컨설턴트의 컨설팅 서비스 역량 평가모형 지표의 가중치 연구」 논문에서는 직무 역량, 리더십, 업무수행 역량, 의사소통, 직업 가치관, 업무 자세 역량 등 6개 영역과 17개 세부 항목을 제시하였습니다.

[표 32] IT 컨설팅 가중치 연구모델(6개 영역, 18개 항목)

역량 구분	세부 항목	정의	가중치
직무역량 (Business Skills)	컨설팅 스킬	IT 컨설팅 지식과 관리	1
	로지컬 사고	고객 요구 파악 및 논리적 그룹핑 능력	
	전략적 사고	이슈에 대한 이해 및 핵심영역 인지	
리더십 (Leadership)	비전 설정 및 공유	최상의 성과를 위해 팀 멤버들과 비전 설정 및 공유	2
	팀 관리	팀 시너지 창출을 위한 조직관리	
업무 수행 역량 (Business Ability)	이니셔티브와 책임감	정해진 시간에 과제를 완료하기 위한 동력	3
	네트워킹	이해관계자와 고객과의 좋은 관계	
	적응성	어려운 상황에 적응할 수 있는 능력	
의사소통 (Communication)	리서치	관련 항목들을 찾을 수 있는 리서치 능력	4
	리포팅	효과적인 리포팅 스킬	
	프레젠테이션	이해관계자들과 커뮤니케이션	
직업 가치관 (Vocational Values)	이미지 메이킹	태도, 제스처, 말투	5
	자기통제, 주도	겸손한 태도와 자기통제	
	직업적 윤리	사회적 규범과 도덕적 의무 준수	

업무 자세 역량 (Business Attitude)	고객 이해	고객 이슈 식별 및 이해	6
	도전	목표를 구현하기 위한 의지	
	확신, 신념	과제를 완수하려는 강한 믿음	

출처: IT 컨설턴트의 컨설팅 서비스 역량 평가모형 지표의 가중치 연구(2015)

「IT 컨설턴트의 컨설팅 서비스 역량 평가모형 지표의 가중치 연구」 논문에 따르면 컨설턴트 역량에 대한 6개의 대분류 항목(기준)에서 가중치가 제일 높은 항목(요인)은 직무 역량(35%)이고, 2위 리더십 역량(27.8%), 3위 업무 수행 역량(20.2%), 4위 의사소통 역량(7.9%), 5위 직업 가치관(5%), 6위 업무 자세 역량(3.8%)의 순서로 중요하다고 분석하였습니다.

3. ChatGPT IT 컨설팅 역량 요소 분석

최근 ChatGPT*(GPT 3.5 기반 대화형 인공지능 서비스)가 시대의 화두가 되고 있어 IT 컨설팅 관련 내용을 ChatGPT에게 물어보고 관련 대답을 들어보았습니다.

먼저 'IT 컨설팅을 위해 필요한 역량은 무엇이라고 생각하는가?'라는 질문에 ChatGPT는 다음과 같이 답을 제공해 주었습니다.

---

* Generative Pre-trained Transformer 3(GPT-3)은 딥러닝을 이용해 인간다운 텍스트를 만들어내는 자기회귀 언어 모델임

IT 컨설팅을 위해 필요한 역량은 무엇이라고 생각하는가?

- 기술 전문성(Technical expertise): 정보기술과 그 응용에 대한 깊은 이해
- 문제 해결 능력(Problem-solving skills): 복잡한 문제를 파악하고 분석하여 창의적 해결 방안을 모색하는 능력
- 의사소통 스킬(Communication skills): 비기술적 이해관계자에게 기술 정보를 명확하고 간결하게 전달할 수 있는 능력
- 프로젝트 관리(Project management): 프로젝트 관리 방법론에 대한 지식과 프로젝트를 효과적으로 관리할 수 있는 능력
- 비즈니스 통찰력(Business acumen): 비즈니스 운영에 대한 이해와 기술이 비즈니스 목표를 지원하는 방법
- 대인관계 기술(Interpersonal skills): 고객 및 팀 구성원과 긍정적인 관계를 구축하고 유지하는 능력
- 적응성(Adaptability): 변화하는 기술과 비즈니스 요구에 빠르게 적응하는 능력
- 지속적인 학습(Continuous learning): 지속적인 학습과 전문성 개발에 대한 노력

IT 컨설팅 수행을 위해 가장 중요한 역량은 무엇이라고 생각하는가?

AI 언어 모델이라 개인적인 의견이나 감정은 없지만 IT 컨설팅에서 공통적으로 중요하게 생각하는 사항은 다음과 같습니다.

- 기술 숙련도(Technical proficiency): 고객에게 효과적인 솔루션을 제공하기 위한 관련 기술 및 시스템에 대한 심도 있는 지식 보유
- 의사소통 스킬(Communication skills): 복잡한 기술 개념을 고객에게 효과적으로 전달하고 고객의 요구사항을 적극적으로 경청할 수 있는 능력
- 문제 해결 능력(Problem-solving skills): 복잡한 문제를 분석하고 고객의 요구에 맞는 효과적인 솔루션을 개발할 수 있는 능력
- 비즈니스 통찰력(Business acumen): 고객의 비즈니스 운영, 과제 및 목표를 이해하고 기술이 비즈니스 목표를 지원하는 방법
- 적응성(Adaptability): 새로운 기술과 변화하는 고객 요구사항에 빠르게 적응하는 능력

이러한 역량을 통해 IT 컨설턴트는 고객에게 고품질의 부가 가치 서비스를 제공하고 고객과 신뢰를 쌓을 수 있습니다.

ChatGPT는 IT 컨설팅을 위해 필요한 역량에 대해 기술 전문성 (Technical expertise), 문제 해결 능력(Problem-solving skills), 의사소통 스킬(Communication skills), 프로젝트 관리(Project management), 비즈니스 통찰력(Business acumen), 대인관계 기술(Interpersonal skills), 적응성 (Adaptability), 지속적인 학습(Continuous learning)이 필요하다고 답변해 주었습니다.

4. IT 컨설팅 역량모델 비교 분석 및 종합

위의 3가지 역량모델 항목을 비교하여 공통점과 차이점을 살펴보고 3가지 모델의 역량 항목들을 종합해 보겠습니다.

[표 33] IT 컨설팅 역량모델 항목 비교 검토

IT 컨설팅 역량모델(2009)		IT 컨설팅 가중치 연구모델(2015)		ChatGPT	비고
역량 구분	세부 항목	역량 구분	세부 항목	역량 구분	
해당 분야 전문지식	IT 전문지식	업무 자세 역량 (Business Attitude)	고객이해	기술적 전문성	IT 및 해당 업무 전문지식, 의사소통능력, 문제 해결능력, 대인관계, 프로젝트 수행역량, 자세 및 가치관 등으로 요약될 수 있음 (직업적 가치관은 자세 및 가치관에 포함)
	경영지식				
	고객사 이해				
의사소통 능력	대화	의사소통 (Communication)	리서치	의사소통 스킬	
	글쓰기		리포팅		
	프레젠테이션		프레젠테이션		
문제 해결 능력	정확한 상황 파악	직무 역량 (Business Skills)	IT 컨설팅 스킬	문제 해결 능력	
	문제 발견		문제적 사고	비즈니스 통찰력	
	창의적 해결 방안 제시		전략적 사고		
대인관계	리더십	리더십 (Leadership)	팀관리	대인관계 기술	
	팀워크		비전 설정 및 공유		
	인적 네트워크		이니셔티브와 책임감	프로젝트 관리	
프로젝트 수행 역량	프로젝트 관리	업무 수행 역량 (Business Ability)	네트워킹		
	정보 수집		적응성	적응성	
	고객 관계		고객이해		
자세 및 가치관	성실 및 헌신	업무 자세 역량 (Business Attitude)	도전		
	책임의식		확신, 신념		
	도전 및 발전	직업 가치관 (Vocational Values)	이미지 메이킹	지속적인 학습	
			자기통제, 주도		
			직업적 윤리		

위의 3가지 모델 비교를 통해 해당 분야 및 IT 전문지식, 문제 해결 능력, 프로젝트 관리, 자세(태도) 역량 항목은 2개 모델에서 공통으로 제시하고 있으며, 의사소통 능력, 대인관계(리더십) 항목은 3개 모델에서 공통으로 제시하고 있습니다. 2번째 모델의 직무 역량의 IT 컨설팅 스킬, 전략·논리적 사고 능력은 문제 해결 능력과 매칭하였지만 단순히 문제 해결에만 국한하지 않고 IT 컨설팅 사업 추진 방향 설정, 사업 추진 관리, 전략도출, 목표모델 및 목표과제 도출 및 상세 방안 수립 등 IT 컨설팅 수행 전체에 걸쳐 수준 높게 수행할 수 있는 역량으로 구분하는 것이 필요할 것으로 판단됩니다.

3가지 모델의 역량을 종합해 보면 IT 및 해당 업무 전문지식, 의사소통능력, IT 컨설팅 직무 역량, 문제 해결 능력, 대인관계, 프로젝트 수행역량, 자세 및 가치관 등으로 요약될 수 있습니다.

[표 34] Top-down IT 컨설팅 역량모델 종합

역량 구분	세부 항목	역량 구분	세부 항목
IT 및 해당 업무 전문지식	IT 전문지식	대인관계	리더십
	경영지식		팀워크
	고객사 이해		인적 네트워크
의사소통 능력	대화	프로젝트 수행역량	프로젝트 관리
	글쓰기		정보 수집
	프레젠테이션		고객 관계
문제 해결 능력	정확한 상황 파악	태도	성실 및 헌신
	문제 발견		책임의식
	창의적 해결 방안 제시		지속적인 학습 등 도전 및 발전

IT 컨설팅 직무역량	IT 컨설팅 스킬
	로지컬(logical) 사고
	전략적 사고

 지금까지 기존 자료 검토를 통해 IT 컨설팅 필요 역량에 대해 Top-down 방식으로 기존 연구 논문과 ChatGPT 의견 등을 비교, 종합하여 개괄적으로 살펴보았습니다. 이를 통해 IT 컨설팅 수행 시 필요한 역량으로 IT 및 해당 업무 전문지식, 의사소통 능력, 문제 해결 능력, IT 컨설팅 직무 역량, 대인관계, 프로젝트 수행 역량, 태도 등 7개 필요 역량과 21개 세부 역량으로 종합하였습니다.

 다음에는 Bottom-up 방식으로 IT 컨설팅 수행 단계별로 현장(필드)에서 IT 컨설팅을 수행하면서 구체적으로 필요한 능력과 역량이 무엇인지 살펴보면서 Top-down 방식으로 도출한 IT 컨설팅 역량 분류 및 세부 역량 항목에 대해 검토하도록 하겠습니다.

2장

IT 컨설팅 수행 방법에 따른
구체적 필요 역량 도출

환경 분석, 현황 분석, 목표모델 수립, 이행계획 수립 등 IT 컨설팅 수행 단계별로 구체적으로 필요한 능력과 역량이 무엇인지 살펴보도록 하겠습니다. 먼저 환경 분석 단계입니다.

1. 환경 분석 단계 필요 역량 도출

환경 분석 단계에서는 내외부 환경 분석을 위해 정책, 경제·사회, 정보화 등 해당 사업에 영향을 미치는 관련 자료와 정보 조사 분석 능력과 핵심 포인트를 도출하는 능력이 필요하며, 해당 기업·기관의 경영지식, 고객 업무 환경 이해 및 분석능력이 필요합니다. 그리고 해당 사업 관련 기술 동향 분석 능력 및 해당 사업 특성에 맞게 적용 가능한 정보기술을 도출할 수 있는 IT 전문지식이 필요합니다. 요구사항 분석 단계에서는 요구사항 및 업무 이슈·문제점과 원인 등을 파악할 수 있도록 목표지향적 질의·답변 도출이 가능한 의사소통 능력이 필요합니다. 더불어 환경 분석 결과와 시사점을 종합하고 그룹핑해 핵심 성공요인을 식별, 사업 추진 방향성을 도출할 수 있는 능력이 필요합니다.

환경 분석 단계에서 필요한 역량은 환경 변화 요인 파악을 위한 정보 수집·분석 등의 리서치 능력, 요구사항 수렴을 위한 커뮤니케이션 능력, 거시적 관점에서 고객사 경영 방향과 현재 위치에 대한 전략적 사고(분석과 이해를 바탕으로 방향성 도출) 능력이라고 생각합니다.

[표 35] 환경 분석 단계 필요 역량

환경 분석 단계		주요 수행 업무	필요 역량
외부 환경 분석	정책, 법제도 정치 사회 정보화 동향	해당 사업의 정책, 경제/사회 변화, 정보화 동향 등을 조사하여 해당 사업에 영향력이 있는 변화 파악, 정보수집(주요기법: PEST 분석 등)	자료/정보 조사 및 통계 분석, 핵심 포인트 도출 능력
내부 환경 분석	경영 전략 경영 환경 업무/조직 현황	해당 기업·기관의 경영 목표/전략에 대한 이해력, 기업·기관 입장에서 내·외부 역량 및 업무환경 파악(주요기법: 3C 분석, SWOT 분석 등)	경영지식 및 고객 업무 환경 이해/분석 능력
기술 동향 분석		해당 사업 관련 정보기술 구조, 변화, 최신 기술에 대한 깊은 이해와 사업별 필요 기술 및 적용 방향 도출	해당 사업 관련 IT 전문 지식 및 적용 능력
요구사항 수집/분석	인터뷰/설문	키포인트를 묻고 답을 얻을 수 있는 핵심 질의 내용 작성·무엇을 질문하여 어떤 항목에 어디에 활용할 것인지에 대한 방향 정리(주요기법: 인터뷰/설문지 질문 작성 및 구성 능력)	활용 가능한 인터뷰 질의서/설문지 작성 능력
환경 분석 종합	핵심 성공 요인/사업 추진 방향 도출	환경 분석 결과(시사점 등)를 종합하여 핵심 내용을 도출하고 그룹핑 (주요 기법: SWOT 분석, CSF 도출 등)	분석 결과 종합하여 핵심 성공 요인/사업 추진 방향 도출 능력(논리적/전략적 사고 능력)
공통		• 산출물 작성 능력(주요 핵심 내용을 도출하고 세부 내용을 체계적으로 구성하고 기술할 수 있는 능력-거버닝 메시지 작성, 주요 현황과 근거 제시 있는 도식화 능력) • 산출물 작성 시 목차 및 세부 내용을 체계적으로 구성하고 논리적 흐름을 갖추고 논리적으로 명확한 근거 제시 • 산출물 작성 시 그룹핑과 레벨링이 명확하게 그리고 MECE하게 구성할 수 있는 논리적 사고 능력	

2. 현황 분석 단계 필요 역량 도출

현황 분석 단계에서는 거시적 관점의 분석 결과를 고려하며 미시적 관점에서 해당 사업의 업무와 정보화 현황을 상세 분석하여 부족한 점과 개선점을 구체적으로 도출하고 종합하는 것이 중요합니다. 이를 위해 업무 측면에서는 업무 기능 분할·구성 및 프로세스를 세부적으로 분석하여 주요 이슈와 문제점을 식별·도출할 수 있는 능력이 필요합니다. 시스템 측면에서는 응용·데이터·인프라 분야 현황 분석을 통해 영역별 아키텍처 구성 및 운영에서 주요 이슈와 문제점을 발견할 수 있는 전문지식과 이를 IT 전문가가 아닌 일반인에게 알기 쉽게 설명해 줄 수 있는 표현력(글쓰기와 도식화 등)이 필요합니다.

선진 사례 분석 단계에서는 사례 분석을 통해 해당 사업에 적용이 필요한 핵심 포인트들을 도출하고 그에 맞는 상세한 자료 수집과 분석을 통해 해당 조직에 적용할 수 있는 방향을 제시할 수 있는 능력이 필요합니다. 그리고 현황 분석 종합 단계에서는 현황 분석 결과와 시사점을 종합하여 개선 기회와 개선 방향성을 도출하여 이를 개선 과제로 그룹핑할 수 있는 논리적, 전략적 사고 능력이 필요합니다.

현황 분석 단계에서 가장 중요한 역량은 정확한 상황 파악, 문제 발견, 응용·데이터·인프라 등 IT 분야 전문지식과 이를 알기 쉽게 설명해 줄 수 있는 표현력(정확한 어휘와 쉬운 문구를 사용하여 글쓰기, 간단명료하면서 한눈에 파악할 수 있는 도식화 능력 등)이라고 생각합니다.

[표 36] 현황 분석 단계 필요 역량

현황 분석 단계		주요 수행 업무	필요 역량
업무 현황 분석	업무 기능 정의	업무 이해 및 업무 기능 구성도 작성	핵심 업무에 대한 빠르고 정확한 이해
	업무 프로세스 분석	업무 기능과 프로세스 분석	업무기능 분할/구성 및 프로세스 분석, 문제 발견
	이슈 분석	업무 기능 및 프로세스 주요 이슈 분석	능력, 표현력
정보시스템 분석	정보시스템 현황 정리	해당 사업 범위 및 요구사항 관련 대상 시스템 단위 시스템의 세부	업무(응용(애플리)데이터/인프라 아키텍처 전문지식 기반
	시스템 구성/기능 분석	개발 환경 및 기능 작동된 패키지의 특성 파악 및 분석하여 주요 이	분석 능력(분석 관점, 대상, 분석 방법, 원인 파악 및
	시스템 관계분석	슈/문제점 분석	분석 결과 해석 및 해결 방향성 제시)
	이슈 및 문제점 분석	(응용 아키텍처 특성, 기능 구축 환경, 주요 솔루션 특성 분석)	응용/(데이터/인프라 영역별 아키텍처 구성 및 이
데이터 분석	모델 흐름, 표준, 관리체계분석	데이터 모델 구성, 흐름, 표준화, 관리체계 분석	슈/문제점 식별 능력
인프라 분석	H/W, S/W, 보안 분석	하드웨어, 소프트웨어 구성 및 주요 이슈 분석	업무/응용/데이터/인프라 담당자 간 의사소통 및
	연계 방법, 표준 등 분석	내·외부 연계 시스템의 특성(방법, 주기, 연계 데이터) 파악 및 분석	협업 능력 표현력(글쓰기와 도식화 등)
선진 사례분석	주요 사례 분석	해당 사업 관련 사례 대상 선정, 자료 조사, 주요 특성 분석을 통해 적	사례 분석을 통한 사업 맞춤 핵심 포인트 도출
		용 포인트 도출	역량 등 외국어 자료 수집/번역/분석 능력
현황 분석 종합	개선 기회/방향성 종합 및 개선 과제 도출	현황 분석 결과(시·시스템 등)를 종합하여 핵심 내용을 도출하고 그룹핑 하여 개선 과제를 도출	분석결과 종합하여 개선 기회/개선 과제 도출 능력 (논리적/전략적 사고 능력)
공통	• 현황 분석 시 업무/응용/데이터/인프라 영역별 전문지식 기반의 주요 이슈·문제점/원인/개선기회 도출(문제점과 원인 분석 시 통계 및 데이터 분석, 업무규정 및 법제도 등 명확한 근거 제시 능력) • 업무/응용/데이터/인프라 영역별 현황의 이슈, 문제점을 고객 및 업무담당자가 정확하고 쉽게 파악할 수 있도록 도식화하여 제공하고 보고(설명) 및 설득 등 커뮤니케이션 능력 • 현황 분석 시 업무/응용/데이터/인프라 분석 관점 및 대상, 분석 내용 그룹핑과 레벨링이 체계적이고 명확하게 그리고 MECE하게 구성할 수 있는 체계적/논리적 사고 능력		분석 결과를 종합하여 개선 기회/개선 과제 도출 능력 (논리적/전략적 사고 능력) 분석결과 종합하여 개선 기회 시 통계 및 데이터 분석, 원인 문제점/원인/개선기회 도출(문제점과 원인 분석 시 통계 및 데이터 분석, 쉽게 파악할 수 있도록 도식화하여 제공하고 보고(설명) 및 체계적이고 명확하게 그리고 MECE하게 구성할 수 있는 체

3. 목표모델 수립 단계 필요 역량 도출

목표모델 수립 단계에서는 환경과 현황 분석을 통해 기존 이슈와 문제점을 극복하고 이해관계자와 의사결정자들이 원하는 상태로 도달하기 위한 비전과 목표를 수립하기 위한 적확한 어휘와 문구 작성 능력이 필요합니다. 그리고 현황 분석을 통해 분석된 현재 위치와 목표와의 차이 분석을 통해 어떻게 목표에 도달할 수 있을지에 대한 방향성과 전략을 키워드로 도출하여 제시할 수 있어야 합니다.

그리고 개선 과제의 개선 방안 수립 단계를 통해 당면하고 있는 이슈와 문제점에 대한 개선과 문제 해결 방안을 업무 및 정보기술 등 다양한 측면에서 제시할 수 있는 능력이 필요합니다. 이때 업무와 응용, 데이터, 인프라 측면에서 개별적이면서 통합·연계될 수 있도록 IT 컨설턴트 간 협업 및 의사소통을 통해 개별 및 통합 아키텍처를 구성하여 제시할 수 있는 의사소통과 협업·협력의 태도가 필요합니다.

목표모델 수립 단계에서 가장 중요한 역량은 문제 해결 능력입니다. 환경 및 현황 분석에서 제기된 이슈와 문제점을 어떻게 해결할 것인가를 IT 전문성 기반으로 현실적으로 적용 가능한 측면에서 제시하여 고객 만족도를 높일 수 있는 능력이 목표모델 수립 단계에서는 가장 중요한 역량입니다.

그다음으로는 비전·목표·전략을 수립하기 위한 논리적·전략적 사고 능력과 이를 IT 아키텍처(개념 및 상세)로 표현할 수 있는 역량입니다. 그리고 다른 과제 또는 타 분야 전문가와 협업하여 개별적이면서 동시에 통합적인 측면에서 개선 방안을 제시할 수 있는 능력이라고 생각합니다.

[표 37] 목표모델 수립 단계 필요 역량

목표모델 수립 단계		주요 수행 업무	필요 역량
비전/목표 수립	비전/목표 도출	환경 및 현황 분석의 개선 방향성, 요구사항 및 핵심 성공 요인 기반 도출	환경 및 현황 분석 내용을 키워드 문구로 요약할 수 있는 능력
	전략 수립	핵심키워드를 도출하고 차이 분석을 통해 정보화 비전/목표/전략 도출	핵심 키워드 도출 및 키워드 종합 등 전략적 사고 능력
목표모델 개념도	목표 개념도 작성	목표시스템 개념도 작성	IT 아키텍처 구성 등 기본 설계 능력
개선 과제 정의 및 상세 개선 방안 수립	과제 정의 및 AS-IS vs. TO-BE	과제 세부내용 정의 및 기존 대비 개선 포인트 도출 및 도식화	IT 전문지식 기반 고객 상황에 맞는 문제 해결 능력 (바로 적용 및 해결 가능하여 업무에 적용할 수 있는 방안 제시를 통해 고객 만족도 제고)
	업무 개선 방안	업무 기능, 프로세스 개선 등 업무 문제 해결 방안 제시	
	응용 개선 방안	응용 서비스 개선/혁신, 시스템 구성, 세부 기능, 응용 솔루션을 통한 개선 및 문제 해결 방안 제시	다른 과제와 연계 또는 타 분야 전문가와 협업하여 영역별 개별적 해결 방안 제시와 동시에 통합적인 해결 방안 제시 능력
	데이터 개선 방안	데이터 구조, 표준화, 품질 관리 등 개선 및 문제 해결 방안 제시	
	인프라 개선 방안	H/W 구성, 용량(사이징) 산정, 필요 S/W 및 솔루션 식별 및 구성, 연계 방식 및 구성 등 개선 및 문제 해결 방안 제시	관련 전문가 및 전문업체 협업 능력(문제 해결 방안의 현실성, 적정성 등 확보)
공통		• 목표모델 수립 시 업무/응용/데이터/인프라 영역별 IT 전문지식 기반의 현실적이고 적용 가능한 해결 방안 제시 • 문제점의 원인을 근본적으로 해결할 방안과 향후 기술 변화를 고려한 해결 방안 그리고 방안1, 방안2와 같은 세부 고려 가능한 방안 제시 능력 • 문서 작성과 도식화 능력을 통해 고객과 이해관계자에게 설명하고 설득하는 능력	

4. 이행계획 수립 단계 필요 역량 도출

이행계획 수립 단계에서는 목표모델 수립 단계에서 도출된 개선 과제를 대상으로 구축 사업 추진을 위해 이행 과제로 재구성하는 것이 필요합니다. 그리고 도출된 이행 과제 전체를 대상으로 추진 시급성, 전략적 중요성 등 기준을 수립하여 과제의 우선순위를 분류하고 매트릭스로 표현하여 의사결정자와 이해관계자들이 과제 추진을 위한 의사결정을 지원할 수 있어야 합니다.

그리고 실질적인 소요 비용을 산정하여 구축 사업 추진 시 소요되는 비용의 총비용과 과제별·항목별 등을 종합적으로 평가할 수 있도록 구체적이고 자세하게, 그리고 꼼꼼하게 비용 항목들을 계산하고 산정할 수 있는 능력이 필요합니다. 이와 동시에 과제들을 추진했을 때 얻게 되는 기대효과를 산정하고 종합하여 과제 추진의 효과를 정성적, 정량적으로 평가할 수 있는 능력이 필요합니다. 또한, 비용과 기대효과를 기반으로 경제성 분석을 수행하여 과제 추진의 타당성을 평가하여 과제 추진의 근거를 확보할 수 있는 분석 능력이 필요합니다. 최종적으로 의사결정자들에게 사업 추진 내용, 비용, 일정, 효과, 경제성 평가 결과 등에 대해 프레젠테이션(보고, 설명 및 설득 작업)을 통해 의사결정을 지원할 수 있는 능력이 필요합니다.

이행계획 수립 단계에서 가장 중요한 역량은 향후 구축 사업을 추진하기 위한 이행 과제들의 우선순위와 비용을 정확하고 근거 기반으로 산정하는 능력입니다. 그다음에 현실적으로 타당하고 납득이 될 수 있는 수준의 기대효과 산정과 경제성 분석을 통해 의사결정자들에게 이행 과제 추진의 근거와 타당성을 제공할 수 있는 능력이라고 생각합니다.

[표 38] 이행계획 수립 단계 필요 역량

이행계획 수립 단계		주요 수행 업무	필요 역량
이행 과제 도출	이행 과제 정의	이행 과제 정의서 작성	개선 과제 대상 구축 사업 추진을 위해 과제 분할, 통합 능력
이행과제 우선순위 및 로드맵 수립	이행 과제 우선 순위 선정	이행 과제 우선순위 선정 기준 도출 및 우선순위 선정	사업/과제 간 연관성 이해도 및 우선순위 선정, 우선순위 매트릭스 활용 능력
	로드맵 수립	과제 간 연계 파악 및 연도별 과제 분할하여 구축을 고려한 세부 일정 수립(발주, 구축, 테스트 및 안정화, 기존 시스템과 연동 등)	예산 신청/확정, 구축 사업 수행을 위한 세부 일정 능력(구축 사업 추진 관점에서 일정 수립)
소요 예산 선정	과제별/항목별 예산 산정	개발/하드웨어/소프트웨어/기타 영역별 세부 소요 비용 산정 -응용: 기능점수(Function Point) 산정과 M/M(Man/Month) 기반 산정 -하드웨어: 용량산정 결과 기반 서버, 스토리지 견적금액 기반 비용 산정 -소프트웨어: 하드웨어에 탑재되는 소프트웨어 수량, 라이선스 규모 산정 및 견적 금액 기반 비용 산정	기능점수 산정 능력 하드웨어, 소프트웨어 견적 요청 및 견적서 비용 종합정리 필요시 기타(감리, PMO, 개인정보처리, 컨설팅 등) 비용 산정 능력 역할 활용(함수, 피벗 등 기능 활용) 및 숫자 정합성 처리 능력
기대효과	정성적/정량적 기대효과 종합	이행 과제별 정성적, 정량적 기대효과 산정 및 종합	정량적 기대효과 산정을 위해 관련 자료 리서치, 필요 요소(factor) 도출 및 산출 방정식 구성 능력 효과 산정을 위해 현실적이며 명확하고 객관적인 근거 제시 능력
투자 타당성	경제성 분석	비용편익(B/C ratio), 순현재가치(NPV), 내부수익률(IRR), 투자수익률(ROI) 분석	비용편익(B/C ratio), 순현재가치, 내부수익률 이해 및 계산, 판단 능력

5. IT 컨설팅 공통 필요 역량 도출

IT 컨설팅 수행 과정에서 세부적인 작업 단계별 필요한 역량들을 살펴보았습니다. 환경 분석 단계에서는 리서치와 전략적 사고 능력, 현황 분석에서는 문제와 원인 파악(논리적 사고 능력)과 이를 잘 정리할 수 있는 도식화 능력, 그리고 목표모델 수립에서는 문제 해결 능력, 이행계획 수립 단계에서는 소요 예산 및 기대효과 산정 능력 등 단계별 중요하게 필요한 역량이 있습니다.

그러나 IT 컨설팅 수행 시에는 위와 같은 핵심 역량과 함께 IT 컨설팅 수행 전 과정에 걸쳐 공통으로 필요한 역량도 같이 고려될 필요가 있습니다. 이러한 공통 역량에 대해 살펴보도록 하겠습니다.

5.1 프로젝트 관리 역량

IT 컨설팅은 프로젝트 형태로 한정된 기간 안에 품질이 확보된 컨설팅 산출물을 제시해야 하는 사업입니다. 프로젝트는 제시된 요구사항(requirement)을 정해진 기간(납기), 한정된 금액(비용), 투입 인력(자원), 품질확보(품질) 등 일정한 제약 조건하에서 수행하는 사업입니다. 따라서 기간, 금액, 자원, 품질을 관리하여 정해진 기간 안에 사업을 마무리하는 것이 중요합니다. 사업 규모가 큰 사업의 경우에는 사업 관리를 위한 인력이 별도로 배정되지만, 작은 사업의 경우에는 프로젝트 관리자(Project Manager)가 겸업하여 수행하기도 합니다. 일반적인 프로젝트 관리 주요 내용은 아래 [표 39]와 같습니다.

[표 39] 프로젝트 관리 주요 내용 및 필요 역량

구분	주요 내용	필요 역량
범위 관리	제안요청서 및 요구사항 등 모든 태스크의 넓이와 깊이를 고려하여 관리	
비용 관리	인쇄, 회의비, 인건비 등 사업투입 비용 관리	
일정 관리	WBS(Work Breakdown Structure) 작성을 통해 업무 작업 기간, 담당자, 작업 간 선·후행 관계 고려 등 상세 일정 수립 및 관리	
의사소통 관리	보고(주간, 월간, 착수/중간/완료 등)와 수시 회의 일정, 회의록 및 진행 내용 관리	• 일정 및 범위 관리 역량
	착수/중간/완료 보고 등 의사결정 지원을 위한 프레젠테이션	• 사업 관리 문서 작성 능력 • 이해관계자간 긴밀한 커뮤니케이션
진도 관리	일정 및 범위 관리에 따라 사업 진행의 진척도를 관리하여 납기 준수 관리	• 인력구성 및 초·중급 수행인력 협업(일 잘 시키는 능력)
자원 관리	분야별 전문인력 소싱 관리. 인원 결원 또는 추가 인력, 비용이 소요되는 도구 등 투입 관리	• 설득력 있는 프레젠테이션 능력
위험 관리	투입 인원 결원, 코로나 감염 등 질병 발생에 따른 진척 어려움 등 이슈/위험 대응 관리	• 리더십 능력(일정, 범위, 품질 등)
품질 관리	IT 컨설팅 산출물(문서 등) 형식(오탈자, 템플릿 일관성 등)과 내용(논리적 흐름, 근거 등) 관리	
이해 관계자 관리	기업·기관의 경영진 또는 의사결정자, 업무 및 정보화 담당자 등 해당 사업(프로젝트)에 영향을 미치거나 영향을 받을 수 있는 당사자들 식별, 커뮤니케이션 계획 수립, 현황 및 목표모델 산출물 결과 협의 등 원활한 소통과 협력 관리	

프로젝트의 특성과 주어진 환경에 따라 핵심 사업 관리 포인트는 다를 수 있습니다. 모든 사업 관리 영역이 중요하지만, 필자의 경험으로

가장 중요했던 영역은 범위 관리와 의사소통 관리, 이해관계자 관리 그리고 자원 관리 및 일정·진도 관리라고 생각합니다. 그중에서도 범위 관리는 사업 초반부터 종료 시점까지 전 영역에 걸쳐 영향을 미치는 중요한 관리 영역입니다. 사업의 범위(넓이와 깊이)를 명확하고 구체적으로 명시하고 고객과 같은 수준으로 이해하는 것이 중요하며 이를 어떻게 관리하느냐는 해당 사업의 일정과 비용, 품질 관리에 매우 큰 영향을 미치며 동시에 사업의 성공적 수행 여부에 결정적 변수가 될 수 있습니다.

객관적인 측면에서 프로젝트 관리의 국제적 표준은 PMBOK(Project Management Body of Knowledge)입니다. PMBOK은 프로젝트 관리 분야에서 전문적인 모범 사례와 지침을 담고 있는 국제적으로 인정받는 자료입니다. PMBOK은 프로젝트 관리에 필요한 기술, 도구, 기법, 지침을 제공함으로써 프로젝트를 효과적으로 계획, 실행, 관리, 완료하는 데 도움을 줍니다. 이를 통해 프로젝트 관리자와 팀은 일정과 예산을 준수하면서 품질을 유지하고, 프로젝트 목표를 달성하는 데 도움을 받을 수 있습니다.

PMBOK은 프로젝트 관리 커뮤니티에서 널리 인정받는 지침으로, 산업 표준을 제공하고 전문성을 향상시키는 데 중요한 역할을 합니다. 또한, 프로젝트 관리 분야에서의 공통 언어와 프로세스 표준을 제공하여 팀 간 협업과 의사소통을 촉진하며, 효율적인 프로젝트 실행에 필수적인 지침을 제공합니다.

5.2 산출물 작성 역량

IT 컨설팅을 수행하고 완료할 때는 최종산출물을 제출합니다. IT 컨설턴트들의 수많은 고민과 논의, 자료 조사, 협의 및 회의 등의 과정과 결과가 최종적으로는 산출물로 문서화되어 남게 됩니다. IT 컨설팅 사업을 수행하면서 발생했던 수많은 대화와 말들은 사라지고 문서화된 산출물만 남습니다. 즉 산출물에는 사업 기간 중 이뤄진 수많은 대화의 결과가 제대로 반영되고 정리되는 것이 필요하며 그 결과로서의 산출물의 형식과 내용(품질)이 IT 컨설팅 결과의 수준을 말해줍니다. 한 권의 책을 읽듯이 기승전결(起承轉結) 또는 서론, 본론, 결론의 형태로 논리적이면서 체계적으로 구성된 IT 컨설팅 산출물을 만들어 가는 것이 IT 컨설팅의 결과이기도 합니다. 따라서 산출물 작업은 IT 컨설팅 업무의 가장 기본이면서 가장 중요한 작업이라고 할 수 있습니다.

아래 [표 40] 산출물 작성 필요 세부 역량은 필자가 IT 컨설팅 프로젝트 경험을 통해서 산출물 작성 시 중요하다고 생각되는 항목, 즉 글쓰기, 디자인과 서식, 논리적 흐름·논거 제시, 도식화, 피드백 등 5가지 항목을 도출하였습니다.

[표 40] 산출물 작성 필요 세부 역량 도출

구분	주요 내용	필요 역량
글쓰기	쉬운 언어와 핵심 키워드를 사용하여 문서를 작성하고 기술전문 용어 사용 시에는 주석을 통해 설명 제공 필요	적절한 어휘 선택과 내용을 정확하게 전달할 수 있는 문장력
디자인과 문서 서식 (스타일)	파워포인트, 한글, 워드, 엑셀 등으로 IT 컨설팅 산출물 작성 시 산출물의 템플릿 디자인 작업이 필요하며, 목차, 개요, 본문, 종합 등 단계별로 문서 서식(스타일)을 깔끔하게 만들고 일관성 있게 적용	파워포인트, 한글, 워드, 엑셀 문서 디자인과 서식 활용 능력
논리적 흐름 및 논거 제시	논리적 흐름: 산출물 작성 시 하나의 주제에 대해 논리적인 스토리 전개로 고객 및 이해관계자들에게 설득력 및 공감대 형성이 가능하게 만드는 작업 논거 제시: 논리적 흐름과 동시에 정확한 통계 수치, 법제도, 관련 논문 등 사실논거를 제시하고, 사실논거 제시가 어려운 경우 전문가나 권위자의 생각이나 판단 등의 소견논거를 제시하여 분석 및 제안의 타당성 확보(객관적, 사실적, 일반성 또는 대표성을 지니는 논거 제시) 분석 능력: 문제 해결 및 데이터를 수집 및 분석하고, 패턴과 추세를 식별하고, 의미 있는 통찰력을 도출할 수 있는 분석 능력이 필요합니다. 때로는 대규모 데이터 세트로 작업하고, 엑셀/R 등의 분석 도구를 활용하고, 데이터 기반 의사결정을 지원하는 작업	논리적/전략적 사고 분석 능력(통계/데이터 분석 능력 포함)
도식화	복잡한 개념이나 내용을 쉽게 이해할 수 있도록 그림, 이미지로 도식화/시각화하여 핵심 포인트를 간단명료하게 제시(필요시 도표, 그래프, 사진, 이미지 등을 보조적으로 사용)	도식화, 시각화 작성 능력
피드백	글쓰기, 논거 제시, 도식화 등을 사용하여 작성한 담당자별 산출물을 1차 내부(PM 및 동료 팀원) 및 피드백을 통해 수정·보완하고 2차 고객 리뷰를 통해 산출물 완전성 제고	보고, 설명, 설득 등 의사소통 능력

IT 컨설팅 수행 시 위의 항목들이 제대로 반영되어 산출물이 작성된다면 IT 컨설팅 산출물 품질 제고와 함께 고객과 주요 이해관계자

그리고 특히 의사결정자들에게 설득력 있는 정보 제공이 가능하고 고객의 만족도도 높아집니다.

IT 컨설팅 산출물 작성 방법은?

IT 컨설팅 결과물을 작성하려면 결과물이 명확하고 간결하며 고객의 요구사항을 충족하도록 구조화되고 체계적인 접근 방식이 필요합니다. 다음은 IT 컨설팅 결과물을 작성할 때 따를 수 있는 몇 가지 단계입니다.

◇ 결과물의 범위 정의
결과물의 목적, 대상 및 목표를 명확하게 정의합니다. 이렇게 하면 작성에 집중하고 결과물이 고객의 요구사항을 충족하는지 확인하는 데 도움이 됩니다.

◇ 정보 수집
고객 요구사항, 기존 문서 및 수행해야 하는 모든 조사를 포함하여 모든 관련 정보를 수집합니다. 이렇게 하면 보다 정보에 입각한 정확한 결과물을 작성하는 데 도움이 됩니다.

◇ 결과물의 구조 개요
결과물의 다양한 섹션과 하위 섹션을 명확하게 정의하는 개요를 만듭니다. 이렇게 하면 정리된 상태를 유지하고 결과물이 잘 구성되도록 할 수 있습니다.

◇ 산출물 작성
가능하면 간단한 언어를 사용하고 기술적 전문 용어를 피하면서 명확하고 간결한 방식으로 산출물을 작성합니다. 복잡한 개념을 설명하는 데 도움이 되는 도표, 그래프 및 표와 같은 시각적 보조 도구를 사용하십시오.

◇ 결과물 검토 및 편집
결과물을 신중하게 검토하고 세부사항에 세심한 주의를 기울이고 필요에 따라 편집하여 오류가 없고 고객의 요구사항을 충족하는지 확인합니다.

◇ 산출물 프레젠테이션

핵심사항과 권장사항을 강조하여 전문적인 방식으로 고객에게 산출물을 제시합니다.
질문에 답하고 불분명할 수 있는 사항을 명확히 할 준비를 하십시오.

◇ 피드백 받기

결과물에 대한 고객의 피드백을 받아 향후 결과물을 개선하는 데 사용합니다. 고객과
이해관계자로부터 지속적으로 피드백을 구하는 것은 양질의 IT 컨설팅 결과를 제공하
는 핵심 요소입니다.

IT 컨설팅 수행 필요 역량 종합

문헌 조사를 통해 정리된 Top-down 방식의 IT 컨설팅 필요 역량과 IT 컨설팅 수행 단계별로 Bottom-up 방식으로 도출된 필요 역량을 종합하여 IT 컨설팅 수행 시 필요한 컨설팅 역량을 체계적으로 정리하고자 합니다.

1. IT 컨설팅 수행 필요 역량 종합

문헌 조사를 통해 도출된 3개 모델의 IT 컨설팅 역량을 종합하여 아래 [그림 69]의 왼쪽 부분의 7개 역량과 21개 세부 역량 항목을 정리하였습니다. 그리고 오른쪽에 IT 컨설팅 수행 단계별로 필요 역량을 Bottom-up 방식으로 도출하여 25개의 필요 역량을 도출하였습니다.

[그림 69] Top-down과 Bottom-up 방식 IT 컨설팅 필요 역량 종합

Top-down IT 컨설팅 역량 도출	
역량구분	세부 항목
IT 및 해당업무 전문지식	IT 전문지식
	경영지식
	고객사 이해
의사소통 능력	대화
	글쓰기
	프리젠테이션
IT 컨설팅 직무역량	IT 컨설팅 스킬
	로지컬 사고
	전략적 사고
문제해결 능력	정확한 상황 파악
	문제 발견
	창의적 해결방안 제시
대인관계	리더십
	팀워크
	인적 네트워크
프로젝트 수행역량	프로젝트 관리
	정보 수집
	고객 관계
태도	성실 및 헌신
	책임의식
	도전 및 발전

Bottom-up IT 컨설팅 필요 역량 도출	구분
자료/정보 조사 및 통계 분석, 핵심 포인트 도출 능력	환경 분석
경영지식 및 고객 업무환경 이해/분석 능력	
해당 사업관련 IT 전문 지식 및 적용 능력	
활용가능한 인터뷰 질의서/설문지 작성능력	
분석결과 종합하여 핵심성공요인/사업추진 방향 도출 능력	
업무이해 및 업무기능 분할/구성 및 프로세스 분석 능력, 문제발견 능력	현황 분석
업무/응용/데이터/인프라 아키텍처 전문지식	
표현력(글쓰기 등 도식화 등)	
사례분석을 통한 사업 맞춤 핵심포인트 도출 능력	
분석결과 종합하여 개선기회/개선과제 도출 능력	
요약능력, 핵심키워드 도출 등 전략적 사고 능력	목표 모델 수립
IT 전문지식 및 IT 아키텍처 구성 등 기본설계 능력	
문제해결 능력	
다른 과제와 연계 또는 타분야 전문가와 협업능력	
표현력(글쓰기와 도식화 등)	
사업/과제간 연관성 이해도 및 우선순위 선정, 우선순위 매트릭스 활용 능력	이행 계획 수립
예산신청/확정, 구축 사업 수행을 위한 세부 일정 수립 능력	
기능점수 산정 능력	
• 하드웨어, 소프트웨어 견적 요청 및 견적서 비용 종합정리 • 역할 활용(함수, 피벗 등 기능활용) 및 숫자 정합성 처리 능력	
관련 자료 리서치, 필요 요소(factor) 도출 및 산출방정식 구성 능력	
비용편익(B/C ratio), 순현재가치, 내부수익률 이해 및 계산, 딘단 능력	
• 일정 및 변리관리 능력 • 사업관리 관련 문서 작성 능력 • PM 과 사업관리 긴밀한 커뮤니케이션 • 인력구성 및 조율금급 인력 협업 • 설득력 있는 프레젠테이션 능력 • 리더십 능력	프로젝트 관리
글쓰기 : 적절한 어휘선택과 문장력	산출물 작성
디자인과 문서서식 (스타일) : 파워포인트, 한글, 워드, 엑셀 문서 디자인과 서식 적용 능력	
논리적 흐름 및 논거제시 : 논리적/선략적 사고 및 분석 능력	
도식화 : 도식화, 시각화 작성 능력	
피드백 : 보고, 설명, 설득 등 의사소통 능력	

[표 41] IT 컨설팅 필요 역량 종합

역량 구분	세부 항목	역량 구분	세부 항목
1. IT 컨설팅 역량/경험 융합 및 최적화	전략적/논리적 사고 기반 사업 수행	5. 문제 해결 능력	정확한 상황 파악
	개별분야 분석결과 종합		문제 이해 및 분석
	IT 컨설팅 수행 경험 체득화/융합		창의적 해결 방안 제시
2. IT 및 업무 전문지식	IT 전문지식 및 아키텍처 설계 능력	6. 대인관계	리더십
	경영지식		팀워크 및 협업
	고객사 이해		인적 네트워크
3. 의사소통 능력	대화, 회의	7. 프로젝트 수행역량	프로젝트 관리
	리포팅(보고, 설명 등)		정보 수집 및 리서치
	프레젠테이션		고객 관계
4. 문서 작성 및 표현력	글쓰기 및 도식/시각화	8. 태도	성실 및 헌신
	디자인, 서식		책임의식
	문서도구 기능 숙달		도전 및 발전 (지속적인 학습)

Top-down과 Bottom-up 방식의 IT 컨설팅 필요 역량 항목들을 비교하여 중복을 제거하거나 비슷한 항목들을 통합하였습니다. 그리고 Top-down 방식의 분류에 해당하지 않는 것은 따로 분류하여 IT 컨설팅 필요 역량 항목들을 종합하여 8개의 역량 항목과 24개의 세부 필요 역량 항목들로 정리하였습니다.

기존 IT 컨설팅 역량 항목에서 변경된 부분은 다음과 같습니다.

첫째, IT 컨설팅 역량·경험 융합 및 최적화 항목입니다. IT 컨설팅을 수행하면서 가장 중요하고 지속적으로 요구되는 역량이라고 생각됩니다. 프로젝트의 큰 그림과 핵심목표를 빠르고 정확하게 파악하여 사업 마무리까지 그 목표 달성 결과물을 의미 있게 만들어 갈 수 있는 능력입니다. 융합 및 최적화 역량은 환경 분석, 현황 분석, 목표모델 그리고 이행계획을 전반적으로 큰 틀에서 파악하고 세부적인 분석과 종합의 반복적 단계를 융합하는 역량을 말합니다. 기본적으로 여기에는 프로젝트 수행과 산출물 작성 시 전략적이며 논리적 사고 기반하에 분석을 통해 산출물 장표 작성을 할 수 있는 능력을 포함합니다.

개별분야 분석결과 종합 역량은 각 업무·응용·데이터·인프라 또는 과제별·주제별로 분석을 수행하고 개별적 분석 결과를 종합하여 몇 개의 개선 기회·과제로 종합·융합하는 능력을 말합니다. 영역별·과제별 등 다양한 영역에서 상세한 분석을 통해 미시적으로 접근한 상황에서 다시 거시적으로 전체적인 관점에서 중요한 내용을 그룹핑하고 키포인트를 추출하여 요약하는 등의 작업을 통해 종합하는 능력은 높은 수준의 IT 컨설팅 서비스 제공을 위해 꼭 필요한 역량이라고 생각합니다.

그리고 IT 컨설팅 수행 경험 체득화는 IT 컨설팅 프로젝트를 스마트하게 수행할 수 있게 단계별 과제 수행의 핵심을 도출해 내는 능력입니다. 흔히 '삽질'이라고 하는 작업을 최소화하거나 '삽질' 없이 효과적으로 업무를 수행할 수 있는 능력입니다. 이러한 역량은 IT 컨설팅 단계별로 무엇을 해야 하는지를 몸에 익혀 다음 단계에서 또는 몇 발 앞서서 준비할 사항을 체크하여 미리 준비하고 대응할 수 있는 역량입니다. 개별분야 분석결과 종합 역량과 함께 수행 경험 체득화 역량은 IT 컨설팅의 많은 경험과 노력을 통해서만 얻을 수 있는 역량이라고 생각합니다.

IT 컨설팅 수행 경험이 체득화되어 있지 못한 IT 컨설턴트는 현재 단계에서 해야 할 일을 준비하지 못해 재작업을 하거나 분석을 할 수 있는 자료가 부족하여 낮은 수준의 산출물을 제시하는 경우가 많습니다. 내부 산출물 리뷰(검토)회의 시 의미 있는 산출물이 제시되지 못해 서로 얼굴을 붉히거나 고성이 오가는 경우도 발생하여 팀 분위기를 망치는 원인이 되기도 합니다. 이러한 경우 시간이 어느 정도 흐른 뒤 다시 자료를 수집하고 분석하려고 하여 일정 및 품질 관리가 제대로 되지 못하는 상황이 발생하기도 합니다.

둘째, IT 및 업무 전문지식은 실제적으로 전문지식 기반하에 업무·응용·데이터·인프라 아키텍처 문제 식별 및 해결 방안 제시 그리고 기본 설계 작업을 진행하는 역량을 말합니다. 그래서 기존 전문지식에 추가하여 보완하였습니다. 먼저 업무·응용·데이터·인프라 아키텍트는 영역별 전문가로 해당 사업 내용과 주제에 맞게 영역별 전문가를 소싱하는 것이 중요합니다.

그리고 경영지식과 고객사 이해 측면에서는 IT 컨설턴트가 해당 분야와 산업에 대해 빠르게 그리고 지속적으로 공부하여 핵심을 파악할 수 있는 능력을 키우는 것이 중요합니다. 초반에는 해당 조직의 현업과 업무전문가들을 대상으로 질의 및 인터뷰를 통해 업무를 파악합니다. 그리고 프로젝트 중반 이후에는 현업과 업무전문가들보다 더 전문성을 보유할 수 있는 전문가가 되도록 빠르게, 집중적으로 그리고 지속적으로 전문지식을 습득, 확보할 수 있는 능력을 말합니다.

셋째, 의사소통 능력에서 글쓰기 부분을 떼어내어 문서 작성 및 표현력이라는 역량에 포함시키고 의사소통 능력에서는 대화·회의, 리포팅 그리고 프레젠테이션 부분으로 재구성하였습니다.

넷째, 컨설팅 사업 수행 시 가장 기본적인 능력이지만 중요한 문서 작성 및 표현력 역량을 따로 구분하였습니다. 어려운 내용을 쉬운 단어와 어휘로 작성하고 단순명료하게 문장을 작성하여 상대방이 쉽게 이해할 수 있도록 전달하는 것은 많은 고민을 필요로 합니다. 그리고 도식화, 시각화 부분도 복잡한 개념이나 내용을 쉽게 이해할 수 있도록 많은 양의 텍스트와 복잡한 상황·정황을 그림, 표·그래프, 이미지로 작성하여 핵심 포인트를 간단명료하게 제시할 수 있는 능력으로 IT 컨설턴트에게 중요하게 요구되는 역량입니다.

특히 사업 진행과정에서 착수·중간·완료 보고와 사업 수주를 위해 제안서의 발표자료를 작성하는 경우 도식화나 시각화 작성 후 그 장표를 띄웠을 때 직관적으로 이해와 설득이 되도록 자료를 만드는 것이 중요합니다. 고객이 이해하고 있는 어렵고 복잡한 상황을 알기 쉽게 도식화와 시각화하여 제공하면 발표자가 이야기하려고 하는 내용에 대한 이해도가 높아질 수 있습니다. 그리고 디자인, 서식 부분은 문서를 템플릿에 맞추어 일관성 있고 깔끔하게 체계적으로 작성할 수 있는 역량입니다. 한글, 파워포인트, 워드, 엑셀 등 문서도구의 기능들을 사용하여 글머리, 줄 간격, 자간, 폰트부터 일관성 있게 색상과 스타일, 디자인을 적용하는 것도 기본적이면서 중요한 컨설턴트 역량이라고 할 수 있습니다.

필자가 IT 컨설팅을 수행하면서 개인적으로 많은 고민을 했던 부분이 IT 컨설턴트 역량 강화입니다. 뛰어난 IT 컨설턴트가 되기 위해서 무엇을 어떻게 해야 할지, 그리고 어떠한 역량을 확보하여야 하는지 고민하였습니다. 그리고 새롭게 IT 컨설턴트가 되고자 하는 신입사원/입문자 또는 기존 초·중급 IT 컨설턴트들과 같이 일하면서 이들이 단계별로 어떠한 역량을 달성해야 하는지에 대해 알려주고 싶었습니다.

다음은 지금까지 논의한 [표 41] IT 컨설팅 필요 역량 종합의 세부
내용을 입문/초·중급 IT 컨설턴트 입장에서 실무적 측면의 역량 난이
도와 중요도를 고려하여 단계별/수준별 역량체계로 종합하여 표현한
것이 아래 [그림 70] IT 컨설팅 필요 역량 피라미드 체계입니다.

[그림 70] IT 컨설팅 필요 역량 피라미드 체계

IT 컨설팅 필요 역량을 기본 역량, 필수 역량 그리고 핵심 역량 영역
으로 구분하여 입문/초급 IT 컨설턴트들이 기본 역량부터 단계별로 역
량을 확보할 수 있도록 가이드하고자 합니다. 다음 장부터 IT 컨설팅
을 수행하고자 하는 입문자들이 IT 컨설팅 필요 역량 피라미드 체계를
기반으로 역량을 쌓아갈 수 있도록 자세히 설명해 드리겠습니다.

IT 컨설팅 수행 필요 역량 상세

IT 컨설팅 기본, 필수, 핵심 역량에 대해 중요하다고 생각되는 부분에 대해서 필자의 생각을 말씀드리겠습니다. 모든 세부 내용을 다 정리하기는 어려워 IT 컨설팅 수행 시 꼭 필요하다고 생각되는 내용 중심으로 최대한 현장에서 바로 사용할 수 있는 형태로 정리하였습니다.

1. IT 컨설팅 기본 역량

먼저 IT 컨설팅 기본 역량은 IT 컨설팅 실전에서 프로젝트를 수행하고 산출물 작성을 위해 바로 요구되는 가장 기본적인 역량으로 필수와 핵심 역량에 비해 상대적으로 낮은 난이도를 가지고 있는 역량이라고 정의할 수 있습니다.

1.1 문서 작성 및 표현력

◑ 글쓰기역량

IT 컨설팅 수행 시 문서 작성은 일반적으로 파워포인트를 많이 사용합니다. 워드, 아래한글, 엑셀 등도 사용하지만 파워포인트가 시각적 효과(도형, 아이콘, 그래프, 데이터 분석을 통한 시각화 등), 논리적이고 구조화된 형식 지원, 공동 작업, 스토리텔링 등 여러 면에서 효과적이기 때문입니다.

파워포인트로 수많은 장표(파워포인트 슬라이드)를 작성하면서 효과적으로 조사 분석 내용과 아이디어 등을 전달하기 위해 글과 도식화 위주로 내용을 정리합니다. 파워포인트 장표 작성시 글(문장)과 도식화가 차지하는 비중 3:7 또는 4:6 정도로 구성될 때 가독성이 높아집니다. 도식화가 어려워 파워포인트 장표에 글로만 정리하는 경우 가독성이 많이 낮아집니다.

글쓰기는 가독성을 높이면서 명확한 메시지를 전달할 수 있도록 구성되어야 합니다. 이를 위해서 '짧은 글', '바른 글', '쉬운 글'로 쓰일 때 가장 효과적으로 의미를 명확하게 전달할 수 있습니다. '짧은 글'은 키워드 중심으로 한 줄 또는 두 줄 이내로 작성되는 것을 의미합니다. 하나의 문장·문구에 하나의 생각을 표현하는 것이 중요합니다. '바른 글'은 짧은 단락과 문장에서 자연스러운 문맥, 바른 문법과 오탈자가 없음을 의미합니다. '쉬운 글'은 어휘, 표현이 어렵지 않고 쉬운 글로 작성되어 전문지식이 없어도 이해될 수 있도록 작성됨을 의미합니다.

IT 컨설팅 입문 시기에는 제안서 작성이나 산출물 리뷰 시 PM에게 많이 지적을 받곤 했습니다. 장표마다 거버닝 메시지와 내용을 리뷰하면 PM들은 주로 하고 싶은 이야기가 뭔데? 핵심 내용이 뭐야? 글을 읽으면 무슨 이야기인지 잘 모르겠어, 주제가 뭔데? 주어가 뭔데? 등 핵심 내용 파악이 쉽게, 간결하고 명확하게 쉬운 언어로 표현해 달라는 요구가 많았습니다. 그리고 이를 위해 여러 번 리뷰와 수정 보완 작업을 했던 기억이 납니다.

지금 많은 시간이 흐른 뒤에도 장표 거버닝 메시지와 내용을 리뷰하면서 계속해서 핵심 내용 파악이 쉽게 간결하고 명확한 메시지 전달을 위해 고민하고 있습니다.

아래 [표 42]의 내용은 IT 컨설턴트들이 장표 작성을 하면서 요구받았던 그리고 지적받았던 내용입니다. 좀 더 명확하게 정리하기 위해 인터넷 조사를 통해 다음과 같이 정리하였습니다.

글쓰기 역량 내용을 작성하면서 아래 내용들을 잘 준수하고 있는지 필자도 다시 한번 생각하는 시간을 가지게 되었습니다. 좀 더 품질 높은 IT 컨설팅 산출물 제공을 위해서 글쓰기 역량을 제고하는 것이 필요합니다.

[표 42] 글쓰기 주요 고려사항(예시)

구분	개선 전(예시)	개선 후(예시)
제목을 통한 핵심 내용 파악	시스템 구축 방안 1.1 업무 연속성 및 확장성 보장	시스템 구축 방안 1.1 이중화 구성으로 업무 연속성 보장 1.2 클러스터로 구축으로 확장성 보장
모호성 제거/주체 명확화(바른 글)	그는 소리를 지르면서 달아나는 범인을 쫓아갔다.(누가 소리를 지르나?) 운동 사회가 범죄로 가득 차 있다. B기업 ㅇㅇ시스템 대상 최고의 데이터 품질 수준을 달성하도록 하겠습니다.	구조적으로 이중성을 띠고 있어 누가 소리를 지르는지 알 수 없다 사회가 운동을 범죄로~ A사는 B기업 ㅇㅇ시스템 대상 4레벨 데이터 품질 수준을 달성하도록 하겠습니다.
명칭을 구체적이고 일관되게 사용	전등이 높이를 변화시키면 불빛 주위에 모여드는 곤충이 수는 증가하였다. 한편 조명기구의 방향은 곤충의 수에 영향을 미치지 않았다.	전등 높이를 변화시키면 전등 주위에 모여드는 곤충 수는 증가하였다. 한편 전등 방향은 곤충 수에 영향을 미치지 않았다.
특정 단어 연속해서 사용 금지(중복되는 단어/표현 삭가)(바른 글)	오늘날 공해는 사회문제 중에서 가장 심각한 문제임에도 불구하고 문제의 심각성을 이해하는 사람이 그다지 많지 않다는 점에서 문제의 어려움이 있다.	오늘날 공해는 사회문제 중에서 가장 심각한 것임에도 불구하고 이의 심각성을 이해하는 사람이 그다지 많지 않다는 점에서 해결이 어려움이 있다.
개략적인 표현 대신 구체적인 수치 제시(쉬운 글)	종전의 측정보다 훨씬 우수한 결과를 얻었다.	종전의 측정에서도 표준오차가 3%였으나 본 실험에서는 0.1%였다.
능동태로 쓰기(바른 글)	이 보고서에서는 태양광 발전의 경제성이 다루어진다.	이 보고서는 태양광 발전 경제성을 다루고 있다.
문예에 맞는 정확한 단어를 선택(바른 글)	교통사고로 차가 막혀 지각하다. 빠르고 우유를 마셨다.	교통사고로 길이 막혀 지각하다. 빠르고 우유를 마셨다.
문장은 하나의 개념만 사용(짧은 글/문장)	올해 데이터 분석 전문가 자격증 획득 계획을 가지고 있는 홍길동은 빅데이터 사업에서 데이터 분석 업무를 수행했다.	홍길동은 빅데이터 사업에서 데이터 분석 업무를 수행했다. 올해 그는 데이터 분석 전문가 자격증 획득 계획을 가지고 있다.
커뮤닝 메시지 작성 시 주의사항	커뮤닝 메시지는 기급적 2줄 이내로 작성한다. 두줄식으로 작성하고 해당 장표의 내용을 요약하여 작성한다.	

(※ 주: 일부 내용은 인터넷 자료에서 인용 참조하여 재정리함)

● 문서작성도구활용스킬숙달(엑셀, 워드, 파워포인트, 한글 등)

많은 양의 작업을 빠른 시간 안에 깔끔하게 작성하기 위해서는 문서 작성 도구에 대한 숙련도와 기능 활용에 대한 스킬이 필요합니다. 엑셀, 파워포인트, 워드·한글과 같은 오피스 도구를 얼마나 잘 다룰 수 있느냐에 따라 IT 컨설턴트마다 업무 생산성에서 차이가 발생합니다. 또한, 야근·주말근무 여부와 고객의 만족도 상승 등 여러 요소에 영향을 미치기도 합니다.

IT 컨설턴트에게 요구되는 엑셀 스킬은 많은 양의 수치 데이터 처리 및 계산, 표·그래프 작성, 함수, 피벗 등 수식, 계산 사용 능력입니다. 그리고 파워포인트는 도식화·시각화를 위한 장표의 도식화 구성 능력입니다. 파워포인트의 SmartArt에서 제시하는 목록형, 프로세스형, 주기·계층형, 관계·행렬, 피라미드와 같은 형태의 구성을 해당 장표 내용에 맞게 적용하는 스킬이 필요합니다. 워드·아래한글의 경우에는 문단 (자간 및 줄간격 조정 등)과 서식·스타일 등 활용 스킬이 필요합니다.

엑셀 활용 스킬

IT 컨설팅에서 주로 요구되는 엑셀 활용 능력은 다음과 같습니다.

① 함수 및 수식 활용 능력

다양한 함수와 수식을 사용하여 데이터를 처리하고 계산하는 능력이 필요합니다. SUM, AVERAGE, VLOOKUP, IF, 피벗 등의 함수를 이해하고 활용할 수 있어야 합니다. 예로 이행계획 수립 단계에서 예산 산정 시 주로 엑셀을 활용하여 예산을 정리합니다. 시스템 기능점수 리스트와 비용, 하드웨어와 소프트웨어 세부 항목별 비용을 단가, 개수, 라이선스 등 상세 항목으로 정리하여 관리하는데, 엑셀의 SUM, VLOOKUP, ROUND, 셀참조, 피벗 기능을 많이 사용합니다.

② 데이터 분석 및 정리

데이터를 가져오고 정리하는 능력이 중요합니다. 데이터를 필터링하거나 정렬하는 방법, 데이터 유효성 검사, 중복 제거 등의 기술이 필요합니다.

③ 시각화 및 차트 작성

데이터를 시각적으로 표현하는 능력도 중요합니다. 그래프나 차트를 만들고 이를 적절히 해석할 수 있어야 합니다. 예로 서버 CPU, 메모리, 디스크 활용률 데이터를 입력받아서 시간별, 연도별 추이 파악을 통해 언제 가장 많이 사용되고 있는지, 평균적으로 어느 정도 사용하고 있는지 등을 분석하여 그래프로 생성합니다. 또한, 프로젝트 관리를 위해 일정(WBS 등) 수립 시 차트로 프로젝트 일정을 계획하고 시각화하는 데 사용됩니다.

④ 보고서 및 문서 작성

데이터를 요약하고 보고서를 작성하는 능력도 중요합니다. 필요한 데이터를 추출하고 요약하여 문서 작업에 활용할 수 있어야 합니다.

엑셀 기능을 능숙하게 활용한다면 IT 컨설턴트는 시간을 최적화하고 고객에게 수준 높은 산출물을 제공할 수 있습니다.

파워포인트 활용 스킬

IT 컨설팅 산출물은 일반적으로 파워포인트로 작성되는 경우가 많습니다. 파워포인트는 워드, 아래한글과 달리 도형, 아이콘, 차트, 그림, 이미지 등에 더 효과적인 문서도구입니다. 따라서 복잡한 내용을 시각화·도식화를 통해 알기 쉽게 표현하여 이해력과 설득력을 높이기 위해 파워포인트를 많이 사용합니다.

IT 컨설팅에서 주로 요구되는 파워포인트 활용 능력은 다음과 같습니다.

① 산출물 템플릿(슬라이드 디자인과 포맷) 구성

산출물 템플릿과 내용을 구조화하고 효과적으로 전달할 수 있는 레이아웃과 디자인을 선택하는 능력이 중요합니다. 텍스트와 이미지, 그래픽 요소를 삽입하고 효과적으로 다루는 능력이 필요합니다. 글꼴, 색상, 배치 등을 조절하여 전문적인 외형을 만들 수 있어야 합니다.

[그림 71] 산출물 템플릿(예시)

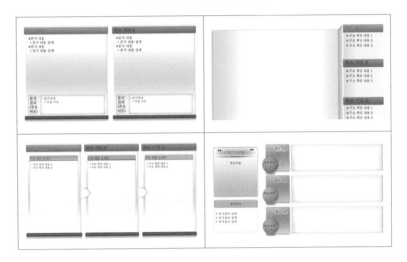

　파워포인트의 슬라이드 형식은 정보 표시에 대한 구조화된 접근 방식을 적용합니다. 즉 슬라이드 레이아웃, 테마와 스타일, 글꼴 그리고 정렬과 간격 등의 구조는 컨설턴트의 생각이 논리적으로 흐르도록 하는 데 도움이 됩니다.

템플릿 주요 활용 기능

- 슬라이드 마스터
슬라이드 전반의 외관과 레이아웃을 맞춤 설정하여 일관성을 유지합니다.

- 슬라이드 레이아웃
미리 디자인된 다양한 슬라이드 레이아웃 중에서 효과적으로 정보를 전달하는 레이아웃을 선택합니다.

- 테마와 스타일

일관된 테마와 스타일을 적용하여 전반적으로 전문적인 외관을 유지합니다.

- 글꼴 서식

가독성을 위해 글꼴 유형, 크기 및 색상을 조정합니다.

- 글머리 기호와 번호 매기기

정보를 명확하고 체계적으로 조직하여 제시합니다.

- 정렬과 간격

정확한 정렬과 간격을 통해 세련된 외관을 유지합니다.

② 그래픽과 시각적 자료 적용

그래프나 차트 등을 활용하여 데이터를 시각적으로 표현하는 능력이 중요합니다. 데이터를 이해하기 쉽고 효과적으로 전달할 수 있어야 합니다. 파워포인트를 사용하면 IT 컨설턴트가 시각적으로 매력적이고 조직적인 방식으로 정보를 제시할 수 있습니다. 슬라이드는 텍스트, 이미지, 차트, 그래프 및 멀티미디어 요소를 통합하여 고객이 복잡한 개념을 더 쉽게 이해할 수 있도록 지원합니다.

도식화 주요 활용 기능

- 사진과 아이콘 삽입

관련 이미지와 아이콘을 사용하여 슬라이드를 향상시킵니다.

- 스마트 아트

프로세스, 계층 구조 및 관계의 다이어그램과 시각적 표현을 생성합니다.

- 차트와 그래프

데이터와 통계를 시각적으로 매력적이게 제시합니다. 막대 그래프, 원 그래프, 선 그래프 등을 선택적으로 사용할 수 있어야 합니다.

- 애니메이션

관중의 관심을 끌기 위해 섬세한 애니메이션을 추가합니다.

③ 전문적인 프레젠테이션 구성

프레젠테이션의 목적과 대상 대중을 고려하여 구성하는 능력이 중요합니다. 명확한 구조와 일관된 디자인을 통해 전문적인 이미지를 유지합니다. 또한, 적절한 그래픽 요소와 이미지를 활용하여 프레젠테이션을 보다 효과적으로 시각화합니다.

파워포인트로 산출물 작성 시 장표의 구성, 정렬, 대칭, 거버닝 메시지 작성 공간, 디자인 등을 일관성 있게 정리하는 것이 필요합니다. 또한, 여러 명이 작성하더라도 한 사람이 작성한 것처럼 아이콘, 폰트, 색상, 도식화 형태 등 형식의 일관성을 유지하는 것이 중요합니다. 파워포인트의 이러한 스킬과 기능을 활용하여 IT 컨설턴트는 분석 결과와 통찰력, 해결 방안을 효과적으로 전달할 수 있습니다.

워드·아래한글 활용 스킬

IT 컨설팅에서 엑셀과 파워포인트만큼은 아니지만 필수적으로 사용되는 문서도구가 워드·아래한글입니다. 기업·기관의 내부 보고자료와 사업수행계획서, 인터뷰계획서, 사업계획서, 제안요청서(RFP) 등에서는 주로 워드·아래한글 문서로 작성합니다. 특히, 정부와 공공기관은 아래한글 문서로 통일되어 있기 때문에 공공사업 컨설팅에서는 아래한글 활용 스킬이 중요하게 고려되고 있습니다.

기관·기업에서 원하는 깔끔한 형태로 문서를 정리하기 위해서는 워드·아래한글의 문서서식, 스타일 등을 정하고 문단 모양, 글머리표, 줄 간격 등을 깔끔하게 정리하는 스킬이 필요합니다.

문서 작성과 포맷(템플릿)

– 글자와 문단 서식
문서를 시각적으로 매력적이고 가독성 있게 만들기 위해 글자 및 문단에 다양한 스타일, 글꼴, 크기, 색상을 적용합니다. 미리 디자인된 템플릿과 테마를 사용하여 시간을 절약하고 전문적인 외관을 유지합니다.

– 입력 기능 활용
표와 그림 삽입 등의 기능을 통해 문서 가독성을 높일 수 있습니다. 특히 아래한글 표 작성 시 표의 간격을 늘리고 줄이기 위해서는 Ctrl + Up, Down, Left, Right와 같이 단축키 사용 스킬을 통해 표 높낮이와 좌우 간격을 깔끔하게 조정할 수 있습니다.

– 줄 간격과 들여쓰기

줄 간격과 문단 들여쓰기를 조절합니다. 특히 아래한글 줄 간격 조정은 자주 사용되는 기능으로 Alt + Shift + N(글자 간격 줄임), Alt + Shift + W(글자 간격 늘임) 단축키 사용 활용 스킬은 필수 스킬입니다.

– 페이지 설정

일관된 포맷을 위해 여백, 페이지 크기, 방향, 헤더/푸터를 설정합니다.

[표 43] 아래한글 주요 기능별 단축키

기능	단축키	기능	단축키
커서 위치에 맞게 나머지 줄이 맞춰 정렬됨	shift + tab	기본개요(1,가,1),가)) 모양으로 시작	ctrl + insert
모양 복사(글자와 문단 모양 모두 복사)	alt + c	표 자동 채우기	블록 + A
정렬(왼쪽, 오른쪽, 가운데, 양쪽 등)	ctrl+shift+R/L	표 셀 넓이 조정	alt + ↑,↓,→,←
문자표(수식편집기 사용 중에는 단축키 활용 불가수)	ctrl + F10	표 자체 넓이 조정	ctrl + ↑,↓,→,←
줄 간격 늘림/줄임	alt + shift + z/a	셀 넓이/높이 조정	shift + ↑,↓,→,←
글자 모양	alt + L	셀 블록 지정	F5
문단 모양	alt + T	표의 맨 마지막 셀에서 Tab 누르면 바로 아래 줄 추가	Tab
글자 간격 늘림/줄임	alt + shift + n/w	첫 번째 셀에서 ctrl + backspace 누르면 줄 삭제	ctrl + Backspace
찾기/찾아 바꾸기	ctrl + F/F2, ctrl + H	표에서 아래에 줄 추가 쪽 나누기	ctrl + Enter
편집 용지	F7	셀 합치기	M
쪽 나누기	ctrl + Enter	제목셀을 페이지마다 반복해서 표시	제목블록 + 표 속성 셀탭 제목셀 체크
스타일 설정(내보내기, 가져오기 등), 스타일 목록 편집(여백, 들여쓰기, 간격, 글꼴 등)	F6	수식편집기	ctrl + N, M
용지 방향 변경	① ctrl + Enter ② 방향변경+적용 범위 새구역으로	단 나누기	ctrl + shift + enter

◐ 도식화(Visualization) 역량

IT 컨설팅은 주로 파워포인트(슬라이드)로 자료를 만드는 경우가 많다고 말씀드렸습니다. 파워포인트 문서도구는 텍스트보다는 그림, 이미지, 그래프 등을 통해 시각화하여 논리적, 체계적으로 커뮤니케이션할 때 더욱 효과적입니다. IT 컨설팅 장표 작성 시 텍스트보다는 도식화·시각화를 통해 효과적으로 내용을 전달할 수 있는 능력이 요구됩니다.

네이버 국어사전에 따르면, 도식화란 "사물의 구조, 관계, 변화 상태 따위를 그림이나 양식으로 만듦"이라고 정의하고 있습니다. 여기서 핵심은 난해하고 복잡한 내용을 도형, 표·그래프, 그림 등 시각적인 도구를 이용해서 내용을 쉽게 파악할 수 있도록 정리하는 것입니다. 즉 복잡하고 많은 텍스트 내용을 "한눈에 쉽게 알 수 있도록 정리"해서 보여주는 것입니다.

그럼, 도식화·시각화는 어떤 방법으로 수행할 수 있을까요? 일반적으로 도식화·시각화를 수행하는 절차와 내용은 다음과 같습니다.

① 목적과 대상자 파악
무엇을 표현하려는지 목적을 명확히 하고, 누구를 위한 것인지 대상자의 수준과 이해도를 고려합니다.

② 간결하고 명확한 메시지 설정

복잡한 내용을 파악하고, 핵심적인 메시지를 도출하여 간결하게 정의합니다. 그리고 이를 시각화하기 위한 핵심 요소로 설정합니다.

③ 적절한 시각화 도구 선택

데이터의 특성에 맞는 적절한 시각화 도구를 선택합니다. 막대 그래프, 선 그래프, 원 그래프, 다이어그램 등을 활용합니다. 시간의 흐름을 표현한다면 타임라인이나 시퀀스 다이어그램이 적절할 수 있습니다.

④ 정보를 계층화하고 구조화

정보를 계층화하여 중요한 부분을 강조하고, 구조화하여 체계적인 표현을 위해 단계적으로 정리합니다.

⑤ 단순화와 간결화

중요한 내용에 집중하고, 불필요한 세부사항은 배제하여 정보를 간결하고 단순하게 표현합니다.

⑥ 시각적 요소 추가

시각적인 디자인을 추가하여 정보를 명확하게 전달합니다. 색상, 글꼴, 크기 등을 사용하여 시각적 효과를 높입니다.

아래 [그림 72] 도식화·시각화 작업(예시)를 통해 좀 더 구체적으로 설명해 드리겠습니다.

[그림 72] 도식화·시각화 작업(예시)

도식화 대상 내용

A기업은 AI 제품과 서비스를 제공하는 소프트웨어 회사입니다. A기업은 향후 5년에서 10년 후에 글로벌 기업으로 성장하려고 합니다. 이를 위한 정보화 비전, 목표, 전략을 다음과 같이 도출하였습니다.

[정보화 비전은 정보화를 통해 궁극적으로 도달하고자 하는 미래상이며, 이를 위한 정보화 목표는 글로벌 시장 AI 기술 및 서비스 분야에서 선두 기업으로 성장이며, 비전을 달성하기 위한 정보화 목표는 1. 글로벌 시장 진출 및 점유율 확대 2. 기술 혁신과 연구개발 강화, 3. 글로벌 네트워크 및 협업 강화이다. 정보화 목표를 달성하기 위한 정보화 전략은 1. 현지화된 제품 및 서비스 개발, 2. 중소기업 대상 새로운 AI 기술 및 솔루션 개발 3. 글로벌 오피스 및 협업 플랫폼 구축이다. 전략을 실제적으로 구현하기 위한 개선 과제는 1. 타겟 시장별 디지털 마케팅 전략 수립, 2. 지역별 제품 현지화 및 로컬 파트너십 구축, 3. 글로벌 온라인 판매 및 유통 채널 개발이며, 정보화 전략 2 아래 4. 연구개발 투자 계획 수립 및 예산 확보, 5. AI 기술 연구 및 신제품 개발 프로세스 개선, 6. 기존 제품 및 서비스의 기술적 혁신을 위한 R&D 팀 구성이고, 정보화 전략 3 아래 7. 글로벌 오피스 및 협업 플랫폼 구축 및 도입 계획 수립, 8. 문화 및 언어 교육 프로그램 설계 및 시행, 9. 글로벌 프로젝트 관리 및 지식 공유 플랫폼 개발로 구성됩니다.]

도식화 예시 1.

정보화 비전/전략 체계도

정보화 비전	"글로벌 시장 AI 기술 및 서비스 분야에서 선두 기업으로 성장" (정보화를 통해 궁극적으로 도달하고자 하는 미래상)		
정보화 목표	(목표1) 글로벌 시장 진출 및 점유율 확대	(목표2) 기술 혁신과 연구개발 강화	(목표3) 글로벌 네트워크 및 협업 강화
정보화 전략	(정보화 전략1) 현지화된 제품 및 서비스 개발	(정보화 전략2) 중소기업 대상 새로운 AI 기술 및 솔루션 개발	(정보화 전략3) 글로벌 오피스 및 협업 플랫폼 구축
개선 과제	타겟 시장별 디지털 마케팅 전략 수립	연구개발 투자 계획 수립 및 예산 확보	글로벌 오피스 및 협업 플랫폼 구축 및 도입 계획 수립
	지역별 제품 현지화 및 로컬 파트너십 구축	AI 기술 연구 및 신제품 개발 프로세스 개선	문화 및 언어 교육 프로그램 설계 및 시행
	글로벌 온라인 판매 및 유통 채널 개발	기존 제품 및 서비스의 기술적 혁신을 위한 R&D 팀 구성	글로벌 프로젝트 관리 및 지식 공유 플랫폼 개발

도식화 예시 2.

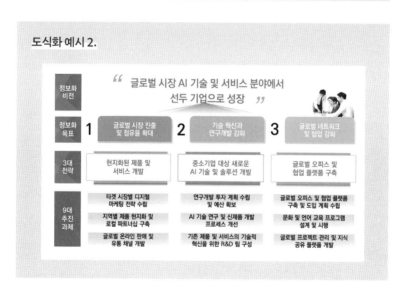

첫째, 위의 [도식화 대상 내용]에서 내용을 분류합니다. 예시 내용에서는 의사결정자를 대상으로 정보화 비전을 제시하기 위해 정보화 비전, 정보화 목표, 정보화 전략, 개선 과제로 분류할 수 있습니다. (① 목적과 대상자 파악, ② 간결하고 명확한 메시지 설정).

둘째, 분류 내용의 관계를 파악하여 목록형, 프로세스형, 연관되어 돌아가는 주기형, 좌우 또는 상하 비교, 상하관계 구성, 피라미드 구성 등 도식화 구성체계를 선정합니다. 위의 예시 내용에서는 정보화 비전, 정보화 목표, 정보화 전략, 개선 과제 분류를 다이어그램으로 계층화하여 구성합니다. (③ 적절한 시각화 도구 선택, ④ 정보를 계층화하고 구조화)

셋째, 분류 내용 구성체계가 선정되면 구성체계에 맞게 배치하여 작성합니다. 위의 예시에서는 정보화 비전, 정보화 목표, 정보화 전략, 개선 과제 계층 구조에서 비전, 목표별 해당 정보화 전략, 전략별 해당 개선 과제 문구를 도출·배치하여 구성합니다. (⑤ 단순화와 간결화)

여기까지 진행되면 위의 [도식화 예시 1]처럼 기본적인 형태의 도식화 작업 결과가 나올 수 있습니다. (물론 IT 컨설턴트 역량과 창의성에 따라 다른 형태의 구성과 형식으로 도식화할 수 있습니다.) 산출물 본문을 작성하는 경우에는 [도식화 예시 1]처럼 작성해도 충분합니다. 그러나 프레젠테이션 등 발표자료나 의사결정자들에게 보고할 경우에는 색상, 글꼴, 크기 등을 사용하여 시각적 효과를 높여 전체를 한눈에 쉽게 알 수 있도록 정리하는 도식화 레이아웃 디자인 작업을 진행하는 것이 필요

합니다. (⑥ 시각적 요소 추가)

[도식화 예시 2]처럼 장표 작성자가 도식화 레이아웃을 선정하고 색상을 입혀 중요 포인트로 시선이 가도록 유도하는 것을 의미합니다. 때로는 화살표, 숫자, 크기, 진하게 처리 작업으로 중요도, 선후관계 및 강조 포인트를 의도적으로 제시하기도 합니다.

IT 컨설턴트는 효과적인 도식화·시각화를 위해 어떤 레이아웃을 어떻게 디자인하여 직관적으로 메시지를 전달할 수 있을까를 지속적으로 많이 고민해야 합니다. 처음에는 전체 구성 차원에서 고려하고 그 다음에는 중요 포인트를 어디에 배치할지에 대해 고민하고 강조 포인트를 어떻게 표현하여 쉽게 인지할 수 있도록 고려합니다. 장표를 보는 대상자가 도식화된 이미지를 보고 설명 없이 쉽게 이해할 수 있도록 만드는 것이 가장 좋습니다. 이해하기 어렵고 설명이 필요하다면 최대한 단순하게 이미지를 도식화하고 키워드로 같이 표현하도록 합니다.

도식화를 하려는 다양한 텍스트 맥락, 구성 등을 빠르게 이해하여 머릿속에서 도식화 구성을 떠올리고 그 내용을 파워포인트로 표현하여 전달하는 능력이 도식화 능력입니다. 도식화를 잘하기 위해서는 내용을 듣거나 읽어가면서 머릿속에서 떠오르는 도식화 구성을 종이나 파워포인트에 작성하여 그 모습을 확인하면서 계속해서 개선하는 작업을 해야 합니다. 그리고 다른 사람에게 설명하면서 피드백을 받아 수정하고 또 수정하여 더 나은 시각화·도식화 모습을 만들어 갑니다. 이러한 능력은 하루아침에 이루어지지 않습니다. 수많은 노력과 연습, 그리고 다른 사람이 작업한 도식화 내용을 많이 보면서 실전 경험을 쌓는다면 도식화·시각화를 통해 역량 있는 IT 컨설턴트로 인정받을 수 있습니다.

1.2 프로젝트 수행 역량

◑ 프로젝트 관리 – 작업량(범위) 및 기간 관리 능력

작업량(범위) 관리

IT 컨설팅 프로젝트 관리 영역은 일반적으로 범위·일정·진도·인력· 문서·위험·의사소통·변경·보고·품질 등으로 구분되어 관리됩니다. IT 컨설팅 산출물 작성 등 사업 수행과 더불어 프로젝트 관리 작업은 매우 중요하며, 보통 범위(작업량), 납기(일정), 비용(원가), 품질 관리는 프로젝트 관리의 핵심 요소로 평가되고 있습니다. 여기서는 범위(작업량) 와 일정에 대해 실무적인 측면에서 중요하다고 생각되는 부분들에 관해 이야기하고자 합니다.

IT 컨설팅은 프로젝트로 한정된 시간 안에 주어진 과제를 수행해야 하는 사업입니다. 사업 기간이 정해져 있으므로 작업 범위(작업량)를 최대한 정확히 파악하고 산정하는 것이 중요합니다. 그러나 IT 컨설팅에서 작업량을 정확히 산정하는 것은 매우 어렵습니다. 보통 작업량을 산정할 때 '사람 수 × 시간'으로 계산하여 표현할 수 있습니다. 작업량 산정 산식에서 어떤 능력을 가지고 있느냐에 따라 사람 수가 변할 수 있습니다.

예를 들어 고객사의 경영 전략을 분석하여 장표 1~2장을 만든다고 할 때 초급은 3일, 중급은 1일, 고급은 4시간, 특급은 2시간 정도의 시간이 소요될 수 있다고 한다면 사람 수에 역량 및 기술 등급이 고려되어서 작업량이 계산되어야 합니다. 또한, 단순히 기술 등급 이외에 데이터, 인프라, 보안, 응용개발 등 다양한 분야 전문가 투입이 필요한 경우에는 분야별 전문가 부분도 고려되어야 합니다.

여기에서 말하고자 하는 부분은 제안요청서에서 제시한 과제에 대해 작업량을 산정할 때 어떤 분야의 누가 어느 정도의 기간으로 품질을 확보하면서 완료할 수 있을지 정확히 산정할 수 있는 능력이 필요하다는 것입니다.

이러한 작업은 해당 사업을 책임지고 수행할 PM(프로젝트 매니저)이 먼저 담당하는 것이 바람직합니다. PM은 해당 사업의 제안요청서 내용들을 면밀히 검토하여 필요한 분야의 인력과 등급 등 역량을 도출한 후에 분야별·등급별 필요 인력수와 기간을 산정해야 합니다.

좀 더 정확한 작업량 산정을 위해 고려할 사항은 다음과 같습니다.

첫째, 제안요청서 내용을 비교적 단순한 작업으로 세분화하는 것입니다. 제안요청서의 과제 내용과 요구사항을 영역별로 구분하여 세분화하고 개별적으로 작업량을 평가하는 것이 좋습니다. 이를 위해 제안 단계에서 WBS(Work Breakdown Structure-작업 분할 구조도)를 작성하여 작업 내용과 기간을 산정하는 것입니다. 이를 통해 각 작업의 복잡성과 기간·필요 인력 요소를 더 잘 이해할 수 있습니다.

둘째, 과거 경험치 및 데이터를 활용하는 것입니다. 비슷한 프로젝트의 과거 경험치를 분석하고, 이를 토대로 새로운 프로젝트의 작업량을 산정합니다. 이는 유사한 작업에 대한 경험이 있는 경우 특히 유용합니다.

셋째, 전문가의 의견을 수렴하는 것입니다. 회사 내 또는 관련 분야의 경험 많은 전문가들의 의견을 수렴하고, 그들의 시각과 경험을 바탕으로 작업량을 추정합니다.

그리고 제안 단계 이후 사업 수행을 위한 좀 더 구체적인 WBS를 작성하는 것입니다. 실제로 사업이 수행될 때는 투입된 해당 분야 전문가가 제안요청서 과제 내용을 일 단위 또는 주 단위로 상세하게 분할하여 한정된 기간 안에 완료할 수 있도록 계획을 수립하여 구체적인 작업량을 파악하는 것이 필요합니다.

WBS는 해당 업무 영역별로 프로젝트 시작부터 끝까지 전체 업무들을 상세하게 쪼개고(보통은 주 단위 또는 2~3일 단위로 구분) 이를 수행할 기간과 담당자를 명시하여 범위와 일정의 기초가 되는 작업을 세분화하여 관리할 수 있는 도구입니다. 업무 분야별로 해당 담당자가 자신의 업무 범위를 파악하여 업무를 상세화하는 작업을 합니다. 기본적으로 1주일 단위로 작업량을 구분하지만 작업량이 많은 경우는 2주일 이내에 할 수 있는 작업량으로 구분하여 업무량과 범위를 세분화합니다.

프로젝트 참여 인력들은 특히 PL(프로젝트 리더)는 담당 분야의 업무를 상세하게 분할하여 관리할 수 있는 해당 분야 지식과 경험이 필요합니다. 해당 분야 업무를 상세하게 분할하면 분할된 업무의 내용과 수행 기간을 좀 더 쉽게 파악할 수 있고 이를 합한 전체 업무의 수행 기간도 산정할 수 있습니다. 또한, 업무 상세화를 통해 어떤 세부 업무들을 수행해야 하고 그 업무의 난이도, 복잡도 그리고 다른 업무와 연관된 업무들도 식별할 수 있습니다. 다른 업무와 연관된 업무들은 해당 업무담당자와 협의하여 정보 공유 및 업무 협업 방식을 정한 뒤 작업량을 협의하여 진행해야 사업 수행 시 문제가 발생하지 않습니다.

팀원들은 WBS에 따라 각자 맡은 분야의 상세 업무 범위와 작업량, 작업 기간과 진척, 작업과의 연관성 및 우선순위 등을 관리하고 사업 관리와 PM은 전체 업무 범위와 작업량, 작업 기간, 진척을 해당 분야 담당자들과 협의하고 종합하여 관리합니다.

프로젝트가 진행되면서 원래의 과업 범위에 포함되어 있지는 않지만 기존 업무들과 관련된 업무들이 추가로 발생하는 경우가 있습니다. 프로젝트를 수행하다 보면 이런 경우가 거의 매번 발생합니다. 이렇게 조금씩 범위가 넓어지고 깊어지는 현상을 'Scope Creep'라고 하기도 합니다. 이때 기존 WBS에 정의된 업무 분야와 범위에 따라 어디에 해당하는지를 파악하여 해당 분야 담당자와 협의하여 추가 업무 수행 여부를 판단하고 WBS 반영 여부를 판단합니다.

업무가 추가되면 업무량이 많아지고 계획된 시간보다 길어지거나 야근 또는 주말 근무 리스크가 발생하여 추가되는 업무를 어떻게 대응하고 관리하느냐가 IT 컨설턴트의 일과 삶의 균형을 맞출 수 있는 중요한 프로젝트 관리 능력이라고 이야기할 수 있습니다.

[참고: ChatGPT 답변]

IT 컨설팅 수행 시 작업 범위가 조금씩 늘어나는 현상(Scope Creep)에 대해 어떻게 대처하고 준비해야 하나요?

Scope Creep는 IT 컨설팅에서 흔히 발생하는 도전이며, 이는 프로젝트의 범위가 원래 계획보다 점진적으로 확장되는 현상을 의미합니다. Scope Creep에 대처하기 위해서는 신중한 계획, 의사소통, 그리고 선제적인 조치가 필요합니다.

◇ 프로젝트 범위 명확히 정의하기
어떤 프로젝트를 시작하기 전에 고객과 함께 업무의 범위를 상세히 정의합니다. 프로젝트의 목표, 산출물, 일정, 그리고 제한사항을 문서화합니다. 모든 이해관계자가 프로젝트의 범위에 대해 동의하도록 합니다.

◇ 변경 관리 프로세스 설정하기
프로젝트 범위 변경 요청을 처리하기 위해 변경 관리 프로세스를 시행합니다. 새로운 요구사항이 있을 때, 이를 문서화하고 프로젝트에 미치는 영향을 평가합니다. 변경의 타당성과 필요한 자원, 가능한 위험 등을 평가합니다.

◇ 고객과 정기적으로 의사소통하기

프로젝트 기간 동안 고객과 개방적이고 투명한 의사소통을 유지합니다. 가능한 변경사항과 그에 따르는 영향에 대해 신속하게 고객과 협의합니다. 클라이언트에게 합의된 범위를 지키는 중요성에 대해 교육합니다.

◇ 현실적인 기대 설정하기

프로젝트의 목표를 처음부터 현실적이고 달성 가능한 수준으로 설정합니다. 프로젝트의 제한사항과 가능한 달성 내용에 대해 투명하게 설명합니다. 클라이언트의 프로젝트 일정과 범위에 대한 기대를 관리합니다.

◇ 변경 요청 문서화하기

프로젝트 범위 변경 요청이 있을 때는 꼭 서면으로 문서화합니다. 제안된 변경사항과 이로 인해 프로젝트에 미치는 영향, 비용 또는 지연사항을 명확히 기술합니다.

◇ 정기적인 프로젝트 검토 실시하기

고객과 정기적으로 프로젝트 진행 상황을 검토하고 변경사항에 대해 협의합니다. 이러한 회의를 통해 발생 가능한 Scope Creep에 대처하고 합의에 이르도록 합니다.

◇ 충분한 비상 자원 할당하기

예상치 못한 프로젝트 범위 변경을 처리하기 위해 비상 계획과 자원을 마련합니다. 가능한 변경사항을 고려하여 여분의 시간과 자원을 할당합니다.

◇ 고객과 협상하기

Scope Creep이 발생할 때, 고객과 협상해 가장 중요한 작업을 우선 처리합니다. 대가를 고려하고 변경으로 인한 프로젝트 일정과 예산에 미치는 영향에 대해 협의합니다.

◇ "금도금" 피하기(Avoid "Gold-Plating")

(값있게 보이기 위한 장식이라는 뜻인데, 사업체에 의한 값이 비싸고 불필요한 항목 추가라는 뜻 - 사업 수주를 위해 무리하게 추가제안을 하는 행위 등이 여기에 포함될 수 있습니다.) 합의된 내용을 제공하고 불필요한 기능 또는 개선사항을 추가하지 않도록 합니다. 초기 요구사항과 프로젝트의 목표에 충실하도록 합니다.

프로젝트 진행 상황과 성과 지표를 지속적으로 모니터링합니다. Scope Creep의 조기 신호를 파악하고 적절한 조치를 빠르게 취합니다.

이러한 전략들을 적용함으로써, IT 컨설턴트는 Scope Creep에 대처하고 준비하며, 프로젝트가 원활히 진행되어 성공적인 결과를 이루고 클라이언트의 기대에 부응할 수 있습니다. 효과적인 의사소통, 선제적인 계획, 그리고 신중한 관리는 프로젝트 범위 변경을 처리하고 IT 컨설팅 프로젝트의 전반적인 성공을 유지하는 데 중요합니다.

인력 소싱 및 프로젝트팀 구성

실무적인 측면에서 볼 때 프로젝트 관리 역량 부분에서 중요하게 고려되어야 하는 요소 중의 하나가 능력 있는 인력 소싱 및 팀 구성입니다. IT 컨설팅은 프로젝트 사업의 특성에 따라 기간과 예산은 변경이 어려운 반면, 투입 인력과 사업의 품질은 상대적으로 변동의 폭이 존재합니다. 프로젝트 수행 전 또는 수행 초기 시점에 한정된 자원으로 수행 과제를 추진함에 있어 어떤 인력을 어떻게 구성하느냐에 따라 컨설팅 사업의 운영 효율성과 품질의 변동성, 심지어는 컨설팅 사업의 성공 가능성을 제어할 수 있다고 생각합니다.

IT 컨설팅 사업에 투입되는 IT 컨설턴트 인력의 확보와 구성은 IT 컨설팅 사업마다 요구하는 내용에 따라 필요한 인력의 구성이 정해지게 됩니다. 데이터 사업의 경우 데이터 전문가(DA 데이터 아키텍트 등)가 필요하며, 인프라 사업의 경우 인프라 전문가를 필요로 하는 등 범위와 세부 내용에 따라 필요한 분야의 역량과 인원수가 정해질 수 있습니다. 이러한 분야별 전문가 구성과 인원수를 정하는 것이 프로젝트 관리 부분에서 요구되는 중요한 역량입니다.

특히 해당 사업에 PM으로 정해진 순간 PM이 가장 먼저 해야 할 일은 사업 내용을 파악하고 이를 수행할 역량과 그 역량을 가지고 있는 인력을 신속하게 소싱하는 일입니다.

IT 컨설팅에서 PM이 인력 소싱과 팀 구성 시 고려해야 할 주요사항은 다음과 같습니다.

첫째, 프로젝트 요구사항과 전문성 매칭입니다. 프로젝트 요구사항과 일치하는 전문성을 가진 인력을 선택하는 것이 중요합니다. 프로젝트의 목표와 필요한 기술을 고려하여 인력을 선정합니다.

둘째, 내부 인력을 소싱하는 경우는 경험과 역량에 대해 잘 알기 때문에 해당 부서팀장과 협의를 통해 필요한 인력 소싱을 협의할 수 있습니다. 내부 인력이 없는 경우 외부에 인력을 소싱해야 하는데, 외부 인력의 이전 경험과 평판, 역량을 평가하여 프로젝트에 필요한 능력과 경험이 있는지 확인하는 것이 필요합니다. 외부 인력 활용 시 사전 레퍼런스 체크를 하지 못해 사업 진행에 어려움을 겪은 프로젝트 사례를 여러 번 목격한 적이 있어 외부 인력의 경험과 역량 사전 체크는 꼭 중요하게 확인해야 합니다.

셋째, 팀 협업성과 커뮤니케이션입니다. 팀원들 간의 협업 능력과 원활한 커뮤니케이션 능력을 고려합니다. 프로젝트 진행에 있어서 팀워크가 중요하기 때문입니다. 또한, 변화에 대한 유연성과 빠른 적응력을 가진 인력을 선호합니다. IT 분야에서는 기술과 환경이 빠르게 변하기 때문에 이에 대응할 수 있는 능력이 필요합니다.

만약에 IT 컨설팅 기업에 부서마다 전문화된 데이터·인프라·응용 아키텍트 팀이 있다면 해당 사업에 필요한 인력을 부서팀장과 협의하여 필요 인력을 신속히 소싱하고 확보하는 것이 가장 중요하고 급한 일이라고 할 수 있습니다. 필자의 경험으로는 해당 사업에 필요한 역량 있는 인력 소싱과 확보만으로도 해당 사업의 70% 이상의 성공 가능성을 확보하였다고 이야기할 수 있습니다.

1.3 대인관계

◑ 팀워크 및 협업(팀워크와 업무 배분 능력)

실무적인 측면에서 IT 컨설팅 수행 시 대인관계 역량에서 중요하게 생각하는 것은 팀워크 및 협업입니다. 우선 ChatGPT에게 "IT 컨설턴트 간 협업을 위해 중요한 것은 무엇인가요?"라고 질문을 하여 얻은 답변을 기반으로 이야기를 풀어보도록 하겠습니다.

아래는 ChatGPT가 제시한 팀워크 및 협업의 중요한 요소들입니다.

효과적인 협업은 모든 비즈니스 프로젝트 성공에 필수적이며, 특히 종종 팀으로 작업하고 클라이언트 및 이해관계자와 협업하는 IT 컨설턴트에게 해당합니다. 다음은 IT 컨설턴트 간의 비즈니스 협업에 대한 몇 가지 중요한 요소입니다.

- 명확한 커뮤니케이션

IT 컨설턴트는 서로 간에 그리고 클라이언트 및 이해관계자와 효과적이고 명확한 커뮤니케이션을 해야 합니다. 이들 모두가 같은 페이지에 있는지 확인하기 위해 적절한 언어, 적극적 경청 및 명료한 글쓰기를 해야 합니다.

- 정의된 역할 및 책임

IT 컨설턴트는 혼란과 충돌을 방지하는 데 도움이 될 수 있는 잘 정의된 역할과 책임을 가져야 합니다. 여기에는 누가 어떤 작업을 담당하고 누가 결정을 내리는지 이해하는 것이 포함됩니다.

- 팀워크

IT 컨설턴트는 서로의 전문지식을 존중하고 프로젝트 목표를 달성하기 위해 협력하면서 팀으로 작업해야 합니다. 그들은 피드백에 개방적이어야 하며 필요할 때 다른 사람들을 기꺼이 도와야 합니다.

- 지식 공유

IT 컨설턴트는 지식과 전문성을 서로 공유해야 합니다. 이렇게 하면 프로젝트의 품질을 개선하고 팀원이 기술력을 높이고 개발하는 데 도움이 될 수 있습니다.

- 신뢰와 존중

IT 컨설턴트는 서로를 신뢰하고 존중해야 합니다. 여기에는 정직하고 투명하며 타인을 존엄과 존중으로 대하는 것이 포함됩니다. 팀 내에 신뢰와 존중이 있을 때 팀원들은 보다 효과적이고 효율적으로 협력할 수 있습니다.

전반적으로 IT 컨설턴트 간의 효과적인 비즈니스 협업에는 명확한 의사소통, 정의된 역할 및 책임, 팀워크, 지식공유, 신뢰 및 존중이 필요합니다. 이러한 요소가 존재할 때 IT 컨설턴트는 협력하여 고객의 요구와 기대를 충족하는 성공적인 프로젝트를 제공할 수 있습니다.

먼저 ChatGPT가 제시한 '명확한 커뮤니케이션'에 대해 좀 더 구체적으로 정리하고자 합니다. 제가 생각하기에는 먼저 팀원 간 지속적인 커뮤니케이션을 통해 산출물 작성 방향과 내용에 대해 컨센서스를 도출한 뒤 그 내용이 장표에 반영되었는지를 확인하는 것까지가 명확한 커뮤니케이션이라고 생각합니다.

PM, PL, 팀원은 제안요청서에 제시된 과제와 상황에 대해 서로 알고 있는 지식과 내용 그리고 이해도가 상이한 경우가 많이 있습니다. 어떤 한 과제·주제에 대해서 알고 있겠지 하고 기대하고 있다가 나중에 산출물 장표로 나오는 내용은 시각의 차이가 많이 발생하여 그 생각의 차이를 줄이려는 시간과 노력이 추가로 소요되는 경우가 많이 발생하기도 합니다.

그래서 PM과 PL(담당 IT 컨설턴트 포함)은 수시로 의사소통을 하고 초·중급 업무담당자가 작성하는 장표 내용들을 주기적 또는 수시로 확인하는 것이 필요합니다. 어떤 경우에는 맡은 과제에 대해 서로 이야기하면서 어떻게 작성하는 것이 좋겠다고 서로 협의한 뒤 협의된 내용이 장표에는 다른 내용으로 반영되는 경우도 발생하기도 합니다. 산출물에 협의 내용을 반영하는 것은 또 다른 능력으로 커뮤니케이션을 하지만 서로 이해수준과 관점이 달라 장표에는 다른 내용이 반영될 수 있기 때문입니다.

그리고 산출물은 동일한 형식과 비슷한 논리 흐름을 준수하여 작성해야 하기 때문에 다른 팀원들이 작성한 산출물들을 살펴보는 것도 중요합니다. 자신이 작성한 장표가 다른 팀원들이 작성한 장표와 동일한 형식과 논리적 흐름으로 작성되어 있는지를 체크하고 다른 팀원의 산출물에서 잘되어 있는 부분들은 차용하여 자신의 장표에 커스터마이징하여 적용하는 것도 좋은 방법이라고 생각합니다. 또한, 산출물 리뷰 회의에서 다른 팀원들이 작성한 내용에 관해 설명을 들으면서 다른 사람의 장표 형식과 흐름을 이해하고 배우는 것도 중요한 커뮤니케이션이자 팀워크라고 생각합니다.

두 번째는 ChatGPT가 제시한 '정의된 역할 및 책임' 부분입니다. IT 컨설팅에서는 WBS에 업무별 담당자를 지정하여 역할을 정의합니다. 업무별 담당자는 과제의 범위와 내용에 대해 산출물을 작성해야 하는 역할과 책임을 가지게 됩니다. 이때 중요한 포인트는 담당 영역 과제 범위와 내용의 깊이 그리고 연관성·전체성입니다.

[그림 73] 프로젝트 작업 범위 구성, 추가 요구사항 및 회색지대 (예시)

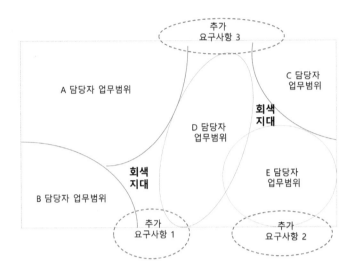

위 [그림 73]은 일반적인 프로젝트 작업 범위 구성을 도식화한 것입니다. 가상의 프로젝트 범위가 있고 그 범위 안에 담당자별로 개별 업무 영역(범위)이 정의되어 있습니다. 그리고 잠재적으로 프로젝트 범위 안에 있지만 담당자가 지정되지 않은 영역도 존재합니다. 이 부분은 사전에 파악이 안 될 수도 있고 사업이 진행되면서 파악될 수도 있습니다. 그리고 사업 초반 또는 사업 수행 시 고객으로부터의 추가 요구 사항이 발생할 수 있습니다. 바로 Scope Creep라는 것입니다. 그 부분을 빨간색 영역으로 표시하였습니다.

Scope Creep 부분은 앞에서 논의되었고, 여기서 중요한 것은 회색지대의 작업 범위입니다. [그림 73]에서 담당자 업무 범위와 추가 요구사항을 제외한 범위가 회색지대라고 정의할 수 있습니다. 일반적으로 해당 사업에 대해 PM 또는 IT 컨설턴트가 전문가라면 회색지대는 최소화됩니다. 그러나 사업특성 및 업무에 대해 잘 모르고 단지 IT 영역별 전문가인 경우에는 IT 영역 관련하여 회색지대는 줄어들지만 사업 관련 회색지대는 여전히 존재하게 됩니다.

경험 많고 역량 있는 PM이라면 회색지대를 최대한 사전에 식별하여 최소화하고자 노력할 것입니다. 그래도 PM이 파악하지 못한 회색지대가 있다면 사업이 진행되면서 하나씩 발견되고 이에 대응하기 위해 고군분투하게 될 것입니다. 사업 진행 시 발견된 회색지대 작업 범위와 내용들에 대해서는 관련 해당 업무 영역의 IT 컨설턴트들과 협의하여 추진 여부 및 진행 시 역할과 책임을 협의해야 합니다. 이 부분들이 사업 수행을 하면서 어려운 부분이고 PM의 대응 능력, 팀원들의 팀워크 및 협업 능력과 관련된 주요 이슈가 발생하는 지점이라고 생각합니다.

세 번째는 '팀워크' 및 '지식 공유' 부분입니다. IT 컨설팅 단계별로 업무를 추진하다 보면 분야별 담당자 간 커뮤니케이션 및 협업이 필요한 경우가 많이 발생하게 됩니다. 그러나 IT 컨설팅 실무 현장에서는 팀워크 및 지식 공유 없이 수행되는 경우가 발생하기도 합니다. 먼저 담당 영역별 관련 자료를 수집·분석하는데, 팀워크 없이 개별적으로 비슷하거나 같은 자료를 이중적으로 수집·분석하는 경우가 발생합니다. 둘째는 업무·응용·데이터·인프라 영역 간 업무 연관성 없이 개별적으로 수행되는 경우입니다. IT 컨설팅에서 업무전문가는 해당 조직의 업무를 개선하기 위해 응용과 데이터 전문가와 긴밀히 협업하여 정보기술 지원이 가능한 업무 개선 방안을 수립해야 합니다. 그러나 때로는 업무전문가가 응용과 데이터 전문가와 협의 없이 비즈니스 업무 기능과 절차만 고려할 테니 응용과 데이터 관련 업무 개선은 해당 담당 전문가가 알아서 하라는 등의 태도로 업무를 수행하는 경우도 발생하기도 합니다. 이러한 경우에 응용과 데이터 전문가도 해당 영역만 작업한다고 하고 관련 내용은 모르겠다고 하여 팀워크 및 지식 공유 없이 프로젝트가 수행되어 결과적으로는 낮은 수준의 산출물로 사업을 어렵게 만들어 가는 경우도 있습니다.

네 번째는 팀워크 및 협업 부분에서 필자가 생각하기에 중요하게 고려되어야 하는 부분으로 초·중급 인력과의 협업 능력을 이야기하고자 합니다. 특히 초급 인력들이 IT 컨설팅 프로젝트에 참여하게 되는 경우 경험과 역량 부족으로 독자적으로 과제를 수행하기 어려운 경우가 많습니다. IT 컨설턴트들이 업무 영역별 처리할 업무가 많아 초급 인력과 협업 시간이 부족한 경우 초급 인력에게 일을 시키기 위해 자세하게 설명하는 것도 쉬운 일이 아닙니다. 시키고자 하는 일에 관해 설명하기도 어렵고, 설명하는 시간에 본인이 일을 처리하면 좀 더 빨리 끝낼 수 있을 것 같고, 일을 시키더라도 완성되었다고 보내준 내용을 보면 본인이 다시 해야 하는 경우도 발생하여 초·중급 인력과 협업하는 것도 미리 생각하고 준비해야 할 스킬과 능력이라고 생각합니다.

초·중급 인력과 협업하는 방법에 대해 실무적이고 현실적인 측면에서 필자는 일을 잘 시키는 능력을 강조하고 싶습니다. 초·중급 인력에게 일을 시킬 때는 초·중급 인력의 대략적인 능력을 살펴보고 어느 정도 수준의 일을 할 수 있는지를 파악하는 것이 중요합니다. 그리고 그 능력에 맞게 일을 시키는 것이 필요하고 정확히 그리고 구체적으로 어떻게 해야 한다고 알려주는 것이 필요하다고 생각합니다.

예를 들어 병원에 가서 대신 약을 타다 달라는 일을 시키는 경우(약을 대신 타 갖고 오는 것이 업무라고 가정하면) 일반적으로는 내가 급한 일로 병원에 못 가서 대신 약을 타 갖고 와달라고 하면서 일을 시킵니다. 일을 시키는 사람은 그냥 어느 병원 가서 약만 타갖고 오면 된다고 하면서 일을 시킵니다. 그러면 초·중급 인력은 그냥 약만 타갖고 오면 되는구나 하고 생각해서 병원에 가서 약을 타갖고 오려고 합니다. 그러나 막상 병원에 가면 어디서 어떻게 약을 타야 하는지 몰라 안내하시는 분에게 물어봅니다. 초·중급 인력은 약만 타갖고 오면 되는데, 접수를 해야 하나라고 생각하고, 접수하는 분이 해당과 의사 선생님께 진료를 보아야 한다고 하고 해당 과에 가서 접수하라고 합니다. 그럼, 초·중급 인력은 해당 과에 가서 접수하고 의사 선생님을 만나 대신 진료를 보는 절차를 수행하게 됩니다. 그러면서 이게 뭐야, 내가 이거까지 해야 하나라고 생각하게 됩니다. 그리고 의사 선생님과 진료 후 처방전을 접수하고 수납하는 과정을 거치고 병원에 가서 돈을 내고 약을 타게 되면서 시킨 일을 완수할 수 있게 됩니다.

만약 일을 시키는 담당자가 이러한 과정과 과정별로 어떠한 일을 하면 된다고 사전에 알려주었다면 초·중급 인력이 이렇게까지 혼란스럽게 생각하지는 않을 수 있다고 생각합니다. 즉 이러한 어렵고 혼란스러운 상황을 사전에 안 만들고 효율적으로 업무를 수행하도록 시키는 일에 대한 구체적인 설명과 가이드를 제시하는 것이 중요하다는 것입니다.

일을 시키는 사람은 대신 약을 타갖고 오기 위해서는 초·중급 인력이 당연히 '접수 → 증명 → 진료 → 수납 → 약 타기' 등의 절차를 안다고 생각할 수 있습니다. 그래서 구체적이고 자세한 설명 없이 그냥 약만 타갖고 오면 된다고 하면서 일을 시킨 것일 수도 있습니다.

그러나 대부분의 일에서는 위의 사례처럼 명확한 절차가 존재하지 않는 경우가 많습니다. 그러한 경우 일을 시키는 사람의 입장에서 미리 고민을 하여 어떤 절차와 내용으로 어떻게 일을 처리해 달라고 최대한 구체적이고 자세하게 설명해 주는 것이 필요하며, 이것이 팀워크와 협업의 시작이라고 생각합니다.

반면 초·중급 인력 입장에서는 약을 타갖고 오라는 일을 맡았다면 처음에 어떠한 생각을 했을까요? 만약 일 처리를 어느 정도 할 줄 아는 초·중급 인력은 자기 일로 병원에 가서 약을 타는 업무를 수행한다면 미리 어떻게 해야 하는지를 머릿속으로 그리거나, 다른 사람에게 물어보고 가려고 할 것입니다. 설사 모르더라도 안내데스크에 문의하면서 일을 진행하고 내가 이렇게까지 해야 하나라는 생각은 전혀 하지 않고 일을 진행할 것입니다.

똑똑한 초·중급 인력이라면 약을 타기 위해서는 '접수(대신 약을 타기 위해서는 환자와 대리하는 본인의 신분증, 관계증명서 등 증명을 위한 관련 서류가 필요하고) → 진료 → 수납 → 약 타기' 등의 절차를 알고 있었거나 알려고 노력했을 것입니다. 그리고 일을 하기 위해서는 무슨 준비와 서류가 필요하고 어느 정도의 시간이 걸리는 작업이라고 생각할 수 있었을 것입니다. 그래서 더 뛰어난 인력은 일을 시키는 담당자와 이야기하면서 이건 내가 할 수 있지만 이건 내가 못하니 일을 시키는 분이 어떻게 해주면 좋겠다고 논의했을 것입니다. 일을 시키는 입장에서 이러한 초·중급 IT 컨설턴트 인력을 다시 보게 되고 향후 업무 파트너로 생각하여 지속적이고 좋은 협업 관계를 유지하려고 노력할 것입니다.

정리하면, 일을 시키는 담당자는 초·중급 인력에게 업무 지시를 위해 사전에 대략적인 절차나 방법에 대해 고민하여 일을 맡는 초·중급 인력이 구체적으로 수행할 수 있도록 가이드를 해주는 것이 필요합니다. 초·중급 인력들은 업무를 맡은 경우 업무 수행 전 일을 수행하기 위한 절차와 방법에 대해 고민하여 일을 시킨 담당자와 협의를 통해 업무 수행의 완성도와 품질을 높이기 위해 노력해야 할 것입니다. 이를 통해 팀워크와 협업의 질은 더 높아지며 프로젝트 산출물 품질과 성공 확률도 높아질 것입니다.

1.4 태도

◑ 성실및헌신, 책임의식, 도전및발전

태도(자세 및 가치관)는 필자 개인적으로 매우 중요하게 고려해 왔던 주제입니다. 대부분의 IT 컨설턴트는 기본적인 역량이 있는 분들이고 IT 컨설팅 수행 스킬, 방법, 지식 그리고 경험을 쌓을수록 더욱더 역량 있는 IT 컨설턴트로 성장할 수 있는 분들이라고 생각합니다. 그러나 역량이 있는 분들 중에서도 부정적인 태도를 보여줌으로써 밝은 기운 보다는 어두운 영향을 미치는 경우도 종종 볼 수 있었습니다.

예전에 기업 연수 과정에서 태도에 대한 강의가 있었는데, 주제는 "태도(Attitude)는 100점이다"라는 것으로 기억하고 있습니다. 세부내용이 기억이 잘 나지 않아 인터넷으로 자료를 찾아보니 알파벳 A~Z까지의 26자를 A = 1, B = 2… Z = 26과 같이 차례대로 숫자를 나열하고 대입하는 식으로 100점이 나오는 단어를 찾는 것이었습니다.

그래서 다음과 같이 여러 가지 단어의 점수가 제시될 수 있습니다.

예시) MONEY = M(13) + O(15) + N(14) + E(5) + Y(25) = 72점
Hard Work = 98점
Knowledge = 96점
Attitude = 100점

즉 태도(Attitude)가 인생(삶)을 100점으로 만들어 준다고 합니다. 인생과 삶의 전반에 적용될 수 있지만 이를 IT 컨설팅 역량에 적용하면 IT 컨설턴트의 지식, 스킬, 경험에 긍정적인 태도를 곱하면 IT 컨설턴트로서 성공적인 커리어를 만들어 갈 수 있다고 생각합니다.

아래는 필자가 IT 컨설팅 사업을 수행하면서 느낀 태도에 대한 하나의 조그마한 예시입니다.

첫 번째 예시로는 산출물 리뷰 또는 업무 협의 시 의견이 안 맞거나 PM이 말하는 의견이 못마땅하다고 생각해서인지 "PM이 모든 책임을 지고 하는 거니까 나는 시키는 대로만 하겠다"라고 말하는 태도입니다. 또한, 해당 영역의 전문가로서 업무를 찾아서 하지 못하고 시키는 일만 하거나 무슨 일을 해야 할지 모르는 상태로 일을 하는 경우에 "나는 잘 모르고 PM이 더 잘 아니까 일을 시키면 하겠다"라는 태도로 일하는 경우입니다. 또한, 맡은 분야의 업무 내용을 IT 컨설턴트 본인이 이해하여 본인의 말로 표현하지 못하고 "다른 사람이 이렇게 이야기해서"라며 핑계만 대는 사람들이 있습니다. 그러면서 피드백을 하면 자기주장만 하고 디펜스하기만 하며 듣지 않으려는 태도를 보이는 경우들이 있습니다.

두 번째 예시는 다음과 같습니다. IT 컨설팅 작업 내용 중 설문 조사를 수행하는 과제가 있었습니다. 외부 사용자 대상 설문을 수행하는데, 구글 설문이 아닌 해당 조직의 설문 시스템을 사용하게 되었습니다. 해당 조직이 지방에 소재하였고, 설문 대상자들도 해당 지방 기업과 개인이었습니다. 설문 항목에 개인정보 관련 전화번호를 입력하는 칸이 있는데, 입력 예시로 02-123-4567로 되어있었습니다. IT 컨설팅 수행팀의 설문 조사 담당자가 해당 설문 시스템의 설문 항목을 입력하고 지원하는 업무를 수행하였고, 그 담당자는 그게 해당 조직의 시스템 문제라고 생각하고 그냥 넘어갔습니다. 해당 조직 고객에게는 그런 사실을 알려주지 않았습니다. 나중에 고객이 자기 시스템의 오류 내용을 모르고 설문 항목을 리뷰하면서 왜 그렇게 했는지에 대해 우리가 실수한 것처럼 이야기하였습니다. PM도 그 사실을 모르고 있어 IT 컨설팅팀의 설문 담당자에게 내용을 확인하고 고객에게 설명해 주었는데, 고객도 이해는 하지만 IT 컨설팅팀의 태도에 대해 만족하지 않는 느낌을 받았습니다.

설문 담당 컨설턴트가 사전에 그 사실을 고객에게 알리고 변경을 요구하고 수정하였다면, 고객이 IT 컨설팅팀이 능동적으로 일하는 태도에 좀 더 좋은 느낌을 받았을 것이라고 생각합니다. IT 컨설턴트가 고객 및 사용자 입장에서 생각하지 않고, 작은 일이라고 생각하고 넘어가서 고객이 이슈 제기를 하는 좋지 못한 일이 발생하게 되었습니다.

조그마한 문제일 수 있지만 어떤 태도로 일하느냐에 따라 컨설팅 서비스의 질과 그 컨설턴트 그리고 컨설팅팀에 대한 평가 및 성장에 영향을 미칠 수 있습니다. 그러므로 좀 더 적극적인 태도로 고객과 사용자 입장에서 IT 컨설팅 서비스를 제공하는 것이 개인의 성장에도 그리고 팀의 성과에도 긍정적인 결과를 가져올 수 있다고 생각합니다.

IT 컨설턴트가 보여줄 수 있는 부정적이고 나쁜 태도에 대한 구체적인 예시

IT 컨설팅 업무에서 IT 컨설턴트들이 보여줄 수 있는 부정적이고 나쁜 태도에 대한 구체적인 예시를 소개합니다:

◇ **오만함**

일부 IT 컨설턴트들은 자신들이 최고라고 여기며 다른 사람들의 의견이나 전문성을 고려하지 않을 수 있습니다. 이러한 태도는 고객의 우려사항이나 아이디어에 대해 무시적인 접근을 하여 고객들이 가치를 느끼지 못하게 하며 소통과 협력이 끊어질 수 있습니다.

◇ **피드백에 대한 저항**

피드백을 거부하고 비난을 개인적으로 받아들이는 컨설턴트들은 전문성의 성장과 프로젝트의 성공을 방해할 수 있습니다. 고객이나 동료로부터의 피드백을 인정하지 않거나 개선하길 꺼리면 프로젝트의 지연과 관계의 긴장을 야기할 수 있습니다.

◇ **공감의 부족**

IT 컨설턴트는 고객들이 자신들만큼 기술적으로 숙련되지 않을 수 있다는 사실을 이해해야 합니다. 기술적인 개념을 이해하는 데 어려움을 겪거나 추가 설명이 필요한 고객들에 대한 공감과 인내심의 부족은 고객들 사이에서 분노와 불만을 일으킬 수 있습니다.

◇ **타인 비난**

팀원이나 고객과 같은 다른 사람들을 프로젝트의 어려움이나 실패의 원인으로 탓하는 습관을 가진 IT 컨설턴트들은 문제 해결 노력을 방해하고 독해지는 작업 환경을 조성할 수 있습니다.

◇ **적응의 불성실**

기술 환경은 지속적으로 변화하며, IT 컨설턴트들은 최신 정보를 알고 적응해야 합니다. 변화, 새로운 방법론, 또는 신기술에 대해 저항하는 컨설턴트들은 고객들에게 최상의 솔루션을 제공하기 어려우며 이는 성과가 미미한 결과로 이어질 수 있습니다.

◇ **전문성의 부족**

컨설팅에서 전문성은 극히 중요합니다. 미팅에 늦게 참석하거나 마감 기한을 어기며 부주의한 태도를 보이는 IT 컨설턴트들은 자신과 그들이 대표하는 컨설팅 회사의 평판을 손상시킬 수 있습니다.

◇ 의사소통 기술의 미숙
효과적인 소통은 컨설팅에서 중요합니다. 불명확한 설명, 기술적 용어 과부하 또는 고객의 요구를 이해하는 데 어려움을 겪는 IT 컨설턴트들은 고객과 불일치를 야기할 수 있습니다.

◇ 비윤리적인 실천
기밀 고객 정보를 개인적 이득을 위해 사용하거나 불필요한 솔루션을 강요하여 이윤을 증가시키는 등 비윤리적인 실천은 컨설턴트의 평판을 심각하게 손상시킬 수 있으며 법적인 문제로 이어질 수 있습니다.

◇ 헌신 부족
프로젝트, 고객 또는 동료에 대한 헌신을 보여주지 않는 IT 컨설턴트들은 참여하지 않거나 업무에 관심이 없을 수 있습니다. 이러한 헌신의 부족은 프로젝트 결과와 전체적인 팀 동기에 영향을 미칠 수 있습니다.

이러한 부정적인 태도들은 모든 IT 컨설턴트들을 대표하는 것은 아님을 참고해 주시기 바랍니다. IT 컨설팅 산업의 많은 전문가들은 긍정적이고 고객 중심적인 접근 방식을 유지하며 가치 있는 솔루션을 제공하고 강력한 고객 관계를 구축하기 위해 노력합니다.

2. IT 컨설팅 필수 역량

IT 컨설팅 필수 역량은 IT 컨설팅 진행 과정과 결과물에 대해 기본 이상의 품질을 확보할 수 있는 역량이라고 정의할 수 있습니다. 요구 사항 및 개선 과제에 대해 고객 입장에서 근거를 기반으로 구체적이며 실현 가능한 형태로 방안을 제시해 줄 수 있는 역량입니다. 여기에는 의사소통 능력, 문제 해결 능력, IT 및 업무 전문지식이 포함됩니다.

2.1 의사소통 역량

의사소통 역량은 대화·회의, 보고(주간·월간보고서 작성, 설명 등), 프레젠테이션 등을 통해 효과적이며 의미 있는 결과를 만들어 낼 수 있는 능력을 의미합니다. 이 중에서 다수의 이해관계자와 특정 의사결정자를 대상으로 설명하고 설득시킬 수 있는 중요한 역량은 프레젠테이션입니다. 프레젠테이션 수행 역량에 대해 좀 더 자세히 살펴보겠습니다.

2.1.1 프레젠테이션 역량

프레젠테이션은 정해진 시간 내에 IT 컨설팅 사업의 핵심 내용을 근거와 논리에 기반하여 효과적으로 전달하여 중요 이해관계자의 의사결정을 얻어내는 의사소통 역량입니다.

IT 컨설팅 실무 현장에서는 주로 PM(프로젝트 관리자)이 프레젠테이션을 수행합니다. 그래서 주로 PM에게 요구되는 중요한 역량 중의 하나가 프레젠테이션입니다. 그러나 프레젠테이션 역량은 하루아침에 만들어지지 않고 수많은 연습과 직접 현장에서 경험을 통해서 스킬과 능력이 만들어진다고 생각합니다. 그래서 중·고급(대리·과장 또는 선임·책임급) IT 컨설턴트에게도 중요하게 요구되는 역량으로 대기업 등 규모가 있는 조직에서는 진급 시험 시 프레젠테이션 역량을 필수로 평가하기도 합니다. 중·고급에서 특급으로 성장하는 과정에서는 꼭 필요한 역량이며, 그 이상의 단계에서는 사업 제안 프레젠테이션을 통한 사업 수주 등으로 실적과 연동될 수 있는 핵심 역량으로 키워가는 게 중요합니다.

IT 컨설팅을 하면서 제안 발표, 착수·중간·완료 보고 등 프레젠테이션을 할 때마다 중요하다고 생각한 점에 대해 말씀드리겠습니다.

첫째, 핵심 내용 도출 및 논리적 전개입니다. 이해관계자와 의사결정자들이 기대했던 핵심 내용을 근거와 논리 기반으로 명확하고 구체적으로 제시하는 것이 필요합니다.

전략과 핵심 내용이 없거나 해결 및 개선 방안이 논리적·구체적이지 않고 뜬구름 내용으로 제시되는 경우, 고객들은 "우리도 다 아는 내용이다", 또는 "그래서 무엇을 하겠다는 거야?"("그래서 문제가 무엇이고 어떻게 하겠다는 거야?") 또는 심한 경우는 "무슨 말을 하는지 잘 모르겠다" 등의 좋지 않은 피드백을 받을 수 있습니다. 따라서 사전에 프레젠테이션 내용을 내부 검토 후 고객과 리뷰하고 수정·개선하여 좋지 않은 피드백을 받을 수 있는 가능성을 제거하는 것이 중요합니다.

둘째, 최고 품질의 도식화·시각화입니다. IT 컨설팅 핵심 내용을 효과적으로 전달하기 위해 텍스트보다 그림, 차트, 그래프, 다이어그램 등 그래픽 요소를 단순명료하게 활용해야 합니다. 일관된 색상과 폰트를 유지하면서 글씨 크기도 최소 14포인트 이상으로 작성해야 합니다.

예전에 선배들이 이야기했던 부분은 프레젠테이션 장표가 나타날 때 3초 안에 이해할 수 있도록 간단명료하지만, 핵심 내용이 표현될 수 있도록 구성하라는 것이었습니다. 그렇지 않은 경우에 고객들의 이해도가 낮아지고 집중도가 흐려져 프레젠테이션의 효과가 낮아진다는 것입니다. 즉 설득을 위해 추가로 설명해야 하고 고객도 이해하기가 어려워 짜증을 내거나 내용과 관계없는 또는 의도치 않은 질문, 코멘트가 발생하여 내용 전달 및 설득이 더욱 어려워지게 됩니다. 이렇게 되면 프레젠테이션을 통해 하고자 했던 내용 전달과 설득이라는 목표를 달성할 수 없게 됩니다.

셋째, 해당 조직 사용자의 업무 수행 관점에서 최대한 실제적이며, 구체적인 내용과 사례를 제시하여 이해관계자와 의사결정자들의 공감도와 이해도를 높입니다. IT 컨설팅은 맞춤형 서비스로 해당 조직의 구체적인 업무 내용을 기반으로 해당 조직 및 사용자의 입장에서 '우리'의 문제점과 개선점이 제시되어야 공감대를 형성할 수 있습니다. 또한, 정보기술에 대해 잘 모르는 사람들을 대상으로 정보기술을 통해 '우리' 조직의 일하는 모습이 이렇게 변할 수 있음을 비전문가들도 이해할 수 있는 수준으로 제시하는 것이 필요합니다.

프레젠테이션을 효과적으로 수행하기 위한 방법은 무엇인가?

효과적으로 프레젠테이션을 수행하는 것은 자신의 전문지식을 전달하고 신뢰성을 구축하며 고객을 확보하는 데 중요합니다. 다음은 성공적인 발표를 도와줄 몇 가지 팁입니다:

◇ **청중 이해하기(Understand Your Audience)**
청중의 기술적 지식 수준과 특정 요구사항과 과제(challenges)를 파악하세요. 발표를 그들의 관심사에 맞추고 관련된 해결책을 제공하세요.

◇ **명확한 목표 설정하기(Define Clear Objectives)**
발표의 목표를 명확히 설정하세요. 청중에게 어떤 메시지를 전달하고 싶으신가요? 그에 맞는 명확한 목표를 설정하고 내용을 구성하세요.

◇ **강력한 시작으로(Start with Impact)**
청중의 관심을 끌 수 있는 강력한 개시(opening)로 발표를 시작하세요. 발표 초반에 강렬한 이야기, 통계 또는 현실적인 예시를 사용하여 청중의 관심을 끌어주세요.

◇ **간결하고 집중된 내용(Keep it Concise and Focused)**
주요 내용에 집중하고 지나치게 기술적인 세부사항으로 청중을 압도하지 마세요. 핵심 메시지를 명확하고 간결하게 제시하세요.

◇ **시각 자료를 현명하게 사용하기(Use Visuals Wisely)**
슬라이드, 차트, 그래프 등 시각 자료를 활용하여 주장을 뒷받침하세요. 시각적 자료는 이해를 돕고 발표를 더욱 흥미롭게 만들 수 있습니다.

◇ **기술적 개념 명확히 설명하기(Explain Technical Concepts Clearly)**
기술적 개념을 설명해야 할 경우, 간단한 용어와 현실 세계의 비유를 사용하여 모든 청중이 이해할 수 있도록 하세요.

◇ **현실 세계의 사례 보여주기(Provide Real-World Examples)**
IT 컨설팅 솔루션이 다른 고객에게 어떻게 도움이 되었는지 보여주기 위해 사례 연구와 성공 사례를 활용하세요. 실제 사례는 당신의 전문성에 믿음을 더해줍니다.

◇ **상호 작용 유도하기(Encourage Interaction)**

청중과 상호 작용을 유도하여 질문, 토론, 참여를 촉진하세요. 그들의 질문과 걱정사항 (concerns)에 신속하게 대응하세요.

◇ **전문성 강조하기(Showcase Your Expertise)**

IT 분야에서 깊이 있는 지식과 전문성을 강조하세요. 이는 가치 있는 솔루션을 제공할 수 있는 믿음과 신뢰를 쌓아줍니다.

◇ **전문적이고 자신감 있게 발표하기(Be Professional and Confident)**

발표 전체적으로 자신감과 전문성을 발휘하세요. 명료하게 말하고 눈 맞춤을 유지하 며 청중이 이해하기 어려운 기술적 용어나 어휘를 사용하지 마세요.

◇ **가능한 이의 제기에 대응하기(Address Potential Objections)**

청중이 가질 수 있는 가능한 이의 제기나 우려사항을 미리 예상하고 선제적으로 대응 하세요. 미리 그들의 시각을 고려하였고 고민하여 그에 대한 해결책을 제시한다는 점 을 보여주세요.

◇ **연습 또 연습하기(Practice, Practice, Practice)**

발표를 여러 차례 반복 연습하여 발표 내용, 말하기, 타이밍 및 연결 전환을 매끄럽게 이어나갈 수 있도록 개선시킵니다.(refine your delivery, timing, and transitions) 콘 텐츠에 익숙해지면 실제 발표에서 자신감을 키울 수 있습니다.

◇ **강력한 결론(End with a Strong Conclusion)**

프레젠테이션의 끝에는 강력한 결론을 제시합니다. 요약하고 강조하며, 청중에게 원 하는 행동을 취할 수 있도록 안내합니다.

이러한 팁을 따라 여러분은 IT 컨설팅 업무에서 자신의 전문성을 어필하고 청중과 관 계를 형성하며 지속적인 인상을 남기는 발표를 선보일 수 있습니다. 발표를 자신 있고 효과적으로 전달하기 위해서는 연습과 준비(practice and preparation)가 핵심임을 기억하세요.

2.2 문제 해결 능력

IT 컨설팅의 핵심 작업은 단순하게 이야기하면 문제를 식별·이해하고 그 문제를 해결하는 방안을 제시하는 것이라고 말할 수 있습니다. 그래서 문제 해결 능력은 IT 컨설턴트가 반드시 갖추어야 할 중요한 필수 역량이라고 생각합니다.

2.2.1 문제 해결 과정

문제는 업무 수행에 어려움이 있거나 불만스러운 현상으로부터 발생합니다. 현상은 주어져 있는 것이지만, 다양한 문제가 결합되어 있을 뿐 아니라 원인과 결과가 얽혀 있기 때문에 '진짜 문제'가 무엇인지 알아내기 위해서는 깊이 있는 분석이 필요합니다.

문제 해결 과정에서는 주로 주어진 상황이나 수집된 자료 또는 제시된 주장의 정당성을 증거와 합리적인 추론에 근거하여 문제를 정의하고 분석하는 접근 방법이 많이 사용되고 있습니다. 이를 논리적 사고라고 하는데, 필자의 경험으로는 기본적인 문제 해결 방식은 논리적 사고 기반하에 정리되는 것이 필요하다고 생각됩니다. 또한, 논리적 사고와 동시에 브레인스토밍과 같이 현상과 문제를 다각도로 보는 방법을 찾아내어 새로운 아이디어를 모색하는 사고방식도 필요하다고 생각합니다. 지식, 경험이 풍부해지면 가치 있는 해결안이 쉽고 빠르게 나오는 경우도 있기 때문입니다.

좀 더 구체적으로 문제를 정의하고 원인을 파악하여 해결 방안을 모색하는 과정은 다음의 질문에 답하는 과정이라고 할 수 있습니다.

첫째, (문제 식별 및 분류) 문제가 있는가? 문제가 어디에 있는가?
IT 컨설팅 수행 시 일반적으로 고객이 제시한 제안요청서(RFP)에 대략적인 문제가 제시되고 있습니다. 그래서 사업 초반에 제안요청서의 내용을 좀 더 깊이 있게 분석하여 문제라고 판단되는 내용들을 분류하고 정리합니다.

둘째, (문제 정의 및 원인 파악) 문제가 무엇이며, 그 원인은 무엇인가?
제안요청서에 제시된 관련 문제들에 대해 상세하게 파악하기 위해서 관련 부서와 이해관계자들을 대상으로 인터뷰를 수행합니다. 이를 통해 현업담당자들의 불편함, 어려움 등 고통 포인트(Pain Points)와 문제가 발생하는 이유, 원인, 요구사항에 대해 신중하게 듣고 핵심을 파악하는 것이 중요합니다. 그리고 문제가 어떻게 비즈니스나 업무에 영향을 미치는지(해당 부서에만 존재하는지, 몇 명이 얼마나 오래 걸리는 일인지, 이 일로 인해 다른 중요한 업무는 못하고 있는지 등) 명확히 파악하기 위해 관련 핵심 질문을 빠르게 생각하여 중요한 답변을 도출하도록 유도하는 것이 중요합니다. 이를 통해 겉으로 드러난 현상 뒤에 숨겨진 핵심 내용들을 파악할 수 있습니다.
그리고 근거 확보와 팩트 파악을 위해 관련 자료와 데이터를 분석하여 좀 더 자세하게 문제의 근본 원인에 대해 고민하고 분석을 수행합니다. 즉 문제나 이슈에 대해 인터뷰를 통해 파악하고 수집된 자료를 통해 산출물에 사실에 근거하여 문제를 정의·정리합니다.

정량적 자료가 있는 경우에는 문제 관련 자료 수집 → 자료 정리와 분류(표 등) → 분석 수행(비교, 유추, 인과, 추세 등 기본 데이터 분석, 통계 분석-상관 분석, 회귀 분석 등) → 분석 결과 해석 과정을 거치면서 문제와 원인 분석을 수행합니다.

분석 작업 시 시간과 자원의 제한을 감안하여 분석의 우선순위를 먼저 정하고, 사실이 보여주는 결과를 최대한 도출합니다. 이러한 과정에서 실무담당자들과 분석 결과에 대한 확인, 검토 등 의견을 구하여 분석 과정 및 결과에 대한 타당성을 확보해야 합니다. 분석 결과가 도출되면 그 결과로부터 필요한 메시지를 도출하여 키워드 또는 핵심 구문으로 정리합니다.

셋째, (문제 개선 기회 식별) 문제에 대해 무엇을 할 수 있는가? 무엇을 해야 하는가?

문제 정의와 원인 파악 단계를 거친 후에는 문제별로 문제 세분화를 통해 문제별로 어떻게·무엇을 해결하면 좋을까에 대한 고민을 하며 현실적으로 개선 가능한 개선 기회를 식별하려고 노력합니다.

넷째, (문제 해결 방안 제시) 문제 해결 방안으로 1~2개의 대안을 제시

문제 해결 방안 제시 단계에서는 해당 조직 상황에 맞추어 적용할 수 있도록 제시하는 것이 중요합니다. 다른 기관 및 사례를 참고하되

해당 조직의 특수성·고유성을 최대한 반영하기 위한 해결 방안을 제시하는 것이 필요합니다. 그래서 내부적으로 브레인스토밍과 문제별로 관련 전문가에게 자문을 받거나 관련 솔루션이 있는 업체 미팅을 통해 해결 방안 탐색을 진행하게 됩니다.

다양한 해결 방안이 도출될 수 있지만 현실적으로 접근 가능한 방안 1~2개를 도출하여 방안별 장단점 비교를 통해 문제 해결 방안의 설득력과 고객의 상황에 맞는 선택지를 제공합니다. 이때 IT 컨설턴트 관점에서 고객의 상황에 맞고 가장 현실적인 접근이라고 생각되는 선택지를 권고사항으로 제시하기도 합니다.

[참고: ChatGPT 답변]
문제 해결 방법과 절차

문제 해결은 IT 컨설팅의 기본적인 측면으로, 컨설턴트들은 종종 복잡한 기술적 도전과 고객들에게 효과적인 솔루션을 제공하기 위해 고용됩니다. 다음은 IT 컨설팅에서 흔히 사용되는 문제 해결 방법과 절차 몇 가지입니다:

◇ 문제 분석
첫 번째 단계는 문제를 철저히 이해하는 것입니다. IT 컨설턴트들은 정보를 수집하고 인터뷰를 진행하며 현재 상황을 평가하여 문제의 근본 원인을 파악합니다.

◇ 목표 설정
문제를 이해한 후 컨설턴트는 명확한 목표와 해결 방안을 설정합니다. 이는 이상적인 결과가 무엇이며 어떤 해결책을 달성해야 하는지를 결정하는 것을 포함합니다.

◇ 데이터와 정보 수집
컨설턴트들은 고객 시스템, 데이터베이스, 산업 연구 등 다양한 소스에서 관련 데이터와 정보를 수집하여 분석을 지원합니다.

◇ **해결책 조사**

IT 컨설턴트들은 문제를 해결하기 위해 여러 가지 가능한 해결책을 탐색합니다. 최적의 접근 방식을 식별하기 위해 최상의 실천 방안, 산업 기준 및 사용 가능한 기술을 검토합니다.

◇ **옵션 평가**

컨설턴트들은 각 해결책의 장단점을 평가하여 목표와 가장 잘 부합하고 고객에게 가장 많은 혜택을 제공하는 해결책을 결정합니다.

◇ **계획 수립**

선택된 해결책에 기반하여 컨설턴트들은 세부 계획을 작성하여 해결책을 효과적으로 실행합니다. 구체적인 단계, 자원 및 일정을 포함합니다.

◇ **해결책 구현**

컨설턴트들은 계획을 실행하고 선택된 해결책을 구현합니다. 클라이언트 팀과 긴밀히 협력하거나 독립적으로 실행할 수 있습니다.

◇ **테스트와 검증**

컨설턴트들은 구현된 해결책을 철저히 테스트하여 예상대로 작동하며 목표를 충족하는지 확인합니다. 문제나 버그가 발견되면 즉시 대응합니다.

◇ **모니터링과 후속 조치**

해결책이 적절히 적용된 후 컨설턴트들은 그 성능을 모니터링하여 클라이언트의 요구를 계속 충족시킵니다. 필요한 경우 조정하거나 계속해서 지원을 제공합니다.

3. IT 컨설팅 핵심 역량

IT 컨설팅 핵심 역량은 개별 사업의 특성에 맞게 사업의 큰 그림과 핵심 내용을 빠르고 정확하게 파악하는 능력입니다. IT 컨설팅은 일반적으로 범위(Scope)와 깊이(Depth)가 넓고 깊어 사업 전체와 세부 내용을 꿰뚫는 시각을 가지기 어렵습니다. 그리고 참여하는 IT 컨설턴트들도 개별 영역의 전문성을 가지고 있어 다른 영역을 아우를 수 있는 역량을 확보하기도 어렵습니다. 그러나 사업의 성공적 수행을 위해서는 오케스트라의 지휘자처럼 사업을 전체 관점에서 바라보면서 세부적인 강약을 리드할 수 있는 능력이 필요합니다. 아래에서 좀 더 구체적으로 IT 컨설팅 핵심 역량의 다양한 측면에 대해 말씀드리겠습니다.

3.1 개별 및 종합을 연결한 큰 그림 도출 능력

IT 컨설팅을 수행하는 과정은 개별 영역별 분석과 영역별 종합의 연속으로 이루어진다고 말할 수 있습니다. 업무·응용·데이터·인프라 영역과 영역 간 문제점 분석 등 개별 분석을 수행하고 개별 시사점 및 개선 방향성을 도출합니다. 개별적으로 수행된 결과를 몇 가지 기준으로 종합하여 또 다른 차원의 영역으로 묶어내는 과정을 반복합니다. 즉 개별 영역·문제 분석과 종합, 개별 과제 전개 및 종합 등 개별과 종합을 반복하는 과정을 통해 프로젝트의 큰 그림과 핵심 내용·목표를 빠르고 정확하게 파악하여 사업 마무리까지 IT 컨설팅 결과물을 의미 있게 만들어 갈 수 있는 능력입니다.

3.1.1 사업 전체와 단계별 핵심사항 및
목표를 빠르고 정확하게 판단할 수 있는 역량

IT 컨설턴트의 전문 분야 또는 지식이 해당 사업의 영역과 동일하거나 기존의 수행 경험이 있다면 해당 사업 관련 이슈와 현황 파악 그리고 핵심을 쉽게 파악하여 무엇이 문제이고 큰 그림을 어떻게 그려야 할지 빠르게 파악할 수 있습니다. 그러나 대부분의 사업은 특수하고 개별적이어서 동일한 사업은 거의 없으며 유사하더라도 개별 기관의 특수성으로 인해 사업 관련 이슈와 현황 파악 그리고 핵심을 쉽게 파악하기가 어렵고 시간이 소요됩니다.

그러나 현실적인 상황에서는 해당 사업 수행 경험이 없거나 전문 분야가 아닌 경우라도 해당 사업에 대한 이슈와 현황을 빠르게 파악하고 이해하여 핵심 이슈와 목표 단계의 큰 그림을 어떻게 그릴지를 빠르게 머릿속에 정리할 수 있어야 합니다.

이러한 능력은 다양한 분야의 IT 컨설팅 수행 경험이 쌓이면서 IT 컨설턴트 개별적인 노력을 통해 만들어질 수 있습니다. 구체적으로는 다양한 IT 컨설팅 경험을 통해 단계별로 어떠한 작업을 통해 어떤 결과가 나온다는 것을 체득하고 예전 수행 경험의 어떤 부분들이 현재 해당 사업의 어떤 부분들에 적용(Input-Output)과 연계(부분과 전체 측면 등)할 수 있는지를 내재적으로 빠르게 파악·도출하는 것입니다.

단순히 업무, 시스템, 데이터, 인프라 또는 PM·사업 관리 등 자신의 분야 대상만의 일부 측면의 수행 경험만 많이 쌓이는 것이 아니라 타 영역 전문 분야 경험과 함께 경영과 IT, 업무와 정보화, 개별사항과 전체 모습과의 종합 및 연계 등 사업 내용을 부분과 전체로 의미 있게 엮어나갈 수 있는 능력을 의미합니다. 예를 들어 IT 컨설턴트가 응용 분야 전문가이지만 업무, 데이터, 인프라 그리고 경영, 외부 환경까지도 관심을 갖고 체득하고 적용할 수 있는 능력을 지속적으로 개발하는 것이 중요합니다. 흔히 T자형 역량 개발이라고 말하기도 하는데, 최근에는 π자형 역량 개발도 요구되고 있습니다.

향후 AI가 급속하게 발전하여 컨설팅 산출물 작성을 하는 경우 Performance가 안 나오는 컨설턴트는 쉽게 도태될 수 있습니다. 따라서 AI를 이길 수 있게 AI가 가지지 못하는 경험과 핵심 이슈 파악, 장표 작성의 Performance를 만들어 낼 수 있는 역량을 확보한 인력이 되어야 할 것입니다.

3.2 전략적·논리적 사고

프로젝트 수행과 산출물 작성 시 전략적이며 논리적 사고 기반하에 진행되는 것을 의미합니다. 해당 사업에서 중요한 과제와 내용은 무엇이고 얼마만큼의 시간과 노력을 투입해야 하는지를 파악하고 추진하는 것이 전략적 사고입니다. 논리적 사고는 중요한 과제와 내용을 식별한 결과를 포함한 모든 산출물 내용에 대한 객관적인 타당성과 근거를 제시하는 것을 의미합니다.

3.2.1 전략적·논리적 사업 수행 및 산출물 작성

IT 컨설팅 사업 수행 시 IT 컨설턴트들은 많은 양의 업무 범위와 내용을 어떻게 전략적이고 논리적이면서 효율적으로 처리해야 할지에 대한 고민이 많습니다. 맡은 업무 범위의 내용에 대해 이해도가 높을수록 전략적·논리적 접근 방식은 쉬워질 수 있습니다. 그러나 이해도가 낮을수록 전략적·논리적 접근이 어려워질 수 있습니다.

이런 경우 사업 초기 그리고 인터뷰 수행하면서 또는 자료 수집 정리하면서 사업을 이해하고 핵심을 파악하고 머릿속에서 어떻게 정리할지를 고민한 뒤 핵심과 세부 내용을 어떤 흐름과 논리로 산출물로 정리하는 게 좋을지 판단을 하게 됩니다. 논리가 정리된 산출물 작성 흐름은 분석 장표의 경우 보통 개요, 접근 및 분석 방법, 방법별 조사 및 상세 분석, 시사점 도출 그리고 시사점 종합 순서로 작성되는 게 일반적입니다. 이때 전략적 측면에서는 무엇을 중심으로 어떻게 분석하고 정리할지에 대한 고민이 정리되어야 합니다. 그리고 논리적 측면에서는 장표 흐름에 있어 기승전결의 흐름과 기승전결을 지원하는 객관적인 타당성과 근거가 제시되어야 합니다.

예를 들어, 접근 및 분석 방법 뒤에 올 장표들의 순서를 암시하는 형태의 체계가 제시되고 뒤에 오는 장표들은 그 순서대로 하나씩 정리되는 흐름으로 진행되면 산출물을 읽고 보는 대상자들은 쉽게 따라올 수 있습니다. 그리고 장표 흐름에 있어서 왜 이런 내용이 나오게 되었는지가 앞 장표에서 논리적으로 제시되어야 좀 더 명확하고 객관적인 타당성을 확보할 수 있게 됩니다. 또 장표의 작성 흐름에 있어 IT 컨설팅의 현황 분석은 대체로 미괄식 접근이 많고, 목표모델은 두괄식 접근이 많습니다.

미괄식 접근 방식에서는 접근 및 분석 방법에 따라 장표마다 세부적인 내용을 제시하고 이슈와 문제점에 대해 하나씩 짚어가면서 체크하고 확인합니다. 이때 텍스트로만 작성하는 것이 아니라 도식화·시각화하여 이해도를 높이도록 지원합니다. 업무 절차 분석의 경우 한 주제에 있어 장표 한 장에 그 주제에 대해 상위 레벨 차원의 전체 내용을 정리하고 그 뒤에 업무 절차에 대한 도식화와 세부 내용을 정리하여 전체와 부분이 조화롭게 논리적으로 제시되는 것이 필요합니다. 업무 절차 분석의 경우 장표 한 장에 해당 주제에 대해 모두 정리하고 그 뒤에 그 장표 그대로 번호만 바꿔서 이슈와 문제점(업무 절차 분석 담당자의 분석이 아닌 인터뷰 내용을 그대로 적용하는 것은 지양해야 함)을 텍스트로 보여주면 안 됩니다. 해당 주제의 전체 흐름을 개괄적으로 보여주고 이슈와 문제점이 있는 절차에 대해 세분화하여 뭐가 문제인지 원인을 포함하여 상세한 절차를 도식화·시각화하여 제시해야 뒤에서 이를 개선할 수 있는 논리적 근거로 활용할 수 있기 때문입니다.

한 장에 모든 것을 담고 디자인 차원에서 예쁘게 하려고 많은 시간과 노력을 들이는 것 대신에 약간은 투박하지만 전체와 부분(상세)으로 나누어 핵심을 집어주는 게 역량 있는 사람의 일하는 방식입니다.

3.3 IT 컨설팅 수행 경험 체득화·융합

IT 컨설팅 수행 경험 체득화·융합은 IT 컨설팅 프로젝트를 스마트하게 수행할 수 있게 단계별 과제 수행의 핵심을 도출해 내는 능력입니다. 흔히 '삽질'이라고 하는 작업을 최소화하거나 '삽질' 없이 효과적으로 업무를 수행할 수 있는 능력입니다. 즉 IT 컨설팅 단계별로 무엇을 어떻게 해야 하는지를 몸에 익혀 사전에 다음, 그다음 단계를 준비하여 다음 단계의 작업 품질을 확보하면서 충실하게 수행되어 고객의 만족도를 높일 수 있는 능력을 말합니다.

3.3.1 사업 전체 그리고 단계별로 필요한 사항들을
사전에 준비하여 적용할 수 있는 역량

IT 컨설팅 사업 경험이 적거나 체득되지 못한 경우 사업 전체 관점이 아닌 현재 시점에 닥친 문제와 이슈에만 급급해서 작업을 하게 됩니다. 이런 경우 현재 시점의 문제와 이슈가 해결되었다 하더라도 다음 단계의 발생하는 문제와 이슈로 다시 이전 단계로 되돌아가 재작업 또는 수정 작업을 하게 되는 경우가 발생할 수 있습니다. 우리는 이런 것을 흔히 속된말로 '삽질'했다고 합니다.

예를 들어 IT 컨설팅 사업 초반에 업무파악을 위해 인터뷰를 하는 경우 보통은 업무 현황과 절차, 주요 이슈와 문제점에 대해 질의하고 답변을 얻는 경우가 일반적입니다. 그러나 IT 컨설팅 경험이 많고 역량이 있는 사람들의 경우는 IT 컨설팅 사업 초반부터 목표모델과 이행계획 수립 단계의 내용과 작업을 염두에 두고 업무 현황 분석 시 업무 절차와 소요 시간, 투입 인력 수, 기존 시스템 구축 및 유지보수 비용 등에 대해 업무 현황을 가능하면 정량적으로 정확히 파악하려고 노력합니다. 이런 사전 준비와 작업 없이 목표모델과 이행계획 단계로 진입해서 작업하는 경우 다시 자료를 수집하거나 재작업을 해야 하는 경우가 발생합니다. 이로 인해 작업 시간이 더 길어져 야근 또는 주말 근무를 해야 하는 경우도 발생하기도 하고 재작업이 많은 경우 사업 기간에 영향을 미치기도 합니다.

다른 경우는 인터뷰 수행 시 준비할 사항에 대한 준비 없이 무조건 고객이 설명해 주겠지 하고 생각하여 고객에게 업무를 설명해 달라고 하는 경우입니다. 앞에 시너지 창출 관련하여 인터뷰 내용이 언급된 부분이 있는데, 인터뷰와 설문을 수행하기 위해서는 사전에 준비 작업이 매우 많고 가능하면 산출물 작성 결과를 고려하여 준비하는 것이 필요합니다. 그러나 이러한 사전 준비작업에 대해 모르거나 준비하지 못하는 IT 컨설턴트들은 안이하게 고객이 이야기하는 내용만 듣고 정리하면 된다고 생각합니다. 이러한 태도와 접근 방식은 업무 수행 품질을 낮추게 되는 리스크로 연결됩니다. 인터뷰 준비 없이 막상 고객에게 수행하고 있는 업무를 설명해 달라고 하면 고객은 무슨 말부터 해야 할지 모르고 당황하게 됩니다. 그래서 두서없이 이야기하거나 생각나는 몇 개 정도만 이야기하게 됩니다. 그래서 업무 파악이 어려워지고 산출물 품질도 낮게 정리되기 쉽습니다. 그리고 사전 고객업무에 대한 이해 없이 고객이 이야기해 주는 내용에 대해 제대로 IT 컨설턴트가 이해하거나 파악하기 어려워 설명해 주는 내용에 대해 제대로 정리도 못 하는 경우가 발생하게 됩니다. 그래서 나중에 제대로 이해하고 분석하고 산출물을 만들기 위해 추가 인터뷰나 설문을 재작업하는 경우도 발생하게 됩니다. 이러한 비효율적 접근 방식은 자칭 경험이 많다고 말하는 그러나 실제로는 IT 컨설팅 경험이 체득되지 못한 컨설턴트들에서 발생하고 있습니다. 아래 [표 44]는 IT 컨설팅 수행 시 대표적인 '삽질' 활동을 정리한 것입니다.

[표 44] 주요 태스크별 '산질' 활동 및 대응 방안(예시)

주요 '산질' 활동		대응 방안
요구사항 불명확화로 인한 재작업	프로젝트 시작 시에 고객과 충분한 요구사항을 논의하지 않고 진행하는 경우가 있습니다. 이로 인해 프로젝트가 진행되면서 추가 요구사항이 나타나거나 이해관계자의 요구가 변경될 수 있습니다. (요구사항이 명확하지 않은 상태에서 시작된 프로젝트는 중간에 작업을 다시 해야 할 수 있으며, 이는 시간과 비용의 손실을 야기할 수 있습니다.)	사업 초기 WBS를 통해 요구사항별 작업내용을 담당자별로 세분화하고 명확화하여 요구사항 불명확화를 최소화해야 함.
의사소통 부족으로 인한 재작업	고객과 컨설턴트, 그리고 프로젝트 팀 간의 의사소통이 원활하지 않아 요구사항이 오해나 부족함이 기대가 발생할 수 있습니다. (잘못된 이해로 인해 프로젝트가 잘못된 방향으로 진행될 수 있으며, 이는 프로젝트 진행단계 또는 완료 후 추가 작업이나 수정을 필요로 할 수 있습니다.)	고객과의 의사소통은 회의록을 상세하고 구체적으로 정리하여 진행 상황을 공유하고 의사소통 부족을 최소화해야 함. 프로젝트 팀 간 의사소통 오류는 정기/비정기, 수시로 회의/산출물 검토를 통해 오류를 최소화해야 함.
	목표모델 수립 시 목표모델 수립이 완료된 뒤에 고객과 협의하려고 하여 시간이 많이 흐른 뒤 고객이 생각한 다른 내용과 다른 경우 목표모델 내용 재작업 발생	목표모델 수립 시 매주 주간보고 시간에 작업 진행내용에 대해 공유하고 고객의 의견을 이견을 목표모델 수립에 반영하여 재작업을 최소화해야 함.
현황 분석이 불충분하게 수행되어 목표모델 단계 예서 현황 분석을 재작업	현황 분석 문제점과 이슈가 정성적으로만 정리되는 경우 이행계획 수립 단계의 기대효과 산정 시 정량적 개선 내용 정리 시 정량적 측면의 문제 점과 이슈를 다시 조사하여 정리하는 재작업 발생	현황분석 단계에서 문제점과 이슈를 정량적으로 파악하여 이행계획 수립 단계에서 활용하여 재작업을 최소화해야 함.
이행 과제 소요예산 산정	소요 예산 산정 시 목표모델에서 비용항목이 누락되어 목표모델 구성 및 내용을 바꾸거나 추가로 재작업 발생	목표모델 수립 시 비용항목을 도출하고 영역별로 종합하여 누락여부를 체크하여 재작업을 최소화해야 함.

따라서 IT 컨설팅 경험이 많아도 수행 경험과 역량이 제대로 체득(또는 정립)되지 못하거나 T자형 또는 π자형에 대해 관심이 없는 IT 컨설턴트는 매번 앞단 그리고 다음 단계에서 해야 할 일을 놓치고 TO-BE나 이행계획에서 작업하려고 할 때 Input 정보가 적거나 없어 재작업을 하거나 이중작업을 수행하는 경우가 발생하기도 합니다. 이는 시간에 쫓기고 납기를 맞추어야 하는 목표모델과 이행계획 수립 단계에서 산출물을 대충 만들거나 충분히 검토 또는 협의가 되지 못해 산출물 품질이 낮아져 고객의 만족도가 낮아지는 리스크를 초래하기도 합니다.

그래서 다양한 분야의 IT 컨설팅 수행 경험이 쌓이면서 체득화된 경우 해당 사업의 특성에 따라 단계별로 무엇을 중요하게 고려할지를 빠르고 정확하게 파악하여 사업 추진에 적용하는 것이 중요합니다.

New chat

IT 컨설링 수행 시 고려사항

이번 파트에서는 IT 컨설팅 업무를 수행하면서 필자가 고민스러웠던 사항들에 관해 이야기해 볼까 합니다. 가장 고민스러운 부분은 어떻게 하면 IT 컨설팅을 좀 더 잘할 수 있을지에 대한 고민이었습니다. 그리고 최근에 ChatGPT가 나타나면서 IT 컨설팅에서 ChatGPT를 활용할 수 있는 가능성에 대해 고민하게 되었습니다. 아직 명확한 답을 찾은 것은 아니며, 답을 찾아가는 과정에 있다고 말씀드릴 수 있겠습니다.

어떻게 하면 IT 컨설팅을 좀 더 잘할 수 있을까?

(IT 컨설턴트, 컨설팅 회사 차원)

1. 최선을 다하는 것과 스마트하게 일을 잘하는 것의 차이는 무엇이고 구체적으로 어떻게 하는 것인가?

IT 컨설팅 프로젝트를 수행하면서 고민스러웠던 점은 '어떻게 하면 IT 컨설팅을 좀 더 잘할 수 있을까?'였습니다. IT 컨설팅을 잘한다는 것은 무엇이고 어떻게 하면 되는가에 대한 질문이 있었습니다. 그중의 하나가 최선을 다하는 것(열심히 하는 것)과 일을 잘하는 것(스마트하게 하는 것)에 대한 고민이었습니다. 회사에서 높은 직급의 임원분들 또는 대표님들을 보면 항상 하시는 말씀이 "일은 잘되어 가고 있니?"라는 것이었습니다. 그러면 대부분의 IT 컨설턴트는 "열심히 하고 있습니다." 또는 "최선을 다해서 하고 있습니다"라고 말하곤 합니다. 그러면 임원분들이나 대표님들은 "열심히 말고 잘해야 한다"라고 말하면서 일을 잘할 것을 요구했습니다. 열심히 하는 것과 잘하는 것의 의미는 무엇이며, 나는 열심히 하면서 잘할 수 있을까 하는 생각을 하게 되었습니다. 그래서 이 부분에 대해 간략히 저의 생각을 이야기하고자 합니다.

1.1 열심히 또는 최선을 다하기

① 초점

열심히 또는 최선을 다할 때 초점은 주로 최대의 노력을 투입하는 것이며, 산출물 품질을 높이기 위해 노력하는 것입니다. 그것은 자신의 능력을 최대한 발휘하여 작업이나 목표를 달성하기 위해 자신의 시간, 에너지 및 자원을 바치는 것을 포함합니다.

② 노력 기반

이 접근 방식은 근면, 끈기, 노력 등을 강조합니다. 여기에는 종종 강력한 책임감, 헌신의 마음가짐으로 상당한 시간과 노력을 투자하려는 의지가 포함됩니다.

③ 세부사항 지향

최선을 다하는 사람들은 종종 세부사항에 주의를 기울여 작업의 정확성과 품질을 확보하려고 노력합니다. 결과물의 완벽함을 목표로 세심하고 철저하려고 노력합니다.

④ 시간 및 자원 집약적

최선을 다하려면 작업이나 프로젝트에 상당한 시간, 에너지 및 자원을 투자해야 할 수 있습니다. 그것은 긴 시간, 강렬한 집중, 그리고 한 걸음 더 나아가려는 의지를 포함할 수 있습니다.

일을 열심히 하는 것의 장점은 고객에게 기대 이상의 결과물을 전달하여 고객 만족도를 높일 수 있는 반면, 사업 내용과 범위 그리고 기간 등에 대한 관리가 되지 않아 납기를 어기거나 본인 건강을 해치고 번 아웃(Burnout)과 같은 현상이 발생할 수 있습니다.

1.2 잘하기 또는 스마트하게 일하기

① 초점

스마트하게 작업할 때 초점은 효율성과 생산성을 극대화하는 것입니다. 작업 수행 시 작업 내용과 해당 범위에 대해서만 고려하고 최소 시간을 투입하여 원하는 결과를 만들어 내는 가장 효과적이고 효율적인 방법을 찾아 일하는 것이 포함됩니다.

② 전략적 계획

스마트하게 일하는 것은 전략적 계획, 우선순위 지정 및 효과적인 시간 관리를 포함합니다. 여기에는 생산성을 최대화하고 낭비를 최소화하는 방식으로 중요한 작업 식별, 목표 설정 및 리소스 할당이 포함됩니다.

③ 결과 중심

이 접근 방식은 노력에만 의존하기보다는 원하는 결과를 달성하는 데 중점을 둡니다. 여기에는 목표를 이해하고, 목표에 따라 작업을 조정하고, 정보에 입각한 결정을 내려 결과를 최적화하는 것이 포함됩니다.

일을 잘하는 것의 장점은 전략적이고 결과 중심적 고려를 통해 최소 시간과 인력 투입을 통해 업무 효율성과 생산성을 높일 수 있는 것입니다. 그러나 때로는 최소 시간 안에 높은 품질을 달성하기 어렵고 역량이 부족한 인력으로 달성하기 어려운 접근 방식으로 고객 만족도를 저하시킬 수 있는 우려가 있습니다.

필자 개인적으로는 사업(프로젝트)관점에서는 일을 잘하는 것(스마트하게 일을 하는 것)의 방식으로 업무 수행을 하는 것이 중요하다고 생각합니다. 특히, 회사 차원에서는 정해진 기간 안에 최소의 비용으로 원하는 품질을 확보하려는 방법으로 일을 잘하는 것(스마트하게)은 매우 중요하고 꼭 달성해야 할 접근 방법이라고 생각합니다. 그리고 회사 차원에서는 당연하게 스마트하게 일하는 접근 방식으로 고객의 기대치에 부응하고 또는 고객의 만족도를 높일 수 있는 수준의 산출물(결과물)이 만들어질 것을 기대하지만 제 생각으로는 최선을 다하는 방식의 노력과 투자, 헌신이 없이는 높은 수준의 결과물을 만들어 내는 것은 어렵다고 생각합니다.

IT 컨설턴트와 컨설팅 회사의 우수성과 명성은 최선을 다하는 태도로 고객의 기대치를 넘는 우수한 결과물을 만들어 낼 때 가능하다고 생각합니다. 따라서 필자가 생각하는 일하는 방식은 IT 컨설팅 사업의 효율성을 극대화하고 리소스를 효과적으로 활용하며 고객이 원하는 결과를 달성하기 위한 전략적 접근(스마트하게 일하는 것)이 기반이 되고 IT 컨설턴트가 자기 업무에서 최대의 노력을 기울이고 산출물 결과의 우수성을 위해 노력하는 환경을 만들어 가는 것이 중요하다고 생각합니다.

2. IT 컨설턴트들이 어떻게 문제 해결의
구체성, 활용성, 완성도를 높일 수 있을까?

IT 컨설팅 수행 시 IT 컨설턴트 자신도 만족스럽지 못한 분석 결과와 목표모델 수립 내용이 도출되는 경우도 있습니다. 해당 과제에 주어진 시간과 일정이 촉박한 경우도 있으며, 관련 자료가 부족하거나 해당 분야에 대한 이해도가 낮은 경우 또는 IT 컨설턴트의 열정 또는 역량이 부족한 경우 등 다양한 이유에서 만족스럽지 못한 결과가 도출되기도 합니다. 이러한 경우 PM이 그러한 결과를 도출한 IT 컨설턴트와 논의, 협의하는 것도 어렵고, 만족스럽지 못한 결과를 고객에게 제시하는 것도 많은 힘이 듭니다.

IT 컨설턴트 입장에서 문제 해결 과정에서 실용적이고 실행 가능한 솔루션을 제시하기 위해 문제와 해결 방안에 대해 깊이 있게 분석, 정리하는 것은 시간과 노력이 많이 들어가며, 전략적이고 논리적인 사고와 고민도 많이 해야 합니다. 그리고 그러한 노력이 꼭 고객이 만족할만한 결과를 도출한다는 보장도 없습니다. 또한, 고객 만족도를 높이기위해 좀 더 구체적이고 실용적이고 실행 가능하도록 솔루션을 도출하려고 할 때 프로젝트 팀원들의 반발이 클 수 있습니다. "이렇게까지 해야 하는 건가", "나는 못한다", "너무 시간이 부족하고 그걸 할 수 있는능력도 안 되고, 프로젝트도 지연 우려가 있다" 등등 여러 가지 이유를들어 깊이 있는 분석과 구체적인 솔루션 제시를 거부하고 적당한 선에서 정리하여 제시하는 것이 좋다고 말하는 경우도 있습니다.

고객이 당면한 문제를 해결하기 위해 어느 정도의 구체적인 수준으로 문제 해결 방안이 제시되어야 하는가? 고객의 입장에서 실용적이고실현 가능한 문제 해결 수준이란 구체적으로 어떤 것인지에 대한 고민이 들기 시작합니다. 당연히 IT 컨설턴트들은 고객의 만족도 제고를위해 그리고 고객이 당면한 문제 해결을 위해 구체적이고 실용적이며실현 가능한 솔루션을 제시하도록 노력해야 합니다. 그러나 현실은 다양한 상황과 이유에서 이러한 접근이 어려워지는 경우들이 많습니다.

그럼에도 불구하고 다양한 상황과 이유가 발생하는 현실을 극복하고 구체적이고 실용적이고 실현 가능한 문제 해결 방안을 제시하기 위해서는 최소한 역량 있는 IT 컨설턴트 확보가 중요합니다. 'PART 04.'에서 지속적으로 이야기한 핵심 역량과 필수 역량을 보유한 인력을 확보하는 것이 가장 중요합니다. 그다음으로는 IT 컨설팅 단계별로 최대한 구체적이고 실용적이며 실현 가능성을 고려하여 수행하는 것이 중요합니다.

좀 더 자세히 말씀드리면, 첫째, 고객이 당면한 문제를 철저히 이해해야 합니다. 이를 위해서 고객, 관련 이해관계자들(현업담당자들 포함)과 적극적으로 소통하고 질문하여 고객의 도전과 고민, 목표를 깊이 있게 이해합니다. 불분명한 점을 명확히 하고 고객의 시각에서 문제를 파악하는 것이 필요합니다.

둘째, 문제의 원인에 대한 세부 분석을 수행하는 것입니다. 문제 원인 파악 및 영향 평가를 포함한 문제에 대한 종합적인 분석을 수행합니다. IT 컨설턴트는 문제식별 및 정의, 원인에 대한 상세 분석과 결과를 산출물로 정리하여 PM, 팀원들 그리고 고객과 공유하여 문제에 대한 정확한 이해를 확인하고 해결 방안에 대한 기회를 식별합니다. 이를 통해 문제 해결 실현 가능성에 대한 실행 레벨의 구체성을 확보할 수 있게 됩니다.

셋째는 고객의 요구에 맞게 맞춤형 해결 방안을 모색하는 것입니다. 고객의 특정 요구사항과 목표에 부합하는 해결 방안을 구체적인 수준에서 찾아보는 것입니다. 해당 분야의 전문 솔루션 업체 또는 관련 논문의 개선 포인트, 또는 관련 전문가들의 의견을 듣고 종합하여 IT 컨설턴트는 자신의 인사이트와 고민의 결과를 정리하여 문제 해결 방안을 제시합니다. 이때 구체적이고 실행적인 수준을 확보하기 위해서 여러 가지 해결 방안 옵션을 제시할 수 있어야 합니다. 해결 방안 1, 2, 3 등의 옵션과 함께 해결 방안의 장단점과 수행 비용, 기술적용 가능성, 해당 조직의 실행 가능성 등 실행력 있는 세부 방안과 항목들을 비교해야 실행레벨의 구체성을 확보할 수 있습니다. 여러 가지 대안을 비교, 대조하여 고객에게 구체적인 정보를 제공하여 고객이 원하는 방안을 선택할 수 있도록 합니다.

IT 컨설턴트들이 문제 해결의 구체성, 활용성, 완성도를 높이기 위해서는 위와 같은 절차와 방법을 수행하여 결과를 도출할 수 있도록 가이드하고 확인하고 검토하는 작업들이 필요합니다. 역량 있는 IT 컨설턴트들은 위와 같은 절차와 방법 외에 본인의 헌신을 더하여 좋은 결과를 도출합니다.

이러한 과정을 거쳐 고객의 기대에 맞는 구체적이고 실행 가능한 해결책을 제시할 수 있으며, 이는 성공적인 IT 컨설팅 프로젝트로 이어질 수 있습니다. 역량 있는 IT 컨설턴트와 고객과의 신뢰, 투명성, 효과적인 커뮤니케이션을 기반으로 강한 관계를 구축하는 것이 구체적이고 실행력 있는 문제 해결 방안과 결과를 만들어 내는 핵심 요소라고 생각합니다.

3. IT 컨설팅 사업의 범위 산정 및 관리는
어떻게 할 수 있을까?

매번 IT 컨설팅 사업을 수행할 때마다 사업 초기부터 마지막까지 가장 고민스럽고 어려운 것은 사업의 범위(scope), 즉 요구사항의 넓이(breadth)와 깊이(depth)에 대한 고민이었습니다. 대부분의 사업들은 일부 유사한 경우도 있지만 개별적이고 독특한 특성을 가지고 있어 해당 분야의 전문지식이 없는 경우 사업의 범위를 파악하기가 쉽지 않았습니다.

IT 컨설턴트 초·중·고급 시절에는 일부 연속 사업을 제외하고는 거의 모든 사업들이 새로운 사업으로 사업 초반에 해당 업무 내용 파악을 위해 많은 시간과 노력을 투입했던 기억이 납니다. 그리고 사업 중간에도 고객과 제안요청서(RFP) 문구에 대한 이해가 달라 사업단(IT 컨설팅 업체)과 고객 사업 관리 담당자와 많은 협의·회의도 하고 싸우기도 하는 등 요구사항 범위에 대해 불협화음을 겪었던 기억도 납니다. 때로는 제안요청서의 두 줄 정도의 요구사항이 3~4명이 2~3개월의 작업량으로 변하기도 하여 사업 지연으로 이어지기도 하였습니다.

제안요청서에 제시된 사업 기간 안에 해당 과제들을 무사히 수행하고 프로젝트를 끝내면 다행이지만 그렇지 못한 경우에는 회사와 마찰이 일어나고 IT 컨설턴트 그리고 PM의 역량을 의심받기도 하는 등 여러 문제가 발생하기도 합니다. 따라서 IT 컨설팅 사업에 대한 역량과 경험이 쌓이면서 IT 컨설팅 사업의 범위, 즉 고객 요구사항의 넓이와 깊이를 어떻게 정확하게 파악(산정)하고 관리할 수 있을까에 대한 고민이 깊어지고 이에 대한 관리 능력 확보에도 많은 신경을 쓰게 되었습니다.

일반적으로 IT 컨설팅 사업이 발주되고 IT 컨설팅 사업에 대한 제안서를 작성하면서 제안요청서의 사업 범위와 요구사항들을 분석하게 됩니다. 해당 사업의 범위가 업무, 응용, 데이터, 인프라 등의 투입 인력 영역에 따라 어느 정도의 넓이를 가지고 있으며, 특이한 과제와 내용은 없는지 등에 대해 면밀히 검토하게 됩니다. IT 컨설턴트 외 자문위원 등 추가 필요한 인력 소싱이 필요한 것인지 그리고 그에 따른 비용 발생 여부에 대한 검토도 진행하게 됩니다.

사업 요구사항에 대한 넓이와 동시에 각 업무·응용·데이터·인프라 영역별 또는 과제별 수행 깊이에 대한 검토가 필요합니다. 중급 또는 고급 수준의 역량이 필요한지 아니면 고급 이상의 역량이 필요한 과제인지 등에 대해 검토를 해야 하는데, 이는 IT 컨설팅 경험이 많고 최소 특급 이상의 역량을 가진 사람들이 할 수 있는 작업이라고 판단됩니다.

필자의 경우 PM 초반에는 직접 해당 사업의 요구사항과 과제에 따른 필요 인력수를 산정할 수 있는 역량은 부족하여 회사에서 산정한 대로 수행했던 경험이 있습니다. 그리고 PM 경력과 IT 컨설팅 경험이 쌓이고 업무·응용·데이터·인프라에 대한 연계·융합에 대한 시각이 생기면서 IT 컨설팅 사업의 사업 범위와 필요 인력수 산정에 대한 정확도가 높아지는 것을 느끼게 되었습니다. 즉 다양하지만 유사한 특성을 가진 과거 프로젝트 경험을 기반으로 과거 투입 인력들의 사업 수행 기간과 품질 등의 데이터를 활용하여 투입 인력 수와 기간 등의 추정을 하게 됩니다. 물론 아직도 IT 컨설팅 사업 초반부터 사업 종료까지 사업 범위(넓이와 깊이) 관리에 많은 시간과 노력을 투입하고 있습니다.

그렇다면 IT 컨설팅 사업의 범위, 즉 고객 요구사항의 넓이와 깊이를 어떻게 정확하게 파악(산정)하고 관리할 수 있을까요? 그리고 IT 컨설팅 사업 RFP에 대한 업무 범위 사이징 산정의 정확도를 높이기 위한 효과적인 방법은 무엇일까요?

필자의 경험으로 IT 컨설팅 사업 범위(Scope) 및 비용의 정확도를 높이려면 첫째, 제안 단계에 꼼꼼하게 제안요청서(RFP) 기반 업무·응용·데이터·인프라 영역별 과제 분류 및 투입 인력·기간을 산정(추정)하는 것입니다. 제안요청서를 5번 이상 확인하면서 핵심 과제와 영역별 과제의 난이도를 측정하여 인력별 투입 기간과 등급을 산정합니다.

그러나 제안 단계에서 파악된 사업 범위와 사업 초반 사업 수행 중에 파악된 사업 범위와는 분명 차이가 존재합니다. 대체로 사업 수행 중에 파악되는 사업 범위가 더 많은 경우가 많습니다. 따라서 사업 수행 초반 빠른 시간 안에 RFP를 기준으로 고객 요구사항을 정확하고 명확하게 이해하기 위해 노력하는 게 필요합니다. 세부 요구사항 수집을 위해 그리고 가능한 한 많은 정보를 수집하기 위해 심도 있는 인터뷰, 회의 및 토론을 수행하기도 합니다. 그리고 이를 통해 프로젝트 범위, 목표, 산출물 및 성공 기준을 명확하게 정의합니다.

둘째는 제안 단계부터 프로젝트 범위를 더 작고 관리 가능하도록 RFP 과제를 세분화하여 관리하는 것입니다. 이를 통해 해당 사업의 넓이와 함께 깊이도 파악할 수 있게 됩니다. 이때 활용하는 것이 WBS입니다. (이때 주의할 점은 업무별 담당자도 해당 사업의 전문가가 아닌 경우가 있어 담당 영역별 세분화된 구성 요소로 분해하여도 그 깊이를 제대로 파악하지 못하는 경우가 있을 수 있습니다. 따라서 PM은 업무영역별 담당자는 물론 고객과 함께 과제의 깊이에 대해 지속적이고 명확하게 의사소통을 수행하는 것이 필요합니다.)

WBS에 작성하는 업무별·투입 인력별 역할과 책임(R&R) 분야는 자세하고 명확하게 정리하는 게 필요합니다. 업무·응용·데이터·인프라 등 업무 영역별로 역할과 책임을 나누는 경우 환경 분석의 기술 동향, 선진 사례 분석, 요구사항 수집 그리고 착수·중간·완료 보고, 사업 관리 부분의 작업 등은 담당자를 지정하기가 어려울 수 있습니다. 업무 영역별 담당자들은 자신의 업무 과제 범위를 최소화하려고 노력하여 해당 영역 이외 범위는 안 맡으려는 경향이 있습니다. 따라서 영역별 업무·과제 이외 영역에 대해서도 구체적인 이름 또는 역할별로 지정하는 게 필요합니다. 실질적으로 상세 레벨까지 역할을 정리하기 위해서는 영역별 담당자의 세부 업무를 PM이 파악하거나 영역별 담당자로

하여금 세부 업무를 WBS에 정리하라고 요청하여 명확하게 R&R을 정리하는 것이 중요합니다. R&R이 명확하게 정의되어 있지 않으면 내부 갈등부터 사업 산출물 품질까지 많은 영향을 미쳐 사업 수행을 어렵게 할 수 있습니다.

셋째는 사업 수행 과정에서 과제별·담당자 영역별 과제 범위(넓이와 깊이)에 대해 지속적으로 변경관리 및 위험을 체크하는 것입니다. 프로젝트가 진행됨에 따라 고객의 요구사항이 조금씩 명확해지고 구체화되며 요구사항도 조금씩 바뀌거나 증가하는 경향이 있습니다. 또한, 과제 간 관련 작업의 회색지대가 발견되고 기존 WBS에 정의된 과제 이외 연계 작업 및 추가 작업들이 발생함에 따라 IT 컨설팅 과제별 담당자·역할에 대한 명확한 경계를 설정하는 것이 어려워지게 됩니다. 영역별 과제 범위의 변경을 관리하기 위해서는 WBS 기준 작업 수행 범위 체크를 정기적(주간 보고 작성 기준)으로 검토하여 관리합니다.

요구사항이 추가되는 경우 팀 구성원들과 과제 범위 관련 회의 등의 의사소통을 통해 과제 범위를 재조정하여 관리합니다. 또한, 고객과 요구사항 변경 또는 추가에 대해 사업 기간과 산출물 품질에 영향을 미칠 수 있음을 알려주고 사업 범위의 변경 관리를 수행하는데, 이때 사업 범위에 대한 변경 또는 수정을 처리하기 위한 공식적·비공식적 변경 관리 프로세스를 관리하는 것이 필요합니다. 진행 중인 사업에서 공식적인 절차 없이 이러한 변경사항을 수용할 수 있는지 확인하고 도저히 어려운 경우 공식적으로 고객과 협의하여 프로젝트 계획 및 범위를 수정하여 관리하는 경우도 있습니다.

사업 범위를 정확하게 추정하고 변경되는 것을 관리하는 것은 복잡한 작업입니다. 개별 사업마다 다양한 상황이 발생할 수 있지만 PM 및 팀원들의 의사소통과 협업 그리고 고객과의 협의·합의를 지속적으로 관리하는 것이 중요합니다.

인공지능 활용 기반
IT 컨설팅 수행 방안

1. 인공지능(ChatGPT 등) 활용 기반
IT 컨설팅 수행 시 고려사항

다음은 IT 컨설팅에서 AI(ChatGPT 등)를 활용할 수 있는 가능성에 관해 이야기하고자 합니다. 필자가 책을 쓰면서 직접 경험한 내용과 주요사항에 대해 ChatGPT가 어떻게 생각하고 있는지, 어떤 답변을 제공할 수 있는지를 계속 체크해 보았습니다. 여기까지 계속 글을 읽어오신 분들은 ChatGPT가 제공하는 답변이 체계적이고 그럴듯한 단어와 문장으로 내용을 제시해 주고 있다는 것을 확인하실 수 있었을 것입니다. 어떤 주제 또는 사항에 대해 질의하면 포괄적으로 고려 가능한 항목과 내용에 대해 이야기해 주어 그 주제에 대해 몰랐던 경우에는 빠르게 내용을 파악하고 이해할 수 있게 도와줍니다.

그러나 좀 더 꼼꼼하게 살펴보신 분들은 제가 이야기하는 내용과

ChatGPT가 제시하는 내용의 차이를 확인하실 수 있었을 거라고 생각합니다. 즉 ChatGPT는 해당 주제 또는 사항에 대해서 전체적이고 구조적 형태로 개괄적으로 설명해 주고 있습니다. 반면에 책 내용에는 전체적이고 구조적 형태와 함께 현장에서 일어나는 자세하고 구체적이면서 실질적인 내용을 제시해 주고 있습니다.

물론 아직 ChatGPT가 초기이며, 사전 학습된 데이터 내에서만 정보를 제공하고 있기 때문에 실무에 적용되고 실질적인 내용을 제공하기는 어려울 수 있습니다. 그러나 앞으로 인공지능의 빠른 발전과 함께 인공지능(AI)이 IT 컨설턴트의 기본역량 관련 업무를 대체하여 IT 컨설팅 업무를 수행하는 ChatGPT 또는 다른 형태의 GPT가 만들어질 수 있는 가능성은 점점 더 높아질 것입니다.

아니 이미 그러한 상황이 나타나고 있습니다. 마이크로소프트가 GPT를 적용한 '마이크로소프트 Copilot' 서비스를 통해 사용자 컴퓨터에 저장된 파일 내용을 기반으로 이메일 작성, 화상 미팅 회의록 작성 및 요약, 기획안 작성, 워드 문장 등을 자동으로 완성하여 제공하고 있습니다. 또한, 사용자 데이터를 활용하여 개별 요구에 따른 맞춤형 파워포인트 슬라이드 자동 생성, 엑셀 데이터 기반 자동 요약 및 그래프 작성 등의 기능을 제공할 수 있다고 합니다.

또한, 텍스트만으로 PPT를 만들어주는 인공지능 PPT 제작 서비스인 감마(Gamma.app)는 PPT 주제 내용(텍스트)을 입력하고 디자인 형태를 선택하면 '똘똘한' 선임급 IT 컨설턴트가 만들 수 있는 수준으로 도입과 본문 그리고 결론의 구성과 디자인 등을 고려하여 PPT 내용을 채워서 제공해 줍니다. 사람은 내용을 검토하여 "디자인을 바꿔줘(look & feel을 바꿔줘 등)"라고 하면 옵션을 2~3개 제시하고 사람이 선택할 수 있게 해줍니다. 또한, 도식화·시각화를 변경하거나 텍스트를 표로 변환해 주기도 합니다.

또 다른 서비스는 인공지능(AI) 기반 디자인 커뮤니케이션 툴인 윔지컬(Whimsical)입니다. 플로우차트(flow chart), 마인드맵, 와이어프레임 등의 아이디어나 본문 내용 시각화를 위해 적용 가능하며 향후 IT 컨설팅을 위한 도식화·시각화 업무에 적용 가능성이 높아질 수 있을 것 같습니다.

AI가 제공하는 이러한 기능과 서비스들은 컨설턴트들이 주로 많이 하는 업무 중의 하나인 산출물 작성(문서 작성 및 표현력 역량) 작업을 대체할 수 있는 가능성을 제시해 줍니다.

필자의 개인적인 생각이지만 빠르면 3~5년 안에 IT 컨설팅에서도 인공지능(AI)을 활용한 컨설팅 서비스 모델들이 도출될 수 있을 것으로 예상되며, 이로 인해 일부 IT 컨설턴트들은 인공지능(AI)에 의해 대체될 수 있는 상황도 발생할 수 있을 것으로 예상됩니다.

그러나 향후 ChatGPT 등 인공지능이 IT 컨설팅 서비스의 일부라도 대체할 수 있는 상황이 발생할 가능성이 높아져도 역량 있고 실력 있는 IT 컨설턴트의 수요는 존재하리라 생각합니다. 오히려 역량과 실력 있는 고수 IT 컨설턴트들에게는 인공지능이 제공하는 정보와 서비스는 좋은 기회가 될 수 있습니다. 기존 여러 명이 하던 IT 컨설팅 서비스를 고수 1~2명이 인공지능을 이용하여 제공하는 것이 가능해질 수 있기 때문입니다. (물론 필자의 개인적인 생각입니다.)

따라서 'PART 04.'에서 제시했던 필수와 핵심 역량을 보유한 내공 있고 역량 있는 IT 컨설턴트로 성장하는 것이 중요하며, 이를 위해 현재 시점에서 다양한 인공지능 기능과 서비스를 활용하여 역량과 실력을 쌓을 수 있는 방법에 대해 고민하고자 합니다.

첫째, IT 컨설턴트가 맡은 업무 영역의 주제들에 대한 전체 구조를 설계하고 방향성을 수립하려고 할 때 활용할 수 있다고 판단됩니다. 예를 들어 IT 컨설팅 정의, 역할, 특징 및 절차와 같이 IT 컨설팅 분야 주제에 대해 ChatGPT에게 질의하면 포괄적이고 체계적으로 답변을 제시해 주기 때문에 전체 구조와 방향성을 수립할 때 참조할 수 있습니다.

둘째, 산출물 작성 시 논리적·전략적 사고를 위한 기초 정보를 제공받을 때 활용 가능하다고 생각됩니다. 산출물 작성 흐름과 전개에 대한 시나리오를 수립할 때 ChatGPT에게 질의하여 제공받은 정보를 기초로 하여 어떤 방향과 흐름으로 논리적이고 전략적으로 접근할지에 대해 고려할 수 있습니다. 예를 들어 IT 컨설팅의 방법과 절차 그리고 세부 항목들에 대해 질의하면 세부 항목에 대해 개괄적으로 제시해 줍니다. 그 내용을 참고하여 산출물을 어떻게 논리적으로 전개할지 고려할 수 있습니다.

셋째, 둘째 단계를 거쳐 어떤 방향과 흐름으로 업무 내용을 전개할지 그리고 어떻게 글을 써야 할지 생각이 정리되면 세부 내용에 대해 ChatGPT에게 상세하고 구체적으로 질의하여 장표 작성의 단초와 힌트를 도출할 수 있습니다. 이를 초안으로 작성하여 조금씩 내용을 보강하고 다듬어 가면 맡은 분야의 업무 산출물 초안을 만들 수 있을 것입니다. 시각화·도식화를 위해 웜지컬, 감마와 같은 서비스를 이용할 수도 있습니다.

이때 조심해야 할 것이 ChatGPT는 질의한 내용에 대해 가장 그럴 듯한 단어와 내용을 골라 생성하기 때문에 ChatGPT가 제공한 내용에 대해 참고(내용 및 문구 작성 힌트 정도)만 하고 항상 사실(Fact) 체크를 하는 것이 중요합니다. 필자도 선진 사례 산출물 작성 시 미국과 유럽의 사례를 찾기 위해 ChatGPT에게 엄청 많은 질문을 하고 관련 답변을 받았습니다만, 실질적이고 구체적인 도움을 받기는 어려웠습니다. 질문을 요리조리 바꾸어가며 질의를 해도 개괄적인 수준에서 정보를 제공하여 실질적으로 원하는 내용을 도출하기는 어려웠습니다. 구체적인 수치와 필요한 보고서와 출처 그리고 상세하고 구체적인 내용에 대해서는 예전과 같이 구글 검색을 통해 자료를 수집·번역·분석하는 과정을 반복하여 구체적이고 상세한 내용을 확인할 수 있었습니다.

현재 시점에서 OpenAI의 ChatGPT 개발 및 활용 상황을 볼 때 향후에 IT 컨설팅 분야에 맞는 맞춤형 ChatGPT 서비스를 제공하기 위해서는 IT 컨설팅 관련 데이터셋(해당 사업 업종 지식, 실무 정보, 전문 용어, 템플릿 요구사항 정보 등) 수집 및 재학습시키는 작업이 필요할 것으로 판단됩니다. 이는 별도의 시스템 구축 작업(기능 개발, 데이터셋 준비·전처리 및 학습, 성능 평가 등) 과정이 필요하여 어느 정도의 예산과 시간이 필요할 것으로 보입니다. 예산과 시간의 문제일 뿐 인공지능 서비스가 IT 컨설팅에 적용되는 시기는 반드시 올 것이며 IT 컨설턴트들도 이에 대한 준비가 필요할 것입니다.

[참고: ChatGPT 답변]

ChatGPT를 활용하여 IT 컨설팅 프로젝트를 수행하는 방법은?

ChatGPT를 사용하여 IT 컨설팅 프로젝트를 수행하면 정보를 수집하고 아이디어를 브레인스토밍하고 다양한 IT 관련 주제에 대한 지침을 찾는 데 도움이 될 수 있습니다. 다음은 IT 컨설팅 프로젝트에 효과적으로 ChatGPT를 활용하는 방법에 대한 단계별 가이드입니다.

◇ **프로젝트 목표 및 범위 정의**
지원이 필요한 IT 컨설팅의 목표, 범위 및 특정 영역을 명확하게 설명합니다. 이렇게 하면 질문에 집중하고 대화의 맥락을 제공하는 데 도움이 됩니다.

◇ **관련 배경 정보 준비**
IT 프로젝트와 관련된 관련 문서, 보고서 또는 데이터를 수집합니다. 이 정보를 ChatGPT에 제공하면 현재 상황을 이해하고 정보에 입각한 답변을 제공하는 데 도움이 됩니다.

◇ 구체적인 질문을 하십시오

명확하고 구체적인 방식으로 질문의 틀을 잡으십시오. "내 IT 프로젝트를 위해 무엇을 해야 합니까?"와 같은 일반적인 질문을 하는 대신 특정 측면으로 분해하십시오. 예를 들어 특정 작업이나 문제에 대한 기술 선택, 구현 전략, 위험 평가 또는 모범 사례에 대해 질문합니다.

◇ 전문 지식과 조언을 구하십시오

ChatGPT의 지식 기반을 활용하고 광범위한 IT 관련 정보에 액세스할 수 있는 능력을 활용하십시오. 새로운 기술, 업계 동향, 보안 고려사항, 소프트웨어 개발 방법론, 인프라 설계 또는 기타 관련 주제에 대해 질문할 수 있습니다.

◇ 솔루션 브레인스토밍 및 대안 탐색

ChatGPT와 주고받는 대화에 참여하여 잠재적인 솔루션을 브레인스토밍하거나 IT 문제에 대한 대안 접근 방식을 탐색합니다. 다양한 옵션, 잠재적 위험, 확장성 또는 프로젝트와 관련된 기타 요소의 장단점에 대해 논의하십시오.

◇ 사례 및 사례 연구 요청

ChatGPT에 유사한 IT 프로젝트와 관련된 사례 또는 사례 연구를 요청하세요. 이를 통해 실제 구현, 모범 사례 및 교훈에 대한 통찰력을 얻을 수 있습니다.

◇ 권장사항 분석

ChatGPT에서 제공하는 권장사항을 평가하고 실행 가능성과 프로젝트 목표와의 일치성을 비판적으로 평가합니다. 예산, 리소스, 타임라인, 조직에 미칠 수 있는 영향과 같은 요소를 고려하십시오.

◇ 모호함 확인

ChatGPT의 응답이 명확하지 않거나 추가 설명이 필요한 경우 주저하지 말고 확인을 위해 후속 질문을 하십시오. 추가 컨텍스트를 제공하거나 문의 범위를 좁히는 것도 응답 품질을 개선하는 데 도움이 될 수 있습니다.

◇ 정보 확인 및 상호 참조

ChatGPT는 강력한 도구이지만 제공하는 정보와 조언을 독립적으로 확인하는 것이 필수적입니다. 신뢰할 수 있는 출처로 응답을 상호 참조하거나, 도메인 전문가와 상담하거나, 받은 권장사항을 검증하기 위해 추가 조사를 수행하십시오.

ChatGPT와의 대화에서 얻은 통찰력을 사용하여 IT 컨설팅 프로젝트를 개선하십시오. 계획을 반복하고 조정하고 필요에 따라 추가 지침을 찾는 것을 고려하십시오. 프로젝트의 여러 단계에서 ChatGPT를 후속 조치하면 새로운 문제를 해결하거나 추가 아이디어를 탐색하는 데 도움이 될 수 있습니다.

ChatGPT는 AI 언어 모델이며 귀중한 정보와 제안을 제공할 수 있지만 인간의 전문성과 경험을 대체할 수는 없습니다. 복잡한 프로젝트 및 중요한 의사결정에 대해서는 항상 IT 전문가 및 도메인 전문가와 상담하는 것이 좋습니다.

2. 인공지능과 빅데이터 적용을 위한 IT 컨설팅 수행 시 고려사항

인공지능(AI)과 빅데이터 활용에 대한 관심이 증가하면서 기업·기관 주요 업무에 인공지능과 빅데이터를 적용하려는 니즈(needs)가 증가하고 있습니다. 기존 정보화 서비스 기반 위에 인공지능과 빅데이터 활용을 통한 기업·기관 경쟁력 고도화를 달성하기 위해 다양한 사업을 추진하고 있습니다. 기업·기관들이 인공지능과 빅데이터를 적용하려는 필요성은 느끼지만 구체적으로 어디를 어떻게 해야 할지에 대해서는 쉽게 접근하기 어려운 경우가 많습니다. 다양한 인공지능·빅데이터 기술과 방법이 존재하고 조직 내 어떤 업무에 어떻게 적용해야 할지에 대해서도 정리하는 것이 쉬운 일이 아니기 때문입니다. 이러한 상황하에 IT 컨설턴트는 기업·기관의 업무 및 요구사항에 대한 명확한 이해를 통해 인공지능·빅데이터를 해당 업무에 어떻게 적용할지에 대한 세밀한 검토와 정리가 필요합니다.

다음은 IT 컨설턴트들이 기업·기관에 인공지능·빅데이터 적용을 위해 고려해야 할 사항에 대해 검토하도록 하겠습니다.

첫째, 요구사항 및 목표 정의입니다. 기업·기관의 특정한 문제, 이슈와 AI 석용을 통한 문제 해결 대상 영역을 식별합니다. AI와 빅데이터 적용을 통해 고객서비스를 향상하거나 내부 의사소통을 간소화하거나 프로세스를 개선할 수 있는 구체적인 대상과 영역을 파악합니다.

둘째, 데이터 확인 및 준비입니다. AI 기술 적용을 위해 기업·기관 내 그리고 외부에서 사용 가능한 데이터를 확인합니다. 예로 채팅 로그, 고객 상호 작용 또는 내부 의사소통 데이터가 포함될 수 있습니다. 기업의 이슈, 문제와 관련된 데이터의 양과 품질을 체크하여 활용이 가능한 데이터인지를 체크합니다. 특히, 데이터 표준화 기준 및 준수 여부, 누락, 유효한 형식 포맷 준수 여부 등 데이터를 정리하고 전처리하는 작업이 필요합니다. AI와 빅데이터 활용을 위해 가장 먼저 부딪히는 문제가 데이터 확인과 정비 작업입니다. 조직 규모가 큰 경우에는 데이터 확인 대상 범위 선정 및 해당 조직의 데이터 공유 가능성(공공기관의 경우 조직별 데이터 보안-개인정보 등의 이유로 데이터 공유가 어려워 이에 대한 협의 과정이 오래 걸리는 경우도 존재함)도 고려해야 합니다. 그리고 해당 업무에 필요한 데이터가 없거나 있어도 정형·비정형 데이터 품질이 낮아 바로 활용하기 어려운 경우가 많아 데이터 정비(표준화, 정제 등) 작업을 먼저 수행해야 하는 경우가 많이 발생하기도 합니다. 또한, 이 작업이 AI·빅데이터 활용을 위한 전체 작업의 50~60%를 차지하는 경우도 발생하기도 하여 AI·빅데이터 적용 또는 활용을 더디게 하는 어려움 중의 하나이기도 합니다.

셋째, AI·빅데이터 적용 모델 선택 및 사용자 정의(최적화)입니다. 기업·기관의 문제, 이슈와 사용 가능한 데이터·자원에 기초하여 AI 적용 알고리즘과 모델을 고려합니다. 다양한 AI 알고리즘과 모델들이 존재하여 해당 조직의 문제, 이슈 해결에 필요한 모델들을 비교, 검토하여 적용 모델을 선정하는 것이 필요합니다.

필요한 경우 기업·기관의 데이터를 사용하여 모델을 세밀하게 조정하고 최적화를 확인할 수 있도록 소규모로 만들어 보면서 테스트하는 방법도 고려할 수 있습니다. 즉 제어된 환경이나 파일럿 프로젝트로 훈련된 AI 모델을 적용, 배포하여 피드백을 수집하고 성능을 평가합니다. 사용자 상호 작용 및 관찰된 결과에 따라 모델을 개선하기 위해 사용자 피드백을 수집하고 반복합니다.

이를 통해 준비된 데이터를 사용하여 AI 모델을 훈련시켜 기업·기관의 맥락을 이해하고 특정 비즈니스 영역의 문제 해결 수준을 최적화할 수 있는 모델을 수립하는 것이 필요합니다. 이는 AI 모델의 정확성, 성능, 해당 영역의 비즈니스 문제 해결 적절성을 확인하기 위해 반복적으로 AI 모델을 테스트하는 과정으로 이어지기도 합니다.

넷째, 확장 및 최적화입니다. 파일럿의 성공 기준을 정의하고 이를 기반으로 AI 모델을 확장하여 다양한 부서나 고객 접촉 지점에서 사용합니다. AI 모델을 지속적으로 최적화하여 성능과 문제 해결력을 개선하기 위해 새로운 데이터와 피드백을 통합합니다.

다섯째, 보안 등의 이슈입니다. 민감한 고객 또는 회사 정보를 처리할 때 데이터 보안 및 개인정보 보호 규정을 고려해야 합니다. 특히 AI·빅데이터 활용 및 서비스 제공 시 개인정보 규정을 준수하여 적용하는 것이 필요합니다.

IT 컨설팅 사업에서 AI·빅데이터 사업 추진 시 위와 같은 이슈와 문제점을 사전에 고객과 긴밀히 의사소통하고 조직 환경에 맞는 사업 기간과 내용, 최적화된 방안 수립을 제시하는 것이 중요합니다.

3장

IT 컨설팅 프로젝트의 성공 여부는 어떻게 평가될 수 있는 것인가?

IT 컨설팅은 프로젝트로 정해진 기간과 예산안에서 품질을 확보하여 고객이 만족스러운 수준으로 사업 요구사항에 대한 해결 방안을 제시해야 하는 사업입니다. 따라서 수개월 단위로 진행되는 단기 IT 컨설팅 프로젝트의 성공 여부에 대한 평가 기준은 일반적으로 납기(기간)와 예산(비용) 확보·준수 여부, 품질(산출물 품질)의 수준 그리고 고객의 만족 여부 등의 요소로 구성될 수 있습니다.

첫째, 납기(기간 준수)입니다. IT 컨설팅 프로젝트가 협의된 일정 내에 완료되었는지 평가합니다. 프로젝트 일정을 지키는 것은 고객의 기대를 충족시키기 위해 중요합니다. 프로젝트 일정이 지연되는 경우 고객의 이해관계자들의 사업 추진 일정의 리스크 그리고 IT 컨설팅 회사의 경우에는 추가 인력 투입 및 다른 프로젝트 수행이 어려워 비용적인 측면과 사업 기회 상실 등의 리스크가 존재합니다.

둘째, IT 컨설팅 실행 레벨의 관점에서 IT 컨설팅을 수행하는 중요한 목적 중의 하나가 구축 사업 예산을 적정하게 산정하고 조직 내에서 사업 예산 확보를 지원하는 것으로 생각하는 고객들이 많이 있다는 것입니다. 따라서 실무적인 관점에서 IT 컨설팅 사업을 통해 고객이 구축 예산을 확보하였는가가 IT 컨설팅 사업의 성공적 수행 여부를 판단하는 중요한 기준으로 고려되기도 합니다.

추가로 IT 컨설팅 업체 차원에서는 예산(비용) 준수입니다. IT 컨설팅 프로젝트의 재무적인 성과를 측정하여 할당된 예산 내에서 완료되었는지 확인합니다. 고객과 IT 컨설팅 회사 측면에서 모두 한정된 예산 내에서 비용을 효과적으로 통제하여 사업을 수행하였는지가 프로젝트의 성공 요소로 고려될 수 있습니다.

셋째, 컨설팅 산출물 품질 확보입니다. IT 컨설팅팀이 제시한 문제 정의부터 해결 방안 제시, 사업에 대한 전략과 목표, 사업 추진을 위한 이행계획 등의 계획 수립사항, 그리고 결과물의 현실성, 실현 가능성, 전략적·경쟁적 기회 확보 등의 산출물 내용 품질을 평가합니다. IT 컨설팅에서 높은 품질의 결과물은 프로젝트의 성공과 고객 만족도에 가장 크게 기여하는 요소라고 말할 수 있습니다.

넷째, 고객 만족 여부입니다. IT 컨설팅 프로젝트 산출물 결과와 사업관리 측면의 성과에 대한 고객 만족 여부가 성공적 수행을 판단하는 중요한 평가 기준이라고 생각합니다. IT 컨설팅 사업을 마무리하기 위해서는 고객의 최종 완료 승인을 받아야 합니다. 따라서 고객의 만족 여부는 IT 컨설팅 사업의 성공적 수행 여부를 판가름하는 가장 중요한 평가 요소라고 할 수 있습니다. 고객 만족 여부를 명확히 판단할 수 있는 평가 요소를 정의하기는 쉽지 않지만 IT 컨설팅 경험이 쌓이면서 필자는 고객의 만족도 향상을 위해 가장 중요한 요소는 IT 컨설팅 산출물(컨설팅 결과물)의 품질이라고 생각합니다. 여기에는 단순히 산출물(PPT 장표 등)의 결과 내용뿐만 아니라 프로젝트 진행 중 발생하는 도전과 예상치 못한 문제를 해결하는 팀의 능력과 전문성, 프로젝트 기간 동안 컨설팅 팀 내부에서 효율적인 의사소통 그리고 고객에게 프로젝트 상태를 정기적으로 업데이트하고 고객이 가질 수 있는 질문이나 우려사항을 즉시 해결하는 등의 고객과의 명확하고 투명한 커뮤니케이션 능력을 포함합니다.

[참고: ChatGPT 답변]

IT 컨설팅에서 고객 만족도에 영향을 미치는 가장 중요한 요소는 무엇인가?

다양한 요소들이 IT 컨설팅에서 고객 만족도에 영향을 미칠 수 있지만, 그중에서도 가장 중요한 요소 중 하나는 IT 컨설팅 회사가 제공하는 서비스 품질입니다. 서비스 품질은 고객이 컨설팅 참여를 어떻게 인식하고 경험하는지에 큰 영향을 미치는 여러 가지 중요한 요소들을 포괄하고 있습니다. IT 컨설팅 서비스 품질이 가장 중요한 요소인 이유는 다음과 같습니다:

◇ **전문성과 능력**
고객들은 IT 컨설팅 회사가 그들의 특정한 과제에 대처할 수 있는 필요한 지식과 기술을 보유한 전문가들로 이루어져 있다고 기대합니다. 높은 수준의 전문성과 능력은 고객에게 자신감을 심어주고 가치 있는 조언과 솔루션을 받고 있다는 것을 확신시켜 줍니다.

◇ **고객의 요구 파악**

성공적인 IT 컨설팅 회사는 고객의 독특한 요구, 목표 및 고민을 이해하는 데 시간을 투자합니다. 이러한 특정 요구에 맞는 솔루션을 제공함으로써 컨설팅 회사는 맞춤형 서비스를 제공하는 의지를 보여줍니다.

◇ 효과적인 문제 해결
고객들은 복잡한 IT 과제를 해결하기 위해 컨설팅 서비스를 찾습니다. 컨설팅 회사가 이러한 문제에 대해 혁신적이고 효과적인 솔루션을 제공할 수 있는 능력은 고객 만족도에 큰 역할을 합니다.

◇ 커뮤니케이션과 응답성
효과적인 커뮤니케이션은 고객과 긍정적인 관계를 유지하는 데 중요합니다. 문의에 대한 신속한 응답, 프로젝트 진행 상황에 대한 정기적인 업데이트, 기술적인 개념에 대한 명확한 설명은 모두 탁월한 커뮤니케이션의 중요한 측면입니다.

◇ 시기적절함과 효율성
프로젝트 기한을 준수하고 솔루션을 정해진 시간 내에 제공하는 것은 고객 만족도를 위해 필수적입니다. 적시적인 서비스 제공은 고객이 추천받은 솔루션을 즉시 적용하여 혜택을 얻을 수 있도록 합니다.

◇ 제공되는 가치
고객들은 컨설팅 참여에서 측정 가능한 결과와 가치를 보고 싶어 합니다. 고객에게 지속적인 혜택을 제공하는 컨설팅 회사는 높은 만족도 평가를 받게 될 것입니다.

◇ 고객 지원
프로젝트 기간 및 이후에 우수한 고객 지원을 제공하면서 고객의 성공에 대한 배려와 약속을 보여줍니다. 고객은 필요할 때 지원이 신속히 제공되는 것을 감사하게 생각합니다.

◇ 윤리적 행동과 신뢰성
윤리적인 행동과 신뢰성은 고객과의 강력한 관계 구축에 중요합니다. 고객은 신뢰할 수 있는 컨설팅 회사에 대해 만족하고 충성스러워질 가능성이 높습니다.

◇ 유연성과 적응성
IT 컨설팅은 동적이고 급격하게 변화하는 환경에서 작업하는 경우가 많습니다. 새로운 도전에 대응하고 접근 방식을 유연하게 조정할 수 있는 컨설팅 회사가 고객들의 변화하는 요구를 더 잘 충족할 수 있습니다.

◇ **프로젝트 이후 추적**
프로젝트 완료 후 고객들과 적극적으로 연락하여 만족도를 확인하고 문제점을 해결함으로써 관계를 강화하고 고객 만족도를 증가시킵니다.

모든 이러한 요소들이 고객 만족도에 기여하지만, 서비스 품질은 고객과의 신뢰와 장기적인 관계 구축을 위한 기반이 되기 때문에 가장 중요한 요소로 간주됩니다. 지속적으로 높은 품질의 서비스를 제공하면 고객 만족도가 높아지며, 이는 반복적인 비즈니스와 긍정적인 입소문 및 추천(positive word-of-mouth referrals)으로 이어져 IT 컨설팅 회사의 성공을 이끌게 됩니다.

참고로 많은 사업 경험을 통해 개인적인 차원에서 느끼게 된 것으로, IT 컨설팅 프로젝트의 성공 여부를 판단하는 명확한 기준은 사업 종료 보고 시 (진정한 의미의) 박수를 받았는가에 있다고 생각하고 있습니다. IT 컨설팅을 수행하는 실행 레벨의 인력들은 주요한 의사결정자들과 이해관계자들이 참여하는 사업 종료 보고에서 의사결정자들의 표정과 말투 그리고 집중도 등의 분위기를 통해 종료 보고 프레젠테이션과 보고회가 다 끝나는 순간에 어떤 박수와 메시지가 나오는지에 따라 사업 성공 여부를 판단할 수 있다고 생각하고 있습니다.

재미없는 내용을 끝까지 읽어주신 분들에게 먼저 감사드립니다. 필자가 IT 컨설팅을 수행하면서 많은 시행착오를 겪었고, 중·고급 IT 컨설턴트로 일하는 시절 어떻게 하면 좀 더 체계적으로 잘할 수 있을까를 고민하면서 관련 자료도 찾았지만 국내에서는 제대로 된 IT 컨설팅 책을 찾을 수 없었습니다. 영어로 된 원서를 읽으면서 우리나라 실정에 맞지 않는 부분들이 많아서 적용하는 것도 어려웠습니다.

현재도 초·중급 IT 컨설턴트들은 제대로 된 IT 컨설팅 참고자료 없이 IT 컨설팅 현장에서 온몸으로 부딪히면서 IT 컨설팅을 경험하고 배우고 있습니다. 초·중급 IT 컨설턴트들이 IT 컨설팅을 처음부터 끝까지 경험하기도 힘들고 모든 단계를 다 참여하기도 힘듭니다. 그리고 운 좋게 IT 컨설팅을 처음부터 끝까지 한 바퀴를 경험하더라도 IT 컨설팅의 방대함과 복잡함으로 인해 머리로 이해하고 몸으로 체득하기에는 턱없이 부족합니다. 또한, 고급·특급 IT 컨설턴트들도 개별적인 영역에 한정된 경험과 노하우로 인해 큰 그림의 부분과 전체를 체계적으로 접근하지 못하는 한계가 존재합니다. 그리고 개발자, 영역별 아키텍트(AA/DA/TA) 등 IT 전문가들도 개별분야의 전문가들이지만 IT 컨설팅을 수행하는 경우 어디서 어떻게 작업을 해야 하는지 몰라 난감해하는 경우를 많이 봐왔습니다.

본 도서가 IT 컨설팅 입문자나 IT 컨설팅을 시작하려고 생각하고 있는 초심자들에게 전체를 보면서 부분적인 내용에 대해 어떻게 접근하고 다가갈 수 있을지에 대해 조금이라도 도움이 될 수 있을 것으로 생각합니다. 입문자와 초심자는 누구나 어디서 어떻게 무엇을 시작하고 추진해 나가야 할지에 대해 어려움을 겪을 수밖에 없습니다. 그러나 향후에는 본 도서를 활용하여 IT 컨설팅 수행 시 단계별로 해당 업무담당자가 현재 어느 단계이며 이후 무슨 작업을 해야 하며, 다음 단계를 위해 무엇을 준비해야 하는지에 대해 체계적인 사고와 접근을 할 수 있는 역량을 확보할 수 있을 것으로 생각합니다.

본 도서에서는 IT 컨설턴트가 수준 높은 역량을 확보하기 위해서는 기본 역량, 필수 역량 기반하에 핵심 역량을 확보하도록 권고하고 있습니다. 필자는 IT 컨설팅 사업을 하면 할수록 핵심 역량에 대한 중요성을 깨닫고 있습니다. 즉 사업을 시작하면서 또는 사업 시작 전 해당 IT 컨설팅 사업의 특성에 맞게 사업의 큰 그림과 핵심 문제·이슈와 목표를 빠르고 정확하게 파악하여 누가 무엇을 어떻게 언제까지 하면 정리가 되겠구나 하는 계획이 수립되면 이에 맞게 추진하고 관리할 수 있기 때문입니다. 그러면 흔히 이야기하는 '삽질' 없이 계획했던 일정과 리소스 대로 사업을 추진할 수 있습니다. 그렇지 않고 IT 컨설턴트들이 '삽질' 또는 '이 산이 아니다'라는 오류를 자주 범한다면 해당 IT 컨설팅 사업의 성공적인 수행의 가능성은 낮아지고 고객의 만족도는 떨어지게 됩니다.

    IT 컨설팅 입문자와 초심자들이 본 도서에서 제시하는 기본 역량과 필수 역량을 다양한 프로젝트 실무 경험 속에서 인내와 끈기로 확보할 수 있다면 머지않아 IT 컨설팅의 핵심 역량이 내 몸과 머릿속에서 느껴지는 그 날이 올 수 있으리라 확신합니다. 이 책을 옆에 두고 필요할 때마다 펼쳐보고 찾아보면서 여러분들이 높은 품질의 산출물을 만들어 내어 고객이 만족하는 프로젝트를 만들어 가는 데 작은 도움이 되었으면 합니다.

현장에서 바로 활용할 수 있는
IT 컨설팅 가이드

초판 1쇄 발행 2024년 07월 26일

지은이 이정훈
펴낸이 류태연

펴낸곳 렛츠북
주소 서울시 영등포구 문래북로 116, 1005호
등록 2015년 05월 15일 제2018-000065호
전화 070-4786-4823 | **팩스** 070-7610-2823
이메일 letsbook2@naver.com | **홈페이지** http://www.letsbook21.co.kr
블로그 https://blog.naver.com/letsbook2 | **인스타그램** @letsbook2

ISBN 979-11-6054-714-6 (13000)